V&R

Ornella Garbani Ballnik

Unser Kind spricht nicht

Ratgeber für Eltern schweigender Kinder

Mit Illustrationen von Martin Koppenwallner

Vandenhoeck & Ruprecht

Bibliografische Information der Deutschen Nationalbibliothek

Die Deutsche Nationalbibliothek verzeichnet diese Publikation in der Deutschen Nationalbibliografie; detaillierte bibliografische Daten sind im Internet über http://dnb.d-nb.de abrufbar.

ISBN 978-3-525-40215-3

Umschlagabbildung: abcw, »Hinter der Gardine« / photocase.com

Satz: SchwabScantechnik, Göttingen
Druck und Bindung: ⊕ Hubert & Co, Göttingen

Inhalt

Vorwort: »Jetzt sag doch was!«

Lippen pressen sich aufeinander, Augen richten sich zu Boden, vor Ihrem Kind steht Ihr Bekannter, der gefragt hat, in welche Klasse es schon geht, oder einfach nur grüßte.

»Nun sag doch was!« Ein Drängen in der Stimme der Mutter oder des Vaters und dann der Versuch, die Situation zu retten. Sorgen und Ratlosigkeit bleiben zurück. Daheim erneut das Sprechen mit dem Kind: »Warum sagst du nichts, versprich mir, dass du das nächste Mal etwas sagst!« »Ja, ich verspreche es.« Doch beim nächsten Mal pressen sich wieder die Lippen aufeinander.

Was tun? Wie lernt ein Kind kommunizieren und die Sprache außerhalb der Familie anzuwenden? Gern würde ich Ihnen eine eindeutige, zielgerichtete Antwort mit sofortiger Wirkung geben, um Sie als Eltern aus diesen schweren Sorgen zu befreien. Doch die Erfahrung zeigt, dass der Weg zur Kommunikation für einige Kinder steiler ist und sie deshalb eine besondere Ausrüstung brauchen.

Bei schweigenden Kindern ist es genauso wenig die Frage der Fähigkeit zu sprechen wie beim Gehen auf einem schwierigen Pfad. Es geht um die Dinge im Rucksack, die es dem Kind ermöglichen, auch in Situationen, die ihm schwierig erscheinen, zu sprechen.

Deswegen ist es wichtig, erst zu verstehen, warum ein Kind nicht spricht, beziehungsweise herauszufinden, wie es kommunizieren lernen kann. Wenn Kinder schweigen, haben sie ein Problem zu kommunizieren. Auch bei vielen Kindern, die Schwierigkeiten haben, Sprache zu erwerben, ist die Fähigkeit zur Kommunikation ein Thema. Sprache folgt, wenn die Kommunikation entdeckt wird.

Deswegen ist dieses Buch nicht ausschließlich für Eltern von Kindern mit selektivem Mutismus gedacht, sondern auch für Eltern, deren Kinder sich sprachlich langsamer entwickeln und die dadurch sehr unsicher sind.

Im Zentrum der Arbeit mit schweigenden Kindern steht das Hinführen zur Kommunikation überhaupt. Sprechen ist wie Brücken zum Anderen bauen. Sie werden wichtige Bausteine finden, wie das Interesse an der Welt und am Anderen, das Entdecken der eigenen Persönlichkeit und Autonomie, die Fähigkeit, sich in den Anderen hineinzuversetzen, sprachliche Rituale, die Verbindungen schaffen, und wie das Ich stärker werden kann. Dazu gehören auch der Umgang mit Grenzen und der eigenen Wut. Für diese Grundlagen können Sie als Eltern Ihrem Kind viel mitgeben.

Da sich nun diese Fähigkeiten gegenseitig beeinflussen, habe ich das Bild einer inneren Bühne gewählt, das verständlich macht, welchem inneren Kräftespiel ein schweigendes Kind ausgesetzt ist und warum es auf die Aufforderung »nun sag doch was!« nicht reagiert, auch dann nicht, wenn es hoch und heilig versprochen hat, das nächste Mal zu sprechen.

In meiner Praxis erlebe ich genauso viele verschiedene schweigende Kinder wie dazugehörende Eltern. Wie soll ein Ratgeber diese unterschiedlichen Bedürfnisse von Eltern unter einen Hut bringen? Es gibt kein Schema, all diesen Gefühlen, die das Schweigen eines Kindes auslöst, zu begegnen, der Verzweiflung, Enttäuschung und auch Wut darüber, dass das eigene Kind einfach stur im Schweigen verharrt, sich fest an die Mutter klammert oder sich sogar vom eigenen Vater nicht die Schuhe binden lässt.

Gewohnt, auf jedes Elternpaar und sein Kind einzeln einzugehen, fragte ich mich, ob ein Ratgeber dieser Vielfalt von Bedürfnissen überhaupt gerecht werden kann. Es wird Fragen geben, die offen bleiben, es wird Dinge geben, die Sie selbst zu Ihrer Zufriedenheit gelöst haben. Sie werden Aspekte finden, die Sie noch nicht bedacht hatten und die für Sie neu sind.

Sollten Sie beim Lesen dieses Buches vielleicht den Eindruck bekommen, es liege an Ihnen, dass Ihr Kind schweigt, möchte ich Sie von vornherein davon in Kenntnis setzen, dass Sie nicht schuldig sind.

Kinder lernen von ihren Eltern sprechen. Sie sind die ersten Kommunikationspartner und Sie sind die einzigen, die Ihre gemeinsame Geschichte kennen. Wenn sich bei Ihnen in Ihrem Kontakt mit Ihrem Kind bestimmte Rituale entwickelt haben, so sind die für Sie als Eltern und für Ihr Kind in Ihrer Situation richtig. Es ist möglich, dass sie heute nicht mehr notwendig sind, dann kann das Buch Ihnen helfen, eine Veränderung herbeizuführen.

Für schweigende Kinder stehen die Kommunikation zwischen Eltern und Kind und der Kontakt zur Umwelt im Zentrum. Ihre Persönlichkeit und die Ihres Kindes, auch Ihre Lebenssituation, machen Ihre gemeinsame Geschichte aus. Sie ist einzigartig und hat mit Schuld nichts zu tun.

Bitte lesen Sie diesen Abschnitt immer wieder, wenn Sie während der Lektüre beginnen, sich selbst Vorwürfe zu machen. Fragen Sie sich nicht: »Was habe ich falsch gemacht?«, sondern fragen Sie: »Welcher Entwicklungsschritt ist jetzt dran?«

Unsere Entwicklung ist im Fluss, in Bewegung. Das können wir von den Kindern lernen. Für Kinder gibt es unzählige Wege, zur Sprache zu kommen. Natürlich entwickelt sich die Sprache nach gewissen Gesetzmäßigkeiten. Die sind wichtig zu kennen, damit Sie Ihr Kind nicht überfordern und dadurch Ihre Beziehung zu ihm gefährden. Es gibt ebenfalls Gesetzmäßigkeiten in der Entwicklung, die Kommunikation und Sprache unterstützen und vor allen Dingen wichtig sind, den Schritt zur Kommunikation nach außen zu schaffen.

Ich stelle gern Beobachtungen von Eltern und Kindern an. Einige davon werden in diesem Buch angeführt. Sie stellen einen kleinen Ausschnitt dar aus dem Tag, den die Eltern mit ihrem Kind verbracht haben. Dieser Ausschnitt hat eine Geschichte vorher und nachher, die ich nicht kenne. Dennoch nahm ich meine Beobachtungen zum Anlass, den einen oder anderen Gedanken zu illustrieren, aber nicht zu urteilen.

Wenn Sie Rat suchen, weil Ihr Kind nicht mit anderen spricht, obwohl es zu Hause sprechen kann, werden Sie Wege kennen lernen, wie Ihr Kind zu sich selbst und zum Anderen findet. Aber auch wenn Ihr Kind spät zur Sprache kommt, gibt es für Sie hier Wissenswertes, wie Sie Ihr Kind zum Sprechen begleiten können ohne eigentliche Sprachübungen, sondern durch die Freude am Kommunizieren.

Suchen Sie aber konkrete Sprachübungen für Ihr Kind, um bestimmte Laute oder Sprachformen zu trainieren, dann ist dies nicht das richtige Buch für Sie.

Ich habe zusammengetragen, was mir in langjähriger Praxis begegnet, was mich bewegt und was ich wahrnehme, was Eltern bewegt. Logopädische und psychotherapeutische Erfahrungen finden hier zusammen.

Für die Fragen, die ein schweigendes Kind aufwirft, sind beide Sichtweisen bedeutend und führen zu einem ganzheitlichen Blick auf das Kind und Sie als seine Eltern. Mein Anliegen ist, Sie zu begleiten, Sie zu bestärken und Sie zu einem Perspektivenwechsel anzuregen.

An dieser Stelle möchte ich all den Eltern und Kindern danken, die mir ihr Vertrauen entgegengebracht haben. Sie haben alle zu der Vielfalt der hier beschriebenen Erfahrungen beigetragen.

STOP

1 Klarheit finden: Wie Sie erkennen können, was mit Ihrem Kind los ist

Erst verstehen, dann handeln.
(Paul Moor)

»Manchmal glaube ich, Felix (5 Jahre) will nicht sprechen, und manchmal fürchte ich, er kann es nicht.« Renate hat Tränen in den Augen. Das Warten auf das Sprechen ihres Sohnes steht greifbar im Raum und ihre Enttäuschung, dass er ihre Erwartung nicht erfüllt hat, verbirgt sie sofort. »Er muss doch sprechen, ich muss es doch von ihm verlangen!« Wie die meisten Eltern, die fachliche Hilfe suchen, hat Renate schon alles ausprobiert, um Felix zum Sprechen zu bringen. Kann Felix nicht oder will er nicht sprechen? »Manchmal möchte ich meinem Kind ins Hirn schauen können«, sagt Renate verzweifelt.

Wenn ich Renates Wunsch aufgreife und mir vorstelle, wie es in einem schweigenden Kind aussehen könnte, sehe ich eine Bühne vor mir, auf der verschiedene Gefühle, Stimmungen und Fertigkeiten miteinander in Kontakt treten oder sich gegenseitig von der Bühne drängen. Bei Felix könnte sich die Angst vor allem Neuen auf der Bühne so breit machen, dass die Neugier sich verzieht und sich die Türen verschließen. Kommt nun eine Situation, in der Felix lachen muss, könnte sich die Angst etwas ducken und der innere Öffner würde die Tür wieder aufschließen und das Interesse am Kommunizieren herausschlüpfen lassen.

Das Schweigen ist wie der Vorhang, der heruntergelassen wird, um die Szenen auf der Bühne verbergen. Die Stimmung, die zwischen Renate und Felix herrscht, wenn es ums Sprechen geht, beeinflusst das Spiel auf der inneren Bühne. Sichtbar ist ein Kind, das nicht spricht und sich hinter seiner Mutter versteckt. Im Zustand des Schweigens scheinen alle guten Figuren die Bühne zu verlassen und Angst und Erstarrung Platz zu machen.

Der Türöffner **Der Grenzwärter** **Der Forscher**

Der Jongleur **Der Bote** **Der Regisseur**

Wer sind denn die guten Figuren? Der *innere Öffner*, der ganz tief im Inneren eine Tür aufschiebt, damit sich das Kind auf einen anderen Menschen einlassen und in Kontakt mit ihm treten kann. Da tritt der *Grenzwärter* dazu, der das Ich des Kindes vor Verletzungen schützt und für seine Sicherheit sorgt. Es gibt auch einen *Forscher* auf der Bühne, der seiner Neugier folgt, sich für die Welt rundherum interessiert und experimentiert. Der *Jongleur* spielt geschickt mit seinen verschiedenen Fähigkeiten, achtet auf das innere Gleichgewicht und übt seine Fertigkeiten immer weiter. Auch wenn ihm ein Ball zu Boden fällt, bückt er sich und übt weiter. Schließlich gibt es auch einen *Boten*, der die Nachrichten formuliert und nach außen bringt.

Auf der inneren Bühne achtet der *Regisseur* darauf, dass kein Mitspieler die anderen von der Bühne drängt und den Einzelnen ruft, wenn er auftreten soll. Er passt auf, dass die Figuren sinnvoll zusammenarbeiten.

Angst, Misstrauen und Unsicherheit, Zweifel an den eigenen Fähigkeiten können diese guten Figuren vertreiben, wenn sie noch nicht stark genug sind oder der Regisseur nicht aufpasst. Diese inneren Gestalten sind bei einem kleinen Kind oder einem ängstlichen größeren Kind oft noch sehr verletzbar. Auch in Krisensituation können sie sich verkriechen. Deswegen fällt es einem schweigenden Kind schwer, mit anderen in Kontakt zu treten und zu kommunizieren.

Auch im Kontakt mit anderen Menschen spielen diese inneren

Figuren eine große Rolle. Damit Ihr Kind kommunizieren kann, muss es sich auf den Anderen beziehen und die eigenen Gefühle ausdrücken können. Das Fühlen und die Bezogenheit auf den Anderen beeinflussen das Wahrnehmen, das Denken und das Bewegen. Beide wirken als Antrieb, auf jemanden zuzugehen und sich mitteilen zu wollen. Schwierigkeiten mit der sprachlichen Kommunikation sind deshalb mit anderen Problemen verbunden als mit der Sprache selbst, zum Beispiel mit Unsicherheit, mit Ängsten, mit der Unfähigkeit, sich in Gruppen zu bewegen, oder mit einem unausgeglichenen Entwicklungsstand.

Wenn Ihr Kind davon überzeugt ist, dass alle Menschen Ungeheuer sind, wird es kaum dazu zu bewegen sein, mit anderen zu sprechen (der innere Öffner schließt die Tür, der Grenzwärter ist in Aktion).

Wenn Ihrem Kind nicht klar ist, dass in einem Gespräch der eine spricht und der andere zuhört und dann umgekehrt, wird es Fragen nicht beantworten (der Bote handelt nicht und der Jongleur bückt sich nicht nach dem Ball oder wirft ihn nicht zurück). Sollte sich Ihr Kind noch ungeschickt bewegen, dann spricht es schwer verständlich und fühlt sich unsicher (der Forscher muss ausprobieren, der Jongleur muss noch üben).

Bei einem schweigenden Kind sind diese inneren Figuren teilweise noch schwach oder ungeübt und noch nicht so gut aufeinander eingespielt. Das zeigt sich in verschiedenen Formen des Schweigens. Ein Kind kann zum Beispiel mit anderen nicht sprechen, obwohl seine Sprache normal entwickelt ist. Ein anderes schweigt, weil es die Sprache noch nicht entdeckt hat. Die Angst, Fehler zu machen, kann zum Schweigen führen, ebenso das Sprechen in einer Fremdsprache. Manche Kinder fürchten sich vor der Klasse zu sprechen oder sie vermeiden über Dinge zu reden, die sie belasten. In jedem Schweigen ist ein anderer Aspekt der Kommunikation verborgen, der Ihrem Kind zu schaffen macht.

Zu den verschiedenen Formen des Schweigens werden Sie Fragen oder Beobachtungsaufgaben vorfinden, die Ihnen helfen sollen, die Situation Ihres Kindes einzuschätzen und zu erkennen, welche Gestalt seiner inneren Bühne gestärkt werden kann. Verstehen, warum Ihr Kind nicht spricht, ist der Anfang des Handelns.

Warum spricht mein Kind nicht mit anderen – es kann doch sprechen?

Annas (6 Jahre) Eltern schütteln den Kopf: »Sie spricht ununterbrochen zu Hause! Wir können uns einfach nicht erklären, warum sie in der Schule nichts sagt. Wenn die Lehrerin von ihr spricht, glauben wir, sie meint ein anderes Kind.«

Anna ist ein Kind mit *selektivem Mutismus.* Sie spricht nur mit ihrer Familie und zwei Nachbarkindern. In Anwesenheit von Fremden versteckt sie sich hinter den Eltern. Auf einer Tonbandaufnahme kann ich hören, wie kreativ und lustvoll sie im Spiel die Sprache anwenden kann. Im Kontakt aber verschließt sich Anna. Ihre Lippen sind fest aufeinander gepresst. Wenn ich ihr Gesicht betrachte, nehme ich Verkrampfungen wahr, die ihre Fähigkeit zu sprechen blockieren. Ihre Arme sind fest an den Körper gedrückt, die Schultern hochgezogen, aber sie schaut mich an.

Kinder mit selektivem Mutismus können sprechen. Im Familienkreis sind sie richtige Plaudertaschen. Deshalb fällt es vielen Eltern schwer zu glauben, dass sie außerhalb der Familie schweigen. Es sei denn, sie erleben mit, wie ihr Kind in ihrem Beisein auch innerhalb der Verwandtschaft verstummt.

Für ein Kind mit selektivem Mutismus ist alles Neue ein großes Problem. Alle Bemühungen, es aufzumuntern, bewirken meistens, dass es sich noch mehr zurückzieht.

Anna verstummte, sobald ein Fremder in die Nähe trat. Sie sprach mit ihren Eltern nur, wenn sie unter sich waren.

Sarah bewegte sich nicht. Sie blieb im Kindergarten dort stehen, wo sie hingebracht wurde, und ließ sich zu keinem Spiel bewegen.

Marco kann »Grüßgott« sagen, lässt sich dann aber kaum zum Sprechen ermuntern.

Selektiver Mutismus äußert sich bei jedem Kind anders. Außer dem beharrlichen Schweigen können zusätzliche Besonderheiten auftreten, wie zum Beispiel Kontakte vermeiden, Essen ablehnen, verweigern, auf die Toilette zu gehen. Sehr häufig können die Kinder es auch nicht zulassen, dass ihre Eltern ausgehen oder mit anderen sprechen. Sie werden ungeduldig und zerren stumm an den Ärmeln ihrer Eltern, um sie von dem fremden Menschen wegzubringen. Selten ergreifen sie die Initiative; oft sind sie gar handlungsunfähig. An Gruppenspielen nehmen sie nicht teil. Den Blickkontakt vermeiden sie lieber. Auch vermehrte Stressanfälligkeit, Ängste und depressive Verstimmungen können bei selektivem Mutismus vorkommen.

Am Sprechen-Können kann es also nicht liegen. Hingegen bewegt der Kontakt mit der Umwelt im Kind etwas, das zu diesem Rückzug führt.

Welche Vorstellungen von den Menschen und der Welt beherrschen Ihr Kind?

Schweigen ist Ausdruck von innerem Erleben wie zum Beispiel Stress und Angst. Ihr Kind macht sich ein Bild von der Welt aufgrund seiner speziellen Art, sie wahrzunehmen. Diese Bilder entstehen aus Fantasie, Erlebnissen und kindlichen Denkweisen und können Ängste erzeugen. Wie auf einer verborgenen Bühne kann sich in Ihrem Kind auf diese Weise ein »Film« entwickeln. Er heißt: »Den Ort der Sicherheit bewahren«, und das sind die Szenen:

1. Szene: Das Ich und der Andere

> Das kleine Ich hat sich ein hübsches Haus eingerichtet. Alles ist so, wie es sich das vorstellt, und das kleine Ich kann sich nichts Besseres denken. Nun kommt ein Anderer vorbei und sagt: »Zeig mir dieses Haus.« Das kleine Ich hat noch nie einen Anderen gesehen und weiß nicht, was es tun soll, ob es ihn fortschicken oder ins Haus lassen soll. Es könnte sein, dass der Andere sich in seinem Haus breitmacht und nicht mehr gehen will oder dass er etwas kaputt macht. Deshalb tut es nichts.

In den Kommunikationsalltag übersetzt, bedeutet diese Szene, dass das kleine Ich nicht einschätzen kann, ob der Fremde in guter oder schlechter Absicht kommt. Um sich vor ihm nicht fürchten zu müssen, braucht es die Fähigkeit, sich auf seine Einschätzung verlassen zu können, und das Geschick, mit dem Anderen zu kommunizieren. Das bedeutet, die Regeln zu kennen. Das Selbstgefühl verblasst in Gegenwart des Anderen, die Angst, sich zu verlieren, ist das vorherrschende Gefühl. Es wird dadurch verstärkt, dass das Kind das Handwerkzeug für das Kommunizieren noch nicht beherrscht. Um sich der Kommunikationsregeln bedienen zu können, braucht es also eine bestimmte Ich-Sicherheit. Das Gefühl für das *Ich mit dem Anderen* ist für ein Kind mit selektivem Mutismus noch unsicher entwickelt und löst in Situationen mit unvertrauten Menschen Angst aus.

Da das Denken eines Vorschulkindes noch sehr von Fantasien durchsetzt ist, können wir es mit unserer Erwachsenen-Logik nicht erfassen oder verstehen. Wir können aber wiederkehrende Themen entdecken: die Angst, allein zu sein, die Angst, die Kontrolle zu verlieren, und die Angst vor Unvorhergesehenem. Damit diese Szene gelingt, müssen der innere Öffner, der Forscher, der Grenzwärter und der Jongleur auftreten.

2. Szene: Ohne Mama bin ich allein

> Das kleine Ich fühlt sich wohl im Haus, das ihm seine Mutter zur Verfügung stellt. Es findet keinen Anlass, ein eigenes Haus zu bauen und selbst einzurichten. Auch wenn es versucht, sich nach dem Modell der Mutter ein eigenes Haus zu bauen, fühlt es sich verloren darin, weil es dort die Mutter nicht wahrnimmt und nicht weiß, was sie in ihrem Haus macht. Es sieht dort keine Möglichkeit, die Verbindung zum Mutterhaus aufrechtzuerhalten. Darum gibt es sein Haus immer wieder auf und überlässt der Mutter das Handeln.

Die meisten Kinder mit selektivem Mutismus orientieren sich ausschließlich nach ihrer Mutter. In ihrem kindlichen Denken glauben sie, dass es genügt, wenn ihre Mutter spricht. Es entsteht ein verhängnisvoller Kreislauf für das Kind: In der Einheit mit seiner Mutter fühlt es sich sicher. Es kann aber nicht lernen, sich in andere hineinzufühlen und neue Kommunikationspartner kennen zu lernen. Diese Unfähigkeit löst wiederum Angst aus, so dass es sich lieber an die Mutter klammert. Die Reaktionen der Mutter sind berechenbar, alles andere nicht. Diese inneren Vorgänge sind nicht direkt zu beobachten, sie wirken aber wie ein festgelegtes Programm. Von außen kann man nur wahrnehmen, mit welcher Beharrlichkeit ein Kind an seiner Mutter klammert und schweigt. Ein kleines Ich, das sich sein Haus noch nicht selbst bauen kann, nimmt noch kein Ich-Gefühl wahr. Dieses Phänomen ist auch bei größeren Kindern (10 Jahre und älter) zu beobachten. Hier sind der Grenzwärter, der Jongleur und der Forscher gefragt.

3. Szene: Der Dialog mit einem Dritten

> Dem kleinen Ich ist es gelungen, sich ein eigenes Haus zu bauen und einzurichten. Es hat sogar einen sicheren Weg gebaut, auf dem es zwischen dem eigenen Haus und dem seiner Mutter hin und her gehen kann. Nun entdeckt es ein drittes Haus, das des Vaters, doch dort sieht es ganz anders aus. Es ist zwar neugierig darauf, denn ganz fremd ist der Vater nicht, aber es fürchtet, dass die Tür des Mutterhauses zufällt, wenn es ein anderes Haus betritt. Es bleibt im Mutterhaus, um eine bessere Kontrolle zu haben.

Den Dialog außerhalb des mütterlichen Bereichs lernt ein Kind in der Regel mit seinem Vater. Er ist die zweite vertraute Person, mit der es sprechen kann. Das ermöglicht dem Kind, sich vom mütterlichen Rahmen zu lösen und auch etwas zu wagen. Die Zuwendung zu einem Dritten bringt eine andere Perspektive auf die Mutter. Das Vater-Mutter-Kind-Dreieck gilt als Ausgangspunkt für die Fähigkeit, Kontakt nach außen zu knüpfen. Sich in einem Beziehungsdreieck zu bewegen ist aber auch mit Ängsten und Unsicherheit verbunden. Um einen Loyalitätskonflikt zu vermeiden, bleibt das kleine Ich im Mutterhaus.

Der Forscher könnte stärker werden und mit dem Jongleur Spiele erfinden, um mit der heiklen Situation lockerer umzugehen, und der Regisseur könnte Regeln für das Zusammenspiel aufstellen.

4. Szene: Die Wächter an der Grenze

Das kleine Ich hat wie in der ersten Szene sein Haus eingerichtet. Es ist sehr kostbar. Nun kommt der Andere und will in das Haus eintreten. Statt die Tür abzuschließen oder den ungebetenen Gast wegzuschicken oder ihn ins Vorhaus zu lassen, rennt es fort und verschließt sich in der hintersten Kammer des Hauses. Es gibt keine Wächter, die an der Tür zu den einzelnen Räumen stehen und sagen: »Bis hierher und nicht weiter!«

Das kleine Ich fühlt sich von Forderungen überflutet und hat noch keine anderen Fähigkeiten entwickelt, sich davor zu schützen, aktiv zu handeln, außer sich zurückzuziehen. Eine Alternative wäre: schreien, nein sagen, ausweichen. Ein Kind mit selektivem Mutismus ist sich seines eigenen Ichs nicht bewusst und hat darum auch noch nicht gelernt, sich zu verteidigen. Es glaubt nicht, dass es in einer Situation, die ganz neu ist, etwas bewirken kann. Auch in dieser Szene ist das Ich-Gefühl sehr schwach.

Das mag nun sehr paradox erscheinen, denn oft verhalten sich schweigende Kinder zu Hause eher rücksichtslos und ichbezogen. Das ist die Kehrseite der Medaille. Wenn ein Mensch seine eigenen Grenzen nicht wahrnehmen und verteidigen kann, dann hat er kein Gefühl für die Grenzen der anderen. Für diese Szene braucht es einen starken Grenzwärter.

Auch wenn es so anmutet: Das Schweigen Ihres Kindes ist weder Trotz noch eine eigene Entscheidung. Ihrem Kind fehlen die beschriebenen kommunikativen Fertigkeiten, um sich mit Mitmenschen in einen Dialog zu begeben, ohne die eigenen Ichgrenzen verschwimmen zu lassen. Es hat noch wenige Möglichkeiten, den Unterschied von Ich und Du wahrzunehmen und sich in den Anderen hineinzudenken. Diese Fähigkeiten können durch Stress in den Hintergrund treten. Deshalb ist das auch bei 10-Jährigen zu beobachten.

Sie haben sich nun vor Augen geführt, wie vielfältig die Zusammenhänge sind, die zum Schweigen Ihres Kindes führen können. Für ein Kind mit selektivem Mutismus führt das Zusammenspiel verschiedener Fähigkeiten zum Sprechen.

In der Übersicht »Die kommunikativen Fähigkeiten meines

Kindes« finden Sie nun Fragen, um einschätzen zu können, ob das Schweigen Ihres Kindes dem selektiven Mutismus zuzuordnen ist. Dabei werden Sie Besonderheiten Ihres Kindes entdecken, vor allem auch seine Ressourcen. Sie können ein Gefühl dafür entwickeln, welche innere Figur Ihres Kindes gestärkt werden soll.

Nehmen Sie sich Zeit, Ihr Kind in verschiedenen Situationen zu beobachten. Beantworten Sie die folgenden Fragen, bevor Sie den kursiv gedruckten Text lesen:

Die kommunikativen Fähigkeiten meines Kindes

- Wie geht mein Kind mit seiner Umwelt um? Erforscht es sie, zeigt es Ängste?
  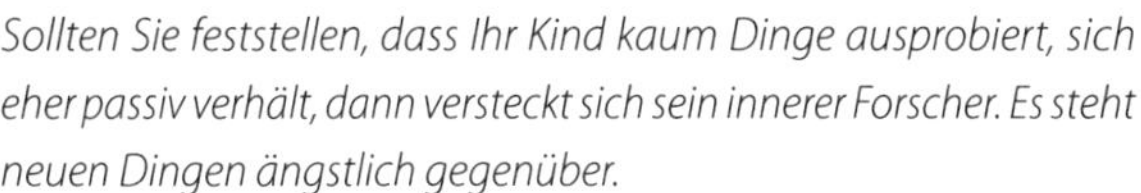
  Sollten Sie feststellen, dass Ihr Kind kaum Dinge ausprobiert, sich eher passiv verhält, dann versteckt sich sein innerer Forscher. Es steht neuen Dingen ängstlich gegenüber.
- 
  Spielt mein Kind gern mit anderen?

  Sollte Ihr Kind mit anderen Spaß haben, auch wenn es nicht spricht, ist das eine gute Ressource, die zur Lockerheit führt. Sollte Ihr Kind aber andere meiden, dann fühlt es sich unsicher im Umgang mit anderen. Der innere Öffner verbirgt sich und der Grenzwärter nimmt seinen Posten nicht ein. Der Regisseur ist unentschieden.

- 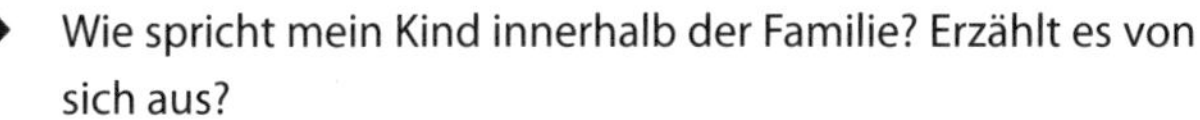
  Wie spricht mein Kind innerhalb der Familie? Erzählt es von sich aus?
  Die meisten Kinder mit selektivem Mutismus erzählen innerhalb der Familie viel und sind oft nicht zu stoppen. Sollte das der Fall sein, versuchen Sie gleich die nächste Frage zu beantworten. Sollte Ihr Kind aber generell keine Lust am Erzählen haben, kann das ein Hinweis sein, dass es sich selbst nicht so gut wahrnimmt. Die Bühne ist leer.
- Kann mein Kind zuhören?
  Diese Frage ist wichtig, um zu erkennen, ob sich Ihr Kind in andere hineindenken kann, sie wahrnimmt und sich selbst zurücknehmen kann, um jemanden anzuhören. Wenn Sie die Frage mit Ja beantworten, hat Ihr Kind keine Angst, sich zu verlieren, und ist interessiert. Hört es nicht zu, nimmt es seine und die Grenzen der anderen nicht an, es hält sich nicht an die Kommunikationsregeln.

  Es gibt auch schweigende Kinder, die nur zuhören. Jede einzelne Figur ist zwar stark, aber sie spielen nicht zusammen.

- **Interessiert sich mein Kind für andere Menschen? Spricht es von ihnen?**
  Kinder mit selektivem Mutismus interessieren sich für andere, in dem sie sie genau beobachten. Sie sprechen möglicherweise mit Ihnen über ihre Beobachtungen, aber sie sprechen den Anderen selber nicht an. Sollten Sie ein Interesse an anderen bei Ihrem Kind feststellen, so stellt auch das eine Ressource dar. Der innere Öffner ist schon aktiv, aber der Bote verpasst den Einsatz, weil der Regisseur diese Figuren noch nicht koordinieren kann.
- **Wie reagiert mein Kind auf Besuch, wie auf Bekannte, die wir unterwegs treffen?**
  Sollte Ihr Kind sich verkriechen, wenn Besuch kommt, überwiegt die Angst vor Fremden. Bleibt es aber dabei und ist stumm, kann das als Interesse und damit auch Ressource gewertet werden. In diesem Fall ist die Unsicherheit Ihres Kindes so groß, dass die Figuren noch nicht zu ihrem Einsatz kommen.

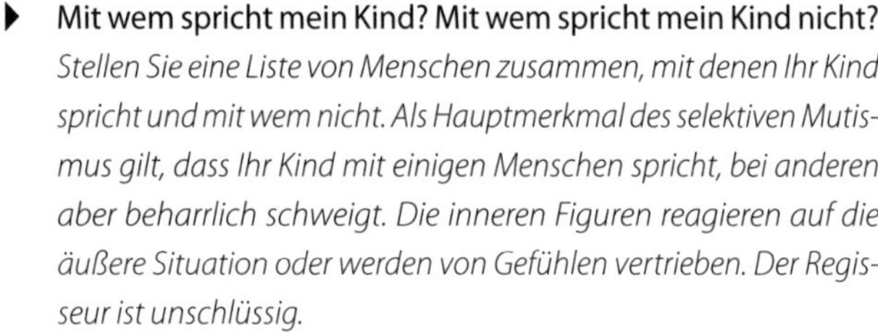

- **Mit wem spricht mein Kind? Mit wem spricht mein Kind nicht?**
  Stellen Sie eine Liste von Menschen zusammen, mit denen Ihr Kind spricht und mit wem nicht. Als Hauptmerkmal des selektiven Mutismus gilt, dass Ihr Kind mit einigen Menschen spricht, bei anderen aber beharrlich schweigt. Die inneren Figuren reagieren auf die äußere Situation oder werden von Gefühlen vertrieben. Der Regisseur ist unschlüssig.
- **Kann mein Kind Fragen beantworten?**
  Sollte Ihr Kind es schaffen, Fragen zu beantworten, ist auch das eine gute Ressource. Es kennt eine wichtige Kommunikationsregel und wendet sie auch an. Vermeidet Ihr Kind, Fragen zu beantworten, von denen Sie sicher sind, dass es die Antwort weiß, ist das wiederum ein Hinweis auf selektiven Mutismus. Die Figuren lassen sich von der Bühne vertreiben.
- **Wie lange braucht mein Kind, um sich bei Fremden zu »erwärmen«? Spricht es dann?**
  Sollte Ihr Kind nach einer längeren Anwärmzeit sprechen, handelt es sich nicht um selektiven Mutismus, sondern um eine Eigenheit Ihres Kindes. Es hat einen guten Grenzwärter und einen langsamen inneren Öffner. Zeigt Ihr Kind aber alle Anzeichen des »Auftauens«,

ohne zu sprechen, ist eher an selektiven Mutismus zu denken. Der Bote und der Jongleur brauchen Unterstützung.

- Sagt mein Kind nein?

Nein sagen kann man mit Worten und Haltung, wenn ein Kind fürchtet, dass ein ausgesprochenes Nein schwierige Konsequenzen hat, wird es dieses Wort vermeiden, genauso, wenn es merkt, dass sein Nein nicht gehört wird.

Ein Kind mit selektivem Mutismus sagt mit seinem Schweigen ein totales Nein. Die Entdeckung eines teilweisen Neins kann das Schweigen auflockern.

Achten Sie deshalb auf die körperlichen Abwehrzeichen Ihres Kindes wie Atem anhalten, Kopf wegdrehen, Schulter hochziehen und andere Verkrampfungen. Der Grenzwärter und der Bote müssen hier lernen zusammenzuarbeiten.

Wenn Ihr Kind 4 Jahre alt ist oder älter und Sie bei den meisten Fragen Unsicherheiten feststellen, ist ein selektiver Mutismus anzunehmen.

Welche der sechs Figuren sollte gestärkt werden? Wenn Sie glauben, dass Ihr Kind neugieriger werden sollte, dann braucht es die Stärkung des inneren Forschers. Wenn Sie denken, es sollte sich besser öffnen können, dann ist die Stärkung des inneren Öffners notwendig. Für Ihr Kind ergibt sich nun ein weites Lernfeld.

Was muss und kann Ihr Kind lernen, um mit fremden Menschen zu sprechen?

Ihr Kind lernt sich selbst wahrnehmen und eigene Regeln zu schaffen. Es übt, den Anderen wahrzunehmen und seine Regeln herausfinden. Weiter begreift es das Wechselspiel zwischen Ich und dem Anderen. Dazu gehört eine gewisse Selbständigkeit, die Sicherheit, selbst etwas bewirken zu können. Nach und nach überwindet es Ängste und beginnt Grenzen zu akzeptieren und selbst zu setzen. Es wird sicherer und äußert immer öfter eigene Gedanken. Die Zeit des Lernens nimmt kleine Schritte. Je früher Sie aber damit beginnen, umso besser.

Wie entwickeln sich Kinder mit selektivem Mutismus?

In meiner Praxis bin ich Kindern begegnet, die während der ganzen Schulzeit nicht gesprochen und die Schule trotzdem geschafft haben.

Alexandra (6 Jahre) begann mit ausgewählten Personen zu sprechen und erweiterte den Kreis ihrer Gesprächspartner immer mehr.

Lukas (6 Jahre) begann der Lehrerin ins Ohr zu flüstern und nach und nach auch mehr Stimme zu geben.

Sarah (7 Jahre) begann in der Therapie plötzlich zu sprechen und spricht überall, wenn ihre Mutter in der Nähe ist.

Claudia (13 Jahre) begann in der neuen Schule am neuen Schulort zu sprechen.

Die meisten Kinder haben Freunde gewonnen und gut gelernt, auch wenn sie erst viel später mit anderen gesprochen haben – wie die 13-jährige Claudia, die bei einem Ort- und Schulwechsel das Schweigen aufgegeben hat. Kinder mit selektivem Mutismus haben die Chance, sich zu sicheren Menschen zu entwickeln und ihre Fähigkeiten einzusetzen.

Warum beginnt mein Kind nicht zu sprechen – es ist doch so aufgeweckt?

»Spricht dein Kind schon?« Marietta erschrickt. Der gleichaltrige Cousin plaudert bereits, während ihr Marco (2 Jahre) schweigend mit Autos auf dem Tisch hin und her fährt. Bisher dachte sie sich nichts dabei, jetzt ist sie plötzlich verunsichert. Stimmt etwas nicht? Sie beobachtet das Plaudern des Cousins mit ihrer Schwester und kommt sich vor, als stünde sie vor einem verschlossenen Tor. Sie beginnt ihr Kind zu beobachten. Ihre Zweifel wachsen und wenn ihre Schwester etwas sagt, hat sie das Gefühl, sie mische sich wie früher in ihre Angelegenheiten. In kleinen Schritten verändert sich etwas, sie wird ungeduldiger

und versucht Marco zum Sprechen zu überreden, indem sie ihm Wörter vorsagt und fordert, dass er sie nachspricht. Marco kann das aber noch nicht.

Für Marietta und Marco hat eine sensible Zeit begonnen. Sie treffen sich häufig mit Verwandten, Freundinnen und gleichaltrigen Kindern. Beide finden Spaß daran. Allerdings gibt es jetzt für Marietta viel mehr Möglichkeiten, Marco mit anderen zu vergleichen, so ist es nicht verwunderlich, dass sich Zweifel melden, ob alles in Ordnung ist. Marietta beginnt auf die Sprache zu warten und versucht Marco mit allen möglichen Mitteln zum Sprechen zu bringen.

Warum nützt das bei Marco nichts? Seine Entwicklung verläuft anders als die seines Cousins. Marco ist ein Kind mit einer *Spracherwerbsstörung.* In der Zweisamkeit mit seiner Mutter fällt es nicht immer auf, weil die beiden sich gut verständigen. Die Sprachentwicklung verläuft grundsätzlich sehr unterschiedlich. Manche Kinder sprechen mit dem ersten Schritt ihr erstes Wort, andere brabbeln vor sich hin und verwenden später richtige Wörter und sprechen dann viel und gut, wieder andere beginnen früh die ersten Worte zu sagen, sprechen aber lange unverständlich. Bestimmte Regelmäßigkeiten in der Abfolge der Entwicklungsschritte gibt es dennoch. Ein wichtiger Schritt in die Sprache ist die Fähigkeit, Symbole zu handhaben.

Max (1,5 Jahre) nimmt einen Bauklotz und schiebt ihn über den Teppich, dazu ruft er »tutut!«.

Tom (2 Jahre) zieht eine WC-Rolle an einer Schnur und geht mit ihr spazieren.

Die Entdeckung, dass Gegenstände ersetzbar sind und die Bedeutung haben, die man ihnen gibt, ist der Einstieg in eine wundervolle Spielwelt, die gleichzeitig das Tor zur Sprache öffnet.

In der Phase des Spracherwerbs entdeckt Ihr Kind ein neues System, die Welt der Symbole, mit dem es sich mitteilen kann. Während es bisher schrie, zeigte, handelte und vor sich hin plapperte, entdeckt es plötzlich, dass bestimmte Laute eine Bedeutung haben und Handlungen ersetzen. Kinder mit einer Spracherwerbsstörung haben den Schritt von dem unmittelbaren Handeln zum Verwenden von Symbolen noch nicht ganz vollzogen, wie ich es bei Lisa beobachten konnte.

Lisa (4 Jahre) spielt kochen. Sie schnippelt Plastilin in eine Pfanne. Das Schnippeln macht ihr soviel Spaß, dass sie einfach schnippelt und sehr lange an diesem Spiel bleibt. Der ursprüngliche Spielplan, zu kochen und eine Puppe zu füttern, ist vergessen. Das bedeutet, dass Lisa noch keinen Plan hat, sondern vielmehr Lust am Schnippeln, und dass diese Tätigkeit sie vollkommen befriedigt.

Drei Monate später schneidet sie wieder Plastilin und legt die Teile in die Pfanne, gießt Wasser darüber, deckt die Pfanne zu und sagt »so«; sie holt die Puppe und deckt den Tisch. Dann legt sie das »Essen« auf den Teller und schiebt der Puppe ein Stück nach dem anderen in den Mund. Als ich »mm, fein« sage anstelle der Puppe, schaut sie der Puppe in den Mund und ist irritiert, dass sie das Essen nicht geschluckt hat.

Lisa zeigt eine Entwicklung vom Ausprobieren und lustvollem Schnippeln zu einem Handlungsablauf, in dem das Plastilin-Schneiden einen Teil ausmacht. Sie spielt den Ablauf des Kochens bis zum Servieren nach. Sie tut, als ob das Plastilin ein Essen sei. Dass sie sich wundert, dass die Puppe nicht schluckt, zeigt, dass sie kurz davor steht, das »Tun als ob« zu entdecken. Jetzt hat sie die Stufe erreicht, um zur Sprache zu kommen. Für Ihr Kind ist es eine wichtige Entdeckung, dass das Wort den Gegenstand und die Tätigkeit ersetzt. Es kann dann erzählen: »Ich koche.«

Bevor Ihr Kind die Sprache entdeckt, manscht es gern mit Sand und Wasser. Es ist damit beschäftigt, Material und Dinge zu erforschen. Das Wort bekommt für Ihr Kind erst Sinn, wenn aus einem Sandhaufen ein Berg entsteht und er deshalb Bedeutung erhält. Das Bedürfnis, sich mitzuteilen, wächst.

Die wichtigsten Bausteine für die Sprachentwicklung sind wahrnehmen, fühlen, bewegen, denken und sich auf einen anderen beziehen.

Kinder mit einer Spracherwerbsstörung zeigen in ihrer Entwicklung Unregelmäßigkeiten. So haben sie Probleme in der Motorik, sie sind meistens ungeschickt, finden das Gleichgewicht nicht immer. Sie haben oft keine Vorstellung, wie sie ein Problem lösen könnten (z. B. Zugschienen zusammensetzen, eine Flasche öffnen, Schuhe ausziehen). Dadurch sind sie noch sehr unselbständig. Sie orientieren sich an ihrer Mutter. Mütter klagen, dass sie kaum etwas allein machen können, dass das Kind sich schwer allein beschäftigen kann.

Da Kinder mit Spracherwerbsstörungen oft schweigen, kann man den Zustand leicht mit selektivem Mutismus verwechseln. Am besten können Sie den Unterschied daran erkennen, dass bei Kindern mit Spracherwerbsstörungen sichtbar ist, dass sie sich mitteilen wollen, meistens mit der Stimme und dem ganzen Körper. Sie lachen laut und in Erregung werden sie stimmstark. Ein Kind mit selektivem Mutismus zeigt nicht, dass es kommunizieren will, es lacht meistens stimmlos.

Anders als ein Kind mit selektivem Mutismus kann ein Kind mit einer Spracherwerbsstörung noch nicht sprechen. Es merkt, dass es mit Deuten und Zeigen durchkommt. Es fühlt sich kaum gestresst, wenn ein Fremder kommt, so lange die Mutter in der Nähe ist. Der innere Öffner ist also aktiv, der Grenzwärter auch, aber der Jongleur kann die Kugeln noch nicht fangen und der Bote bildet noch keine Worte. Der Regisseur spielt mit der Figur, die gerade auf der Bühne ist, er hat noch kein Konzept.

Im Folgenden habe ich unter dem Titel »Unterwegs zur Sprache« Fragen zusammengestellt. Beobachten Sie über längere Zeit und in verschiedenen Situationen, wie Ihr Kind spielt, sich verhält und sich ausdrückt.

Unterwegs zur Sprache

Wenn Sie wissen wollen, wie weit Ihr Kind die Sprache als Kommunikationsmittel entdeckt hat, beobachten Sie:

- Sucht Ihr Kind nach einem Gegenstand und erkennt ihn als bekannt, wenn es ihn gefunden hat? (zeigt es Wiedererkennungsfreude?)
  Diese Fähigkeit ist wichtig, um später Gegenstände durch Wörter zu ersetzen. Darum liebt Ihr Kind in dieser Phase Versteckspiele. Der Jongleur lernt an Dinge zu denken, die man nicht sieht.

- **Versucht Ihr Kind Worte nachzusprechen oder wendet es sich ab bei einer entsprechenden Aufforderung?**
Wenn Ihr Kind versucht nachzusprechen, dann ist das Interesse an Wörtern bereits da. Es fehlt vielleicht an der Fertigkeit in der Lautbildung. Wenn sich Ihr Kind abwendet, dann hat ein Wort noch gar keine Bedeutung oder es hat schon die Erfahrung gemacht, dass es die Fertigkeit nicht beherrscht. Der Jongleur muss die Sprechwerkzeuge noch trainieren. Der Regisseur muss eine Szene gestalten.

- **Verwendet Ihr Kind bei bestimmten Gegenständen immer die gleichen Lautfolgen (z. B. »Au« für Fahrzeuge)?**
Ihr Kind hat entdeckt, dass Wörter für Gegenstände stehen, es benennt und gibt den Lauten Bedeutung. Es ist aber noch nicht in der Lage, die Bewegung der Sprechwerkzeuge zu koordinieren und die Laute dem Gehörten anzupassen. Auch hier ist der Jongleur gefragt, der so komplizierte Bewegungen der Lautbildung trainieren und mit dem Gehör abstimmen muss. Dabei muss er aber auch das Gehör üben.
- **Versteht Ihr Kind, was Sie sagen?**
Bevor Sie mit Ja antworten, weil Sie und Ihr Kind sich auch so verstehen, versuchen Sie ohne Gestik, nur mit Sprache, Ihr Kind aufzufordern, etwas zu holen, etwas zu zeigen. Verraten Sie sich bitte nicht mit dem Blick auf den Gegenstand.
Wenn Ihr Kind nur auf ihr sprachliches Angebot korrekt reagiert, versteht es Sprache weitgehend. Wenn es sich nicht orientieren kann, wenn die gewohnte Mimik und Gestik ausbleiben, dann hat es Schwierigkeiten mit dem Sprachverständnis – ein wichtiges Merkmal für die Spracherwerbsstörung. Der Bote entschlüsselt Nachrichten noch nicht eindeutig.

- **Bewegt es sich, geht es, hantiert es mit Gegenständen?**
Die motorische Geschicklichkeit ist für die Sprachentwicklung sehr wesentlich; ebenso die Handlungsabläufe. Sollte Ihr Kind noch wenig erforschen und ausprobieren, dann benötigt es hier Unterstützung, um später zur Sprache zu kommen. Der innere Forscher soll noch aktiv werden und der Jongleur muss seine motorischen Fertigkeiten üben.

- **Tut Ihr Kind »als ob«? (füttert es seinen Bären, ist ein Klotz ein Pferd?)**
  Wenn Sie das Als-ob-Spiel noch nicht entdecken können, ist das ein Zeichen, dass Ihr Kind im Spracherwerb verzögert ist. Sollte es aber diese Spielform anwenden und über ein gutes Sprachverständnis verfügen, hat es die wichtigen Grundlagen zum Spracherwerb schon erworben. Wenn es noch nicht spricht, sind andere Fertigkeiten noch ungeübt oder unkoordiniert. Auch hier hat der Jongleur noch viel zu tun.
- **Beschäftigt sich Ihr Kind auch allein?**
  Sollte es das tun, dann ist auf seiner inneren Bühne bereits sehr viel los, allerdings sind die sprachlichen und kommunikativen Fähigkeiten noch am Werden. Dass Ihr Kind über eine innere Bühne verfügt, ist eine große Ressource, denn es ist selbständig und kann einen Teil der Welt bereits allein erobern.
  Sollte Ihr Kind sich noch nicht allein beschäftigen, ist ein wichtiger Ansatzpunkt, an der Selbständigkeit anzusetzen, damit sich die innere Bühne entwickeln kann. Hier ist der Regisseur gefragt.

Wenn Sie die meisten Fragen mit Ja beantworten können, dann kann Ihr Kind symbolisieren und es liegt keine Spracherwerbsstörung vor.

Wenn Ihr Kind zweieinhalb Jahre alt ist und Sie aufgrund Ihrer Beobachtungen vermuten, dass Ihr Kind noch nicht symbolisch spielt, liegt mit großer Wahrscheinlichkeit eine Spracherwerbsstörung vor.

Wie entdeckt Ihr Kind die Sprache?

Die Entdeckungsreise zur Sprache beginnt mit Experimentieren, die Welt im wahrsten Sinne des Wortes zu erforschen. Das Sprachverständnis entwickelt sich. Ihr Kind lernt im Spiel, dass sein Handeln bedeutsam ist (Kapitel 2). Es entwickelt Als-ob-Spiele und entdeckt das Kommunizieren. Selbständigkeit entwickelt sich und das Ich stärkt sich (Kapitel 4).

Wie entwickeln sich Kinder mit Spracherwerbsstörungen?

Sobald die Sprache als Kommunikationsmittel interessant wird, sind Kinder auch in der Lage, sprachliche Formen zu erlernen wie korrekte Lautbildung und Grammatik. Der Wortschatz vergrößert sich. Wenn sich das Sprachverständnis gut entwickelt, gelingt das Lernen besser. Es ist möglich, dass sich ein Kind allgemein langsam weiterentwickelt oder für einzelne Laute länger braucht. Ein Kind, das eine Spracherwerbsstörung überwunden hat, ist interessiert daran, mit anderen in Kontakt zu treten und zu kommunizieren.

Spracherwerbsstörung und selektiver Mutismus sind grundsätzlich voneinander verschieden. Die gemeinsame Wurzel findet sich in den kommunikativen Fähigkeiten. Schweigen kann nicht nur herrschen, wenn ein Kind die Sprache noch nicht entwickelt hat, es kann auch später eintreten, wenn das Kind beginnt, sich mit anderen zu vergleichen.

Warum weigert sich mein Kind plötzlich zu sprechen?

Die Zeit der Sprachentwicklung ist besonders sensibel. Zwischen 3 und 5 Jahren entwickelt Ihr Kind dicht aufeinander sehr viele Fähigkeiten und kann sie noch nicht sicher koordinieren. So kann es zum Stottern kommen oder zu Sprechunfertigkeiten, die seine Sprache schwer verständlich machen. Es merkt, dass es nicht so gut sprechen kann, und wird unsicher, wie es bei Daniel war:

> *Daniel (4 Jahre) ist ein sehr mitteilungsfreudiges Kind, aber er kann viele Laute noch nicht sprechen und wird deswegen nicht verstanden. Wenn jemand nachfragt, verweigert er die Wiederholung. Weil er wahrnimmt, dass er nicht verstanden wird, spricht er im Kindergarten immer weniger. Er klammert sich wieder an seine Mutter. So ist es verständlich, dass er nicht allein bei der Logopädin sein will. Erst als er merkt, dass er Dinge tun kann, die ihn interessieren, kann er es aushalten, ohne die Mutter bei der Therapeutin zu bleiben. Allmählich wagt er es, im Spiel zu sprechen, und wird auch in kurzer Zeit etwas deutlicher.*

Daniel hielt das Sprechen für unüberwindbar, weil seine Sprechwerkzeuge ihm nicht gehorchen. Er weiß nicht, was er machen muss, damit es richtig klingt. Das hat damit zu tun, dass er in der motorischen Entwicklung langsamer ist als in seinem Denken. Im Spiel mit der Logopädin begann er mit und ohne Worte zu kommunizieren. Es gelang ihm bald, verständlicher zu sprechen, auch wenn er mit bestimmten Lauten noch immer Schwierigkeiten hatte. Die Lust am Sprechen nahm zu und damit auch sein Wortschatz und seine grammatikalischen Fähigkeiten. Er sprach auch wieder im Kindergarten und wiederholte bereitwillig ein Wort oder umschrieb es, wenn jemand ihn nicht verstand. Gleichzeitig gelang es ihm, sich immer besser von seiner Mutter zu lösen und selbständiger zu werden.

Stolpersteine während der Sprachentwicklung

Im Alter zwischen 3 und 5 Jahren sind Kinder sehr kreativ und kümmern sich wenig um Kritik. Sobald aber im Kind das Bewusstsein erwacht, dass seine Leistung auch schlecht bewertet werden könnte, wird es gehemmter.

Ein weiterer Stolperstein ist das Perfektionsbedürfnis des Kindes selbst. In der Zeit der Entwicklung von sprachlichen und motorischen Fähigkeiten sind die Vorstellungen, wie etwas zu sein hat, oft perfekter als die Möglichkeiten, es auszuführen. Das kann richtige Krisen hervorrufen. Oft vergleicht sich ein Kind mit seinen älteren Geschwistern und wird mutlos, weil es das gewünschte Resultat nicht erreichen kann. Es spricht dann nur, wenn es ganz sicher ist, oder im Zweifelsfall eben nicht. Solche Verunsicherungen gehören natürlich zum Entwicklungsprozess und das Schweigen ist als Versuch zu verstehen, diese Krise zu bewältigen.

Stottern tritt dann oft auf und vergeht auch wieder. Die Erfahrung zu stottern kann ein Kind sehr verunsichern und je nachdem, wie die Umgebung darauf reagiert, kann es sich ins Schweigen zurückziehen.

Sebastian ist ganz aufgeregt und bringt kein Wort hervor. Ganz erschüttert sagt er zu seiner Mutter: »Jetzt rede ich dann nicht mehr!« »Aber dann könnte ich ja nie erfahren, wie sehr dir der Ausflug im Kindergarten Spaß gemacht hat«, gibt seine Mutter zu bedenken. Das Argument überzeugte Sebastian und er fuhr in seiner Erzählung fort.

Diese Form des Schweigens unterschiedet sich zum selektiven Mutismus insofern, dass sie etwas leichter zu beeinflussen ist. Der Jongleur ist oft versucht aufzugeben, lässt sich aber auch ermuntern.

In der Übersicht »Die kritischen Phasen der Sprachentwicklung« habe ich einen Leitfaden zusammengestellt, der Ihnen helfen soll herauszufinden, ob Ihr Kind schweigt, weil es in einer kritischen Phase der Sprachentwicklung steckt, wie weit Ihr Kind entwickelt ist und wie es mit der Krise von Selbstkontrolle und Perfektion zurechtkommt.

Die kritische Phase der Sprachentwicklung

Beobachten Sie in einer entspannten Haltung, welche Fähigkeiten Ihr Kind bereits entwickelt hat. Nehmen Sie sich Zeit, ungestört die folgenden Fragen zu beantworten.

- Was kann mein Kind schon alles sagen? Gibt es Laute, die es noch nicht spricht?
  In der Regel hat ein Kind bis zum 4. Lebensjahr Zeit, alle Laute zu entwickeln. Manche Kinder können die Laute SCH und R erst mit 5 oder 6 Jahren bei einer guten allgemeinen Sprachentwicklung. Wenn Ihr Kind aber mit 4 Jahren sehr unverständlich spricht, sollten Sie das genauer beobachten. Ob Ihr Kind als Reaktion darauf schweigt, hängt davon ab, wie die Umwelt auf seine Unverständlichkeit reagiert.
- Wie sicher und geschickt sind seine Bewegungen?
  Die motorischen Fähigkeiten sind eine wichtige Grundlage für das Sprechen. Koordination und Sicherheit zeigen sich auch in der Handhabung der Sprechwerkzeuge. Viele Sprechunfertigkeiten lösen sich über die Verbesserung der Motorik. Der Jongleur ist noch ungeschickt.

- Habe ich in der letzten Zeit Stottern beobachtet?
  Sollte Ihr Kind im Alter von 3 bis 5 Jahren stottern, können verschiedene Dinge mitspielen: Es hat zuviel im Kopf und kann es nicht ordnen, es ist gerade aufgeregt, es fallen ihm nicht die richtigen

Wörter ein, seine Atmung gerät durcheinander. Achten Sie darauf, selbst ruhig zu bleiben und ruhig zu atmen. Konzentrieren Sie sich auf das, was Ihr Kind erzählen will. Der Regisseur ist mit den Szenenabläufen überfordert.

- **Wie reagiert mein Kind, wenn es nicht sofort verstanden wird?**
  Sollten Sie beobachten, dass Ihr Kind beginnt, sich zu verweigern, überprüfen Sie die folgenden zwei Fragen besonders sorgfältig. Es kann sein, dass der Kritiker zu früh auf der Bühne erscheint.

- **Wie reagieren die nächsten Bezugspersonen auf sprachliche Unfertigkeiten?**
  Sollten Geschwister, Nachbarn oder Großeltern negativ auf sprachliche Unzulänglichkeiten reagieren, nehmen Sie Ihr Kind in Schutz. Auch wenn diese Reaktionen Sie selbst verunsichern sollten, vermeiden Sie, dass Ihr Kind (sprachlich) unter Druck gesetzt wird.
- **Wie könnte mein Kind von sich selbst denken?**
  Wenn Sie feststellen, dass Ihr Kind resigniert, hat es ein schlechtes Selbstwertgefühl. Auch Verweigerungen, etwas zweimal zu sagen, können solche Zeichen sein. In diesem Alter können Kinder Kritik noch total aufnehmen. »Ich kann nicht verstehen, was du sagst«, kommt an als: »Du bist nicht in Ordnung.« Der Jongleur und der Grenzwärter können den Kritiker mit Ihrer Hilfe einschränken.

- **Welche Erwartungen habe ich selbst an die Sprache meines Kindes?**
  Es ist richtig, wenn Ihnen die Sprachentwicklung Ihres Kindes nicht gleichgültig ist. Das ist eine wichtige Ressource, die Sie nutzen können. Dabei ist am Wichtigsten, den Entwicklungsrhythmus Ihres Kindes zu akzeptieren und die kommunikativen Fähigkeiten zu unterstützen. Überprüfen Sie Ihre Erwartungen immer wieder am Entwicklungsstand Ihres Kindes. Dann tritt der innere Kritiker nicht zu früh auf.

Haben Ihre Antworten auf die Fragen Sie zuversichtlich oder ängstlich gestimmt? Sollte die Sorge vorwiegen, dann versuchen Sie die Antwort umzuformulieren: Statt »A. spricht so undeutlich« schreiben Sie: »A. kann schon viel erzählen, er hat interessante Gedankengänge; wenn er sie einmal formuliert hat, wird er deutlicher.«

Wenn Sie entdecken, dass Ihr Kind mit 3 Jahren auf seine Sprechunsicherheiten und die Reaktionen seiner Umwelt stark reagiert, brauchen sein Grenzwärter und sein Jongleur Unterstützung. Der Kritiker könnte zu früh auftreten. Der Regisseur muss den Jongleur spielen lassen.

Zu früh veranlasste Selbstkritik kann vorübergehend zum Schweigen führen. Wenn Sie aufgrund Ihrer Beobachtungen unsicher geworden sind, lassen Sie Ihr Kind von einem Logopäden testen, damit der Jongleur sein Training erhält oder Sie selbst beruhigt sein können, dass sich Ihr Kind sprachlich gut entwickelt.

Wie kommt mein Kind aus der Krise?

Spiel und Spaß sind die besten Begleiter für eine freudige Kommunikation. Das gelingt am ehesten, wenn Sie sich auf die Sache konzentrieren, die Ihnen Ihr Kind mitteilen will. Nutzen Sie Spaß beim Geschichten-Erfinden, Namen-Geben und spontan entstandenen Sprachspielen. Die Kommunikation tritt in den Vordergrund. Ihr Kind gewinnt so an Selbstvertrauen und wird bereit, zu einem späteren Zeitpunkt die Laute zu lernen, oder es entwickelt sie spontan.

Warum spricht mein Kind nicht deutsch – es kann die Sprache doch!

Schweigen wird durch das zusätzliche Erlernen der Fremdsprache der Umgebung oft begünstigt. Auch wenn Ihr Kind die Fremdsprache in Kindergarten oder Schule gut gelernt hat und sogar für Sie einiges übersetzen kann, ist es für Ihr Kind schwierig zu kommunizieren. Meistens schweigen Kinder, weil sie Angst haben, einen Fehler zu machen und ausgelacht zu werden. Leider ist diese Angst auch nicht unbegründet, es kommt immer wieder vor, dass fremdsprachige Kinder ausgelacht werden, weil sie etwas falsch gesagt haben. Manchmal glauben Kinder, besonders gut sein zu müssen, wie es bei Mia der Fall ist.

Mia (7 Jahre) will weder sprechen noch zeichnen. Auch das Drängen und Aufmuntern ihrer Eltern ändert daran nichts. Erst als ich in kleinen Kritzeln beginne, ihr kurze Geschichten zu erzählen, kann sie selbst weitere Kritzel beifügen und auf meine Fragen dazu mit Kopfnicken oder Kopfschütteln antworten.

Mia scheint zu glauben, bei mir eine Extraleistung im Zeichnen und Sprechen vollbringen zu müssen. Erst das kleine Kommunikationsspiel mit Kritzeln vermag sie zu lockern. Das bedeutet, dass sich Mia in Gedanken viel zu früh mit dem Ergebnis ihrer Leistung auseinandersetzt und deshalb auch gehemmt ist, etwas zu sagen. Sie möchte es besonders gut machen. Der spielerische Umgang ermöglicht ihr, sich zu lösen und in Kontakt zu treten. Mia spricht nicht, weil sie ihre Aufgabe, in einer fremden Sprache zu sprechen, als unüberwindbar erlebt.

Wenn Sie gerade selbst in der Lage sind, sich in einem fremden Land zurechtzufinden und die Fremdsprache anzuwenden, können Sie nachvollziehen, wie es Ihrem Kind gehen kann: Es ist gewohnt, sich auszudrücken, und muss nun Fehler machen, um sich zu verständigen. Bei Karim war es so:

Karim (3 Jahre) spricht in seiner Familie bis zum Kindergarteneintritt türkisch. Beide Eltern sprechen gut deutsch. Ich hatte die Gelegenheit, Mutter und Kind beim Spiel zu beobachten. Karim und seine Mutter bauen eine Eisenbahn auf und begutachten einzelne Teile, die sie in der Spielkiste finden. Sie unterhalten sich türkisch. Karims Mutter wendet sich mir zu und wir sprechen ein paar Sätze deutsch zusammen. Dann spielt sie mit ihrem Sohn weiter. Karim beginnt nun im weiteren Spielverlauf deutsch zu sprechen. Seine Mutter hört ihn zum ersten Mal deutsch sprechen und ist überrascht, was er schon alles kann.

Offensichtlich wurde dem Kind bewusst, dass ich ihn nicht verstehen kann, und weil seine Mutter mit mir deutsch sprach, passte er sich an. Karim zeigt in dieser Situation die Fähigkeit, sich auf die Kommunikation zu dritt einzustellen. Er ist auf die Sache konzentriert und kümmert sich nicht um Fehler, so kann seine Mutter erkennen, dass er schon viel mehr deutsch sagen kann, als sie erwartet hatte. Dadurch, dass die Mutter mit mir in Kontakt war, wurde es auch für ihn selbstverständlich, mit mir deutsch zu sprechen, ohne dass einer von uns zweien es gefordert hätte. Seine Mutter sprach nicht sofort mit ihm deutsch. Das hätte ihn irritiert. Die Gegenwart seiner Mutter und die Spielatmosphäre gaben ihm genügend Sicherheit, es einfach zu versuchen.

Warum schweigen Kinder, auch wenn sie deutsch können?

Die Integration in ein fremdes Land ist harte Arbeit, denn es geht um die Entwicklung und Erhaltung der eigenen Identität.

In einem fremden Land hat es ein Kind manchmal schwer, weil es spürt, dass seine Eltern sich selbst noch nicht zu Hause fühlen. Es wird unsicher und ängstlich. Es fühlt sich verantwortlich, spürt die Erwartung seiner Eltern, dass es sich gut integriert, und weiß nicht, wie es das Problem lösen kann. Als Eltern kommen Sie in dieser Situation öfters in die Lage, von Ihrem Kind etwas zu verlangen, was Sie selbst auch zu leisten versuchen. Sie können selbst nicht auf vertraute Situationen zurückgreifen und ihrem Kind dadurch Sicherheit vermitteln, weil Sie selbst auf der Suche sind. Karims Mutter hatte diese Unsicherheit hinter sich, deshalb gelang es ihr, ihren Sohn in die Kommunikation mit einer deutschsprachigen Fremden einzuführen. Wie aber soll es gehen, wenn Sie selbst noch damit kämpfen, sich in dieser anderen Kultur zurechtzufinden? Für Ihr Kind bedeutet es, dass es selbst einen Weg in die Fremde finden muss, weil es spürt, dass Sie ihn selbst auch noch suchen.

Dabei kommt es in einen schweren inneren Konflikt: Es geht früher als andere eigene Wege und sieht sich verschiedenen Regelsystemen gegenüber. Welchem soll es nun folgen? Folgt es den Regeln seiner Familie, dann verletzt es die Regeln in der Schule oder Kindergarten. Folgt es den Regeln des fremden Landes und spricht diese Sprache, hat es das Gefühl, seine Eltern zu verraten. Es hat das Gefühl, was es tut, ist auf jeden Fall falsch, wenn es aber keine Fehler machen will, dann tut es lieber nichts. Das Schweigen bedeutet für Ihr Kind die Lösung dieses Dilemmas. Da Kinder sich in neuen Situationen oft leichter und schneller zurechtfinden als Erwachsene, erlebt es einen Rollentausch. Es glaubt, Ihnen als Eltern helfen zu müssen, im neuen Land Fuß zu fassen, und braucht aber selbst Hilfe. Für viele Kinder mit selektivem Mutismus kommt dieses Problem dazu.

Wenn Sie das Schweigen Ihres Kindes besser verstehen wollen, versuchen Sie die folgenden Fragen zu beantworten.

Zwischen den Kulturen

Um zu erfassen, wie Ihr Kind es schafft, zwischen den Kulturen Brücken zu bauen, und welche Hilfen Sie ihm geben könnten, suchen Sie bitte Antwort auf diese Fragen:

- Ist mein Kind allgemein schüchtern?
  Wenn Ihr Kind auch in Ihrem Kulturkreis schüchtern ist, braucht es mehr Zeit und mehr Unterstützung. Der innere Öffner muss gestärkt werden. Wenn Zurückhaltung eines Kindes zu Ihren kulturellen Werten gehört, benötigt Ihr Kind von Ihnen die ausdrückliche Erlaubnis, sich so zu verhalten wie die Kinder im Kindergarten oder Schule.

- Zeigt mein Kind Angst?
  Versuchen Sie herauszufinden, wovor Ihr Kind Angst hat. Helfen Sie ihm, die Ängste zu überwinden. Sprechen Sie gegebenenfalls mit Kindergarten und Schule. Unterstützen Sie das Spielerische und den Spaß bei Ihrem Kind.
- Wie steht es um den Selbstwert meines Kindes?
  Können Sie wahrnehmen, dass Ihr Kind auf bestimmte Leistungen stolz ist? Spürt es Ihren Stolz darauf? Kann sich Ihr Kind für etwas begeistern und andere daran teilhaben lassen? Der Jongleur und der Grenzwärter sind hier gefragt.

- Erzählt mein Kind von Freunden im Kindergarten/in der Schule?
  Wenn Ihr Kind von anderen erzählt, ist das ein gutes Zeichen; es ist interessiert an seinen neuen Mitspielern/Mitschülern. Wenn es das weniger tut, fällt es ihm möglicherweise schwer, Kontakt zu finden, oder es wagt nicht zu erzählen, weil es fürchtet, Sie zu verletzen.
- Wie sprechen wir über Fremde?
  Dies ist ein sehr heikles Thema. Doch wenn Sie Ihren Unmut über Außenstehende vor Ihrem Kind deutlich machen, wird Ihr Kind diese Wertung übernehmen. Ihr Kind hat auch mit den Wertungen der

anderen zu kämpfen. Versuchen Sie mit Ihrem Kind die Eigentümlichkeiten der Fremden herauszustellen und von den Eigentümlichkeiten Ihrer Kultur zu unterscheiden. Unterstützen Sie auf diese Weise die Neugier und das Interesse am Anderssein. Der innere Forscher wird so gestärkt.

- **Was ist hier anders im Umgang mit Kindern? Was fällt mir schwer zu akzeptieren?**
  Es ist wichtig, dass Sie gegenüber sich selbst ehrlich sind. Es ist für keinen leicht, sich in einer anderen Kultur heimisch zu fühlen. Jedes ungewohnte Verhalten kann die eigene Identität in Frage stellen. Überlegen Sie, was Sie und Ihr Kind von dieser Andersartigkeit lernen können.

Wenn Sie durch Ihre Antworten darauf kommen, dass Ihr Kind Angst hat und es um seinen Selbstwert schlecht bestellt ist, wenn Sie erkennen, dass es keinen Kontakt findet, dann hat sein Schweigen tiefere Gründe. Es fühlt sich überfordert, Brücken zu bauen.

Der Fremdsprachenunterricht allein hilft einem schweigenden Kind nicht weiter. Sein Selbstvertrauen muss gestärkt werden. Es benötigt Hilfe beim Brückenbauen zwischen den Kulturen. Der innere Öffner, der Grenzwärter und der Jongleur müssen unterstützt werden. Hier kommt noch eine neue Figur dazu: der innere Brückenbauer.

Bausteine für die Brücke zwischen den Kulturen

Der Brückenbauer

Ihr Kind kann seinen inneren Brückenbauer stärken, wenn Sie es unterstützen, indem Sie

- *Modell sind:* Karim orientiert sich beispielsweise nach dem Modell seiner Eltern. Sie nehmen Kontakt auf und vermitteln ihm, dass die Fremden nicht böse sind.
- *Positives suchen:* Wenn Ihr Kind spürt, dass Sie in der Situation, im fremden Land zu leben, auch Positives sehen können, fällt es ihm leichter, Kontakt aufzunehmen. Weisen Sie Ihr Kind auf konkrete Dinge hin, die Sie selbst als angenehm empfinden. »Max ist ein netter Junge und seine Eltern auch« – auch wenn Sie viele andere Menschen als unangenehm oder negativ erleben, ist dies für Ihr Kind ein Zeichen, dass es in Ordnung ist, Dinge gut zu finden.
- *zwiespältige Gefühle akzeptieren:* Als Eltern wünschen Sie sich, dass Ihr Kind in der fremden Welt gut ankommt, und gleichzeitig fürchten sie, dass sich Ihr Kind Ihnen entfremdet, wenn es die Gewohnheiten des neuen Landes übernimmt. Wenn Sie sich Ihrer zwiespältigen Gefühle, die ganz natürlich sind, bewusst werden und sie akzeptieren, kann das Ihr Kind sehr entlasten und Sie können sich an den Fortschritten Ihres Kindes freuen.
- *Kontakt zu Gleichaltrigen unterstützen:* Wenn Ihr Kind von anderen Kindern erzählt, laden Sie diese zum Spielen ein. Lassen Sie es auch zu, dass Ihr Kind eingeladen wird.
- *ein möglichst gutes Verhältnis mit den Kindergartenpädagogen und Lehrern aufzubauen suchen,* damit Ihr Kind sich sicher fühlen kann.

Warum gerät mein Kind in Panik, wenn es vor der Klasse sprechen soll?

Manche Kinder haben besonders Angst, wenn sie vor vielen Menschen sprechen sollen.

Julia (10 Jahre) ist ein fröhliches Mädchen und plaudert gern mit andern. Sie gibt auf Fragen Antworten und macht auch im Unterricht aktiv mit. Doch wenn sie vor der ganzen Klasse etwas erzählen soll, beginnt sie vor Angst zu schwitzen. Sie bringt kein Wort heraus und will an diesen Tagen nicht in die Schule gehen.

Sie hat das Gefühl, ihre Stimme stecke fest. Julia nimmt es mit der Schule ganz genau. Wenn aber alle zuhören wollen, bleibt ihr der Atem stecken.

Sprechangst betrifft ältere Kinder. Ab etwa 9 oder 10 Jahren entdeckt Ihr Kind, dass es über sich selbst nachdenken kann. »Wer bin ich? Wie sehen mich die anderen?« sind zentrale Fragen geworden. Auch die eigene Leistung wird ein Teil der eigenen Identität. Bin ich gut? Bin ich sehr gut? Bin ich etwa so wie der andere? Es erwacht der Wunsch, andere mit Leistung zu beeindrucken, und damit entstehen die ersten eigenen Ansprüche an sich selbst. Auf ein Versagen hin folgt das Gefühl, nicht gemocht zu werden. Kurz: Der *innere Kritiker* hat die Bühne betreten. Auch im Denken geschieht in diesem Alter ein Sprung: Der Schulstoff wird abstrakter und Zusammenhänge werden nun bewusst wahrgenommen. Frederik (11 Jahre) drückt das so aus:

Ich muss in der Schule vom Wald erzählen. Wir haben da Fremdwörter gelernt und die muss ich sagen, aber ich kann sie ja nicht richtig aussprechen und dann lachen die anderen. Als ich ihn frage, ob er so ein Fremdwort als Beispiel angeben könne, überlegt er lange und sagt dann fast flüsternd: »ö-öko-ökologisch«. Während er sprach, hielt er den Atem an.

Sprechangst tritt meist dann auf, wenn die Schule anspruchsvoller wird und von den Kindern eine präzisere Ausdrucksweise oder Fachbegriffe verlangt werden. Es entsteht die Angst, die Fremdwörter nicht sinngemäß zu verwenden oder nicht korrekt auszusprechen. Auch bei Fremdsprachen kann diese Angst entstehen. Da diese schulischen Forderungen meistens mit der Verunsicherung in der Pubertät zusammenfallen, kann sich, wenn nicht sensibel darauf reagiert wird, eine Sprechangst entwickeln, die bis zum Schweigen und Angst vor Kontakt mit anderen führen kann.

Die Angst, vor der Klasse zur sprechen, ist mit Leistungsdruck verbunden und dem Gefühl, etwas nicht richtig zu sagen oder die genauen Begriffe nicht zu kennen. Menschen mit Sprechangst machen sich Sorgen darüber, wie sie ankommen, was andere über sie denken. Mit ihrer Angst machen sie ihre Umgebung fast verrückt, weil niemand nachvollziehen kann, warum dieses redegewandte Kind plötzlich so Angst hat, vor der Klasse zu erzählen. Im Unterschied zu den vorher beschriebenen Formen des Schweigens liegt es nicht an der Fähigkeit zu kommunizieren, sondern an der Sorge um die eigene Sprechfähigkeit. In Gruppenarbeiten bringt ein Kind mit Sprechangst die guten Ideen, lässt dann aber die anderen sprechen. Für Kinder wie Julia und Frederik ist es kein Problem, zu zweit oder zu dritt zu plaudern, da sprudeln sie vor Einfällen. Je lockerer ihre Gesellschaft ist, umso lockerer ihr Sprechen. Der Gesprächspartner spielt eine große Rolle. Sprechangst nimmt gegenüber Respektspersonen zu.

Die Erfahrung, dass die Stimme oder das Sprechen vor einer größeren Gruppe versagt, kann tief greifende Ängste auslösen. Die Betroffenen vermeiden Sprechsituationen, die ihnen Angst machen. Auf der inneren Bühne ist bisher alles gut gelaufen. Nun aber kommt der innere Kritiker und zieht Angst und Zweifel mit sich. Er schüchtert den Jongleur ein, tritt den Grenzwärter mit Füßen und hindert den Öffner daran, die Tür vor negativen Äußerungen zu verschließen. Eine Aufforderung, vor der Klasse zu sprechen, kann also auf der inneren Bühne das reinste Chaos anrichten.

Wenn Sie den Eindruck haben, die beschriebenen Situationen könnten auch für Ihr Kind zutreffen, gehen Sie die folgenden Fragen durch.

Sprechangst

Sprechen Sie mit Ihrem Kind direkt über diese Fragen, um zu erfahren, wie es sich mit den verschiedenen Anforderungen in der Schule fühlt.

- Macht sich mein Kind über sein Sprechen, seine Haltung, sein Können Gedanken?

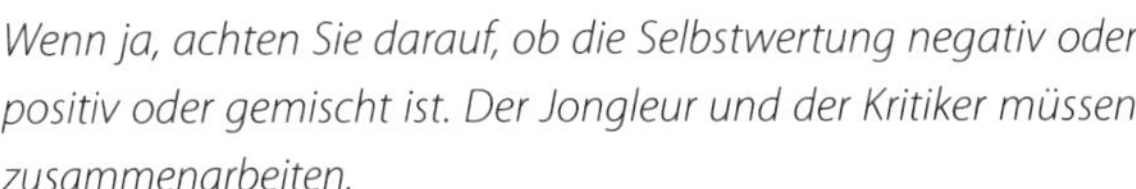

  Wenn ja, achten Sie darauf, ob die Selbstwertung negativ oder positiv oder gemischt ist. Der Jongleur und der Kritiker müssen zusammenarbeiten.

- Versucht mein Kind, sich besonders an die jeweilige Umgebung anzupassen?

  In einem bestimmten Alter gehört es dazu. Wenn Sie aber den Ein-

druck bekommen, dass Ihr Kind alle anderen besser als sich selbst erlebt, ist es ein Zeichen dafür, dass es sich nicht mehr so gut spürt und in seiner Identität sehr verunsichert ist. Alle Figuren bereiten sich auf ein neues Stück vor.

- Hat mein Kind Freunde?
  Wenn Sie diese Frage mit Ja beantworten können, ist das eine wichtige Ressource, um aus der Krise zu kommen. Wenn es aber Kontakte meidet, sollten Sie mit Ihrem Kind darüber sprechen, woran es liegen könnte. Der innere Öffner, der Grenzwärter und auch der Jongleur brauchen Stärkung.
- Wird mein Kind rot, wenn es angesprochen wird?
  Bei Sprechangst kommt dieses Symptom häufig vor. Meistens ist das dem Betroffenen peinlich.

- Äußert mein Kind Ängste, wenn es in der Klasse etwas sagen soll?
  Was genau befürchtet Ihr Kind? Einzelne, die es auslachen, Tadel des Lehrers, etwas nicht mehr zu wissen? Grenzwärter und Jongleur sind gefragt.

- Reagiert mein Kind mit Beschämung, wenn ihm etwas nicht gelungen ist? Etwa vor den Verwandten ein Geburtstagsgedicht aufzusagen?
  Kleine Misserfolge können in dem Alter schwer wiegen und oft nachhaltig wirken. Bei Sprechangst beginnt oft hier der Teufelskreis. Der Jongleur muss lernen, heruntergefallene Bälle wieder aufzuheben.

- Wie erlebe ich die Stimme und Sprechweise meines Kindes?
  Die Stimme kann oft sehr dünn wirken und manchmal sprechen die Kinder so, als wollten sie nicht, dass man etwas versteht; als ob das Gesagte wieder ausradiert werden müsste. In lockeren Situationen kann diese Stimme sich wieder in der gewohnten Weise durchsetzen. Das Selbstwertgefühl und die Sicherheit in der Identität sind unbeständig. Der innere Öffner beginnt zu zensieren und fürchtet den Kritiker.

Wenn Sie entdecken, dass Ihr Kind sich Sorgen um sein Sprechen macht, entwickelt sich Sprechangst. Unterstützen Sie sein Selbstwertgefühl.

Wie löst sich die Sprechangst?

Kinder und Jugendliche mit Sprechangst können sich bei guter Unterstützung des Selbstwertes und mit Hilfe von Stimm- und Sprachtrainings gut entwickeln. Sprechangst ist die einzige Form des Schweigens, in der die Angst durch ein Training überwunden werden kann. Die zunehmende Sicherheit in der Identität hilft, die Ängste zu überwinden. Bei Krisen, die in der Zeit um die Pubertät herum entstehen, ist es besonders wichtig, fachliche Hilfe in Anspruch zu nehmen, vor allem dann, wenn sich Rückzugstendenzen abzeichnen.

Warum erzählt mein Kind nicht, was es beschäftigt – es ist doch sonst nicht auf den Mund gefallen?

Wenn Sie ein Kind fragen, wie es ihm geht, dann sagt es immer »gut«. Wenn Sie fragen, was ist Schönes passiert oder was ist Schlimmes passiert, dann drückt ein Kind sich oft so aus: »Schön war, dass ich beim Fußball ein Tor geschossen habe, schlimm war, dass mir ein Schuss danebengegangen ist.« Hingegen wird ein Kind kaum erzählen, dass sein Vater geschimpft hat und dass es bedrückt ist, weil es ihn nicht zufriedenstellen konnte. Erst um das 10. Lebensjahr beginnen Kinder, solche Gefühle mitzuteilen.

Gefühle können sprachlos machen. Während ein Erwachsener sich reguliert, indem er nachdenkt und versucht, den Dingen auf den Grund zu gehen, drückt sich ein Kind unmittelbar körperlich aus. Es hüpft, rennt, haut, schreit. Kinder sprechen über Gefühle nicht, weil sie diese noch nicht einordnen können. Das erweckt den Eindruck, das Kind sei verstockt. Kinder drücken sich durch ihr Verhalten aus. Darum heißt einem Kind zuhören, auch auf seine Körpersprache zu achten. Es ist kindgemäß, auf eine Frage, die eine emotionale Situation betrifft, nicht zu antworten und unruhig zu werden oder mit etwas anderem abzulenken. Will es nicht in die Schule gehen, dann ist es einfach so, es will nicht und weiß nicht warum. Wenn Sie weiter nachfragen, kommen manchmal Äußerungen wie: »Da gibt es keine guten Spielsachen.« Als Erwachsener würde man dann denken: »Die Schule ist nicht zum Spielen da.« Ein Kind könnte damit ausdrücken: »In der Schule kann man nicht spielen, ich möchte aber lieber spielen als lernen.«

Gerade weil Erwachsene in diesen Punkten anders denken als Kinder, entsteht bei Eltern das Gefühl, dass sich ihr Kind verschließt. Viele Eltern erleben eine solche Situation als Bruch. Diese Kluft können Sie am besten überwinden, indem Sie die Gefühle, die Sie wahrnehmen, benennen. Zum Beispiel: »Du hast Lust zu spielen und in der Schule geht das nicht. Es ist schwierig zu warten, bis man wieder Zeit zum Spielen hat.« Auf diese Weise ordnen Sie die Emotionen ihres Kindes. Kommunikationsprobleme wie diese entstehen in Entwicklungskrisen.

Im Leben eines Kindes kann es schwere Einschnitte geben, wie zum Beispiel eine Trennung über längere Zeit, Tod eines Haustieres, Scheidung der Eltern, Tod eines Elternteils. Über diese Ereignisse weigern Kinder sich oft zu sprechen. Starke Emotionen machen stumm oder es fehlen die Worte für die Situation, so wie es bei Patrick war:

Patrick (9 Jahre) schaut zu Boden, als mir seine Mutter erzählt, dass sie gar nicht an ihn herankomme, dabei sei der Vater ausgezogen und er habe ihn schon lange nicht gesehen. Patrick aber spreche nicht darüber und sie könne nicht herausfinden, wie es ihm geht. Als ich Patrick direkt frage, was denn seine Mutter meinen könnte, zuckt er mit der Schulter. Hingegen konzentriert er sich voll darauf, von einem Parkettkaro ins andere zu treten. Er wirkt unbeteiligt am Gespräch und bewegt lediglich einen Fuß von einem Karo ins andere und wieder zurück. Ich frage ihn, was denn sein Fuß gerade mache. Er sagt: »Hin und her geht er.« »Und was interessiert ihn da?« »Wo er bleiben soll, er muss sich immer bewegen und will nicht in der Mitte stehen bleiben.«

Während Patricks Mutter sehnsüchtig darauf wartet, dass er ihr erzählt, wie es ihm damit geht, dass der Vater nicht mehr in der Familie lebt, drückt er seine Zerrissenheit und innere Unruhe durch die Fußbewegung aus. Patrick gelang es, über diese unmittelbare Bewegung zu sprechen und schließlich auszudrücken, dass er sich zu beiden Elternteilen gehörig fühlt.

Wie Patrick drücken die meisten Kinder ihre Gefühle in unmittelbaren Aktionen aus. In Bewegung, im Spiel, im Weglaufen, im Stehlen. Einerseits schweigen sie, weil sie eine andere Sprache sprechen als Erwachsene. Andererseits möchten sie, wie Patrick, ihre Eltern schonen. Sie fürchten, ihre Zuneigung zu verlieren, und drücken sich auch deshalb nicht direkt aus. Als Patrick klar wurde, dass seine Mutter seine Gefühle ernst nahm, konnte er seinen Wunsch, seinen Vater öfters zu sehen, äußern. Er sagte es kurz und ging dann zum Nächsten über.

Eine Erfahrung kann so heftig sein, dass es keine Sprache dafür gibt.

Thomas (6 Jahre) wurde für längere Zeit von seiner Mutter getrennt, weil sie sich einer Operation unterziehen musste. Sein Vater konnte nicht einspringen. Thomas musste in eine Kinder-Wohngemeinschaft. Das war für ihn ein großer Schritt, weil er sich noch nicht so gut von seiner Mutter trennen konnte. Er lebte sich gut ein, doch konnte er dort nur für einen bestimmten Zeitraum bleiben. Er wechselte den Betreuungsplatz mindestens viermal. Das stille Kind wurde plötzlich auffällig, indem es stahl, log und in der Schule immer schlechter wurde. Auch wenn er zu einigen Betreuern eine gute Beziehung aufbauen konnte, sprach er nicht darüber, was ihn bedrückte.

Thomas ist ein sehr feinfühliger Junge. Die Trennung von seiner Mutter war für ihn ein Schlag. Er war seiner Mutter zuliebe tapfer. Als dann die Zeiträume infolge der Verzögerung des Heilungsprozesses nicht eingehalten werden konnten und aus 3 Monaten erst ein halbes Jahr und dann ein Jahr wurde, resignierte er. Thomas konnte nicht darüber sprechen, er drückte sich in Bewegung aus und ging dabei stets an seine Grenzen. Erst als er wieder bei seiner Mutter wohnte, sagte er zu mir: »Es war so hart, ich konnte einfach nichts machen.«

Kinder mit depressiven Verstimmungen sprechen zwar im Alltag, sind aber sprachlos, wenn es um ihre Stimmung geht. Wenn die schlechte Stimmung überwiegt, kann es sein, dass auch das Spiel nicht mehr interessiert.

Sollten Sie feststellen, dass Ihr Kind etwas bedrückt und es nicht in der Lage ist, darüber zu sprechen, obwohl es sich sonst sprachlich sehr gut ausdrücken kann, dann nehmen Sie sich Zeit, über die Situation nachzudenken. Folgen Sie dabei den Fragen unter der Überschrift »Wie zeigt mein Kind Gefühle?«.

Wie zeigt mein Kind Gefühle?

- Beschreiben Sie als Erstes die Situation, die Ihr Kind zum Schweigen bringt. Ergänzen Sie den Satz: Am meisten Probleme habe ich mit (Name Ihres Kindes) weil … oder: (Name Ihres Kindes) spricht mit mir nicht über …
- Was sind die größten Wünsche meines Kindes, wie äußert es sie?
- Was begeistert mein Kind besonders und woran erkenne ich das?
- Was ist in den letzten Tagen, als das Problem auftrat, alles geschehen? Achten Sie besonders auf Kleinigkeiten.
- Wie viel Zeit hatten Sie in den letzten Wochen für Ihr Kind?

So kreativ Ihr Kind in anderen Dingen ist, wenn es um bestimmte Themen geht, wird die innere Bühne leer. Der Bote bringt die Nachricht nicht, weil er keine Worte findet. Der Jongleur spielt nicht. In dieser Situation sind oft neue Figuren gefragt, wie innere Freunde oder innere Helfer. Wenn Sie auf etwas stoßen, das Ihr Kind belastet, achten Sie darauf, sich mehr Zeit für Ihr Kind zu nehmen.

Auch wenn schwierige Ereignisse schon lange zurückliegen, kann es sein, dass Ihr Kind sich mit etwas nicht abfinden konnte und nun verzögert darauf reagiert. Es macht auf sein Problem erst aufmerksam, wenn die Normalität des Alltags sich wieder eingestellt hat. Wichtig für eine gute Entwicklung ist, dass schwierige Gefühle ausgedrückt werden können. Oft gelingt es den Kindern, über das Spiel die innere Bühne zu beleben, und die Figuren profitieren davon.

Starke Gefühle können aus einer Entwicklungskrise entstehen und manchmal aus schwierigen Ereignissen oder gar aus einem Trauma.

Stimmt es, dass ein Trauma hinter dem Schweigen steckt?

Ein schweigendes Kind löst häufig die Fantasie aus, dass etwas Furchtbares geschehen sein muss.

Alexandras Mutter suchte nach erschreckenden Ereignissen, die bei ihrer Tochter das Schweigen ausgelöst haben könnten. Sie erinnert sich an ein Angst auslösendes Ereignis beim Einkaufen: Ein Krampus[1] *kam in den Supermarkt und erschreckte die Kunden. Alexandras Mutter hatte selbst große Angst vor Krampussen und vermutet, dass der Schrecken bei Alexandra der Auslöser war.*

Claudias Mutter musste ins Krankenhaus, als ihre Tochter 2 Jahre alt war, sie denkt, ihr Kind hat diese Trennung nicht überwunden.

Nicht nur Eltern suchen Erklärungen dafür, warum ihr Kind schweigt. Im Zuge der gehäuften Informationen über Gewalt in Familien und sexuellen Missbrauch wird bei schweigenden Kindern auch an derartige traumatische Erfahrungen als Ursache gedacht.

Es kann vorkommen, dass ein Kind aufgrund eines Traumas schweigt. Ein Trauma führt aber nicht unbedingt zum Schweigen. Das Schweigen ist nicht eine bestimmte Reaktion, es hat verschiedene Facetten. Für viele Betroffene ist es schwierig, über traumatische Erfahrungen zu sprechen. Sich ganz ins Schweigen zurückzuziehen, ist seltener.

Ich erlebe Kinder nach Gewalterfahrungen oder sexuellem Missbrauch eher wortarm, wenn es um das Ereignis geht, aber im Spiel sprechen sie. Das Schweigen ist nicht der Maßstab für die Schwere eines Traumas, es ist eher ein Hinweis, wie ein Kind seine Erfahrungen verarbeitet.

---

1 Ein Krampus ist eine teuflische Gestalt, die zur Zeit des Nikolaus auftritt. Er kommt in Scharen. Die Männer tragen Felle und Masken. Eine solche Gestalt kann archaische Ängste auslösen.

Was ist eine traumatische Erfahrung?

Leider ist es Tatsache, dass viele Kinder Gewalterfahrungen machen oder sexuell missbraucht werden. Aber auch andere Ereignisse bringen ein Kind in einen Zustand großer Ohnmacht, fern von Hilfe, und lösen tiefe Ängste aus. Es hängt vom Entwicklungsstand ab, wie ein Kind seine Erfahrung einordnet. Eine Trennung von der Mutter kann, verglichen mit Gewalterfahrungen, vielleicht nicht unbedingt als Trauma aufgefasst werden. Für ein Kind, das sich gerade noch sehr unsicher fühlt und nicht in der Lage ist, sich von seiner Mutter zu lösen, kann diese Erfahrung aber sehr wohl ein Trauma sein. Wenn für ein Kind alle bereits erworbenen Fähigkeiten, mit der Umwelt umzugehen, versagen, kann es das traumatisch erleben.

Es spielt auch die Dauer eine Rolle, in der ein Mensch der schweren Erfahrung ausgesetzt ist. Schweigen, Anhänglichkeit oder Rückzug können die unmittelbaren Reaktionen sein. Bei einfühlsamer Unterstützung verändern sie sich wieder. Kinder, die nach einem traumatischen Erlebnis schweigen, können sich oft auch sonst nicht mehr ausdrücken, sie sind körperlich starr und können auch nicht mehr spielen.

Nach schwierigen Ereignissen sucht Ihr Kind bei Ihnen Schutz, weint und klammert an Ihnen, um die Erfahrung zu verarbeiten und sich Ihrer Gegenwart zu versichern.

Schweigen hat viele Facetten. Manchmal muss eine Figur gestärkt werden, manchmal liegt es am Zusammenspiel mehrer Figuren. Sie zu stärken verbessert die Kommunikationsfähigkeit Ihres Kindes, hebt sein Selbstwertgefühl und unterstützt es darin, seine Fertigkeiten zu üben.

STOP

2 Warum Ihr Kind erst die Welt entdecken muss, um sprechen zu können

»Frederick, warum hilfst du nicht Vorräte sammeln? Warum hilfst du nicht Moos suchen? Warum hilfst du nicht Heu aus Bauers Scheune tragen?« Frederick antwortete: »Aber ich sammle doch. Ich sammle Sonnenstrahlen, die vom Himmel fallen. Ich sammle Lieder, die die Vögel singen. Ich sammle Geschichten, die der Wind erzählt.«
(Leo Lionni)

Sophie (5 Jahre) weigert sich, auf dem Spielplatz die Schaukel auszuprobieren, sie klammert sich an ihrer Mutter fest. Als die Mutter sie dann von der Schaukel wegführt, schreit sie, weil sie doch so gern schaukeln wollte.

Schweigende Kinder, wie Sophie, fürchten sich vor allem Neuen. Sophie ist zwar neugierig, kann aber ihre Angst nicht überwinden. Auf ihrer inneren Bühne versperrt die Angst der Neugier den Weg. Sophie klammert sich an ihre Mutter.

Die unmittelbare Umwelt ist voller Gelegenheiten, Erlebnisse zu teilen und darüber auszutauschen. Entdecken und Experimentieren kann sehr lustvoll sein und bietet eine Fülle von Bausteinen für die Kommunikation. Der innere Bote lernt sie zu sortieren und mitzuteilen. Doch manchmal erzeugt das Neue auch Angst, die zugunsten von Faszination und Neugier überwunden werden muss. Für ein schweigendes Kind ist es besonders wichtig, seine Neugier zu entdecken.

Die Entwicklung des inneren Forschers beginnt damit, dass Ihr Kind merkt, dass Ihre Welt nicht die gleiche ist wie seine und es keinen Einfluss darauf hat. Es entdeckt den Unterschied zwischen Ich und Du.

Wenn Sie und Ihr Kind zum Beispiel einem Bagger zuschauen, werden Sie an anderen Dingen interessiert sein als Ihr Sohn. Sie werden sich austauschen, indem Sie die Aufmerksamkeit gemeinsam auf den Bagger richten und seine Faszination teilen. Dadurch geschehen zwei wichtige Dinge:

Ihr Kind fühlt sich in seiner Neugier und seinem Interesse unterstützt und es hört Worte zu dieser Situation, die dem Bagger und seinem Erleben einen Namen geben. Ihr Kind fühlt sich in seinem Gefühl, ein Interesse zu haben, bestätigt.

Es kommt zu einem kommunikativen Austausch. Darin erfährt es auch, dass seine Mutter ein anderes Interesse hat, zum Beispiel einkaufen zu gehen. Ich bin der, den der Bagger interessiert, und du bist die, die einkaufen will. Zwei Interessen stehen einander gegenüber.

Ihr Kind kann seine Begeisterung mit Ihnen teilen. Es erkennt einen Unterschied zwischen seinem Erlebnis und dem seiner Mutter. Sprache bekommt durch diesen Austausch und das gemeinsame Erleben Sinn. Sie ist eine Verbindung zwischen zwei Welten, einem Ich und einem Du.

Wenn ein Kind sich selbst spürt und die Freude am Kommunizieren entdeckt, erwacht der Impuls zu sprechen und überhaupt Sprache zu entwickeln. Es lernt seine Umwelt wahrzunehmen und einzuordnen. Begriffe entstehen. Der Umgang mit Gegenständen in Alltagssituationen vermittelt ein Gefühl für Zusammenhänge und Geschehnisse. Ihr Kind entwickelt also seine innere Bühne und schafft Platz für seine Figuren.

Um Sprache entwickeln und anwenden zu können, braucht Ihr Kind ein Ich-Gefühl, das es von einem Du abgrenzen kann. Auch wenn Sie denken, dass Ihr Kind diese Phasen doch schon längst durchlaufen hat, benötigt es diese Erfahrung immer noch, um sicherer zu werden. Das Sprechenkönnen allein genügt nicht; es sind die Gespräche, die dem Sprechen die Würze geben. Am Anfang aber stehen ein Ich und ein Du.

Ich und Du – Entdecken Sie mit Ihrem Kind die Welt der Unterschiede

Michael (3 Jahre) zeigt und seine Mama gibt. Wortlos, sie verstehen sich auch so. Michael spricht noch nicht. Für Michaels Mutter ist es oft anstrengend, wenn er keinen Schritt von ihr weicht und ständig ihre Hilfe benötigt. Doch sie nimmt diese Anstrengung nicht immer als solche war, weil sie es auch genießt, für Michael unentbehrlich zu sein.

Michael wehrt sich dagegen zu akzeptieren, dass seine Mutter ein Eigenleben hat und nicht ein Instrument zur Erfüllung seiner Bedürfnisse ist. Er klammert an ihr und da sie ihr Kind nicht enttäuschen mag, lässt sie es zu. Es ist eine zwiespältige Situation, die schwer zu lösen ist. Das erschwert Michael, seine innere Welt aufzubauen. Damit könnte er aber besser aushalten, dass seine Mutter nicht ständig zur Verfügung steht.

»Meine Mama ist meine Welt!« – wenn das ein Kind zwar nicht wörtlich so sagt, so drückt es das doch täglich mehrmals aus. Ihr Kind ist ein Teil von Ihnen, Sie sind ein Teil Ihres Kindes. Das macht die Kostbarkeit der Beziehungen in Familien aus.

Sie beginnen durch intensive Nähe in der frühen Lebensphase. Ihr Kind bezieht die ganze Lebenskraft daraus. Ohne Sie könnte es nicht gedeihen, wüsste es nicht, was Liebe ist, und würde es sich nicht selbst wahrnehmen. Auch für Sie als Eltern sind ja diese frühen Zeiten geprägt von allen Anzeichen eines Ausnahmezustandes, in dem Sie selbst sich zugunsten Ihres Kindes zurücknehmen. In Familien wird das so alltäglich, dass man sich dessen kaum bewusst ist.

Aus diesem Einssein entwickelt sich etwas Neues: Ihr Kind entdeckt, dass Sie als Mutter oder Vater nicht ein Teil von ihm sind, sondern dass Sie unabhängig von ihm agieren, reagieren und handeln. Manches Kind erlebt dabei eine Art Enttäuschung: Es realisiert, dass seine Eltern nicht immer und überall zu Verfügung stehen und dass es gar nicht soviel Macht über sie hat.

Ein schweigendes Kind reagiert auf diese Tatsache besonders verletzbar: Es will an diesem Zustand festhalten, indem es ignoriert, dass seine Mutter eine eigenständige Person ist. Es klammert. Die meisten Mütter machen mit ihren Kindern solche Krisen durch. Sie künden einen neuen Entwicklungsschritt an. Schweigende Kinder stecken in dieser Krise oft fest und es fällt ihnen schwer, sie zu meistern.

Zwei zusammen sind ein Ich und ein Du, was für eine Entdeckung! Ein Gegenüber, das ganz anders reagiert als erwartet. Diese erste Enttäuschung birgt einen Schatz: die eigene Innenwelt

(Bühne) Ihres Kindes. Die Entdeckung des eigenen Ichs hängt mit der Wahrnehmung des Du, des Anderen zusammen.

Mit seinem Gegenüber Stimmungen, Gefühle und Erlebnisse zu teilen und dabei Unterschiede zu entdecken, ist für ein Kind die wichtigste Erfahrung. Das gibt Anlass, sich mitzuteilen. Wenn ein Kind seine Mutter als Teil von sich selbst erlebt oder als Instrument zur Befriedigung seiner Bedürfnisse, fehlt dieser Austausch. Sie geraten zusammen in einen Teufelskreis. Meistens hilft der Vater, diesen Kreis zu durchbrechen, in dem er sich mit dem Kind beschäftigt und auch die Mutter darin unterstützt, ihrem Kind Enttäuschungen zuzumuten. »Das schafft es schon allein«, wird er sagen oder: »Sag doch mal nein«, oder: »Lass uns ausgehen«. Diese väterliche Sicht, die sich an dieser Stelle oft von der mütterlichen, bewahrenden Art unterscheidet, hilft dem Kind, und meistens auch der Mutter, aus dieser Enge herauszukommen.

Dadurch werden für Sie als Mutter neue Energien frei, die Sie brauchen, um Ihr Kind in der Entwicklung zu einer eingeständigen Persönlichkeit zu unterstützen. Wie können Sie Ihrem Kind helfen, ein gutes Ich-Gefühl zu entwickeln? Das Einrichten der inneren Bühne unterstützen?

Stimmen Sie Ihren Rhythmus mit dem Ihres Kindes ab

Achten Sie in der nächsten Zeit darauf, wie sich Ihr Kind verhält: Ist es schnell, ist es langsam oder besinnlich? Versuchen Sie sich darauf einzustimmen. Nehmen Sie aber auch Ihren Rhythmus wahr: Sind Sie gerade hektisch oder langsamer? Am besten können Sie erkennen, dass Ihr Kind seinem eigenen Rhythmus folgt, wenn es entspannt ist. Lippen, die sonst zusammengepresst sind, liegen locker, der Blick ist konzentriert. Sobald Stressgefühle aufkommen, hat Ihr Kind das Gefühl für sich selbst verloren. Wenn Sie sich mit Ihrem Kind abstimmen, erfährt es durch Ihre Stimmlage und Ihre Mimik in seinen Gefühlen Bestätigung. Es entwickelt in sich eine eigene Beständigkeit, die ihm ein Gefühl für sich selbst vermittelt.

Wenn Ihr Kind älter wird, kann der Rhythmus öfters wechseln. Manchmal gleicht er dem eines Kleinkindes und manchmal dem eines Schulkindes. Nehmen Sie selbst wahr, was sich in der Stimmung zwischen Ihnen verändert, wenn Sie versuchen, dem Rhythmus Ihres Kindes zu folgen. Indem Sie darauf eingehen, helfen Sie ihm, sich besser wahrzunehmen. Ein schweigendes Kind ist in diesem Bereich verletzbarer, weil es den Kontakt zum eigenen Rhythmus leichter verliert. Zeiten, die Sie beide entspannt miteinander verbringen, bedeuten für Ihr Kind ein Ort der Sicherheit. Dadurch, dass es beginnt, sich selbst wahrzunehmen, treten die einzelnen Figuren auf die innere Bühne.

Ordnen Sie die Gefühle

Stärken Sie den inneren Regisseur Ihres Kindes, indem Sie seine Gefühle ordnen. Natürlich verlangt der Alltag mehr Tempo von uns und die Gefühle können heftiger werden. Eine häufige Situation kennen Sie bestimmt: Sie müssen dringend zu einem Termin und Ihr Kind spielt gerade so schön. Es protestiert, wenn es aus dem Spiel herausgerissen wird, will nicht mitkommen, obwohl es sich vor einer Stunde noch darauf gefreut hat. Auf seiner inneren Bühne wird das begonnene Spiel unterbrochen, die Enttäuschung nimmt Besitz von ihm und zieht Wut und Ärger mit sich. Der Regisseur ist nicht in der Lage, dieses Chaos zu regeln.

Unterstützen Sie den inneren Regisseur Ihres Kindes, indem Sie trotz der hektischen Situation ruhig bleiben. Benennen Sie die Gefühle (Enttäuschung und Traurigkeit), die Ihr Kind äußert. Ihr akzeptierender Stimmklang beruhigt Ihr Kind. Bleiben Sie aber stetig bei dem, was gefordert ist. Durch Ihre Ruhe und den Kontakt, den Sie zu Ihrem Kind herstellen, ordnen sich seine Gefühle. Es erlebt, dass es darin ernst genommen wird, und es kommt zu keinem Machtkampf. Ihr Kind lernt, dass es Dinge gibt, die unveränderlich sind, und dass man sich an sie anpassen kann, ohne sich selbst zu verlieren. Der innere Regisseur fühlt sich unterstützt und arrangiert die Auftritte neu.

Ein Satz wie: »Ich weiß, dass du enttäuscht bist, weil du jetzt nicht weiter spielen kannst, aber wir müssen jetzt aufbrechen«, lehrt Ihr Kind, dass es genauso geschätzt ist, ungeachtet dessen, in welchem Gefühlszustand es sich befindet. Es lernt: Dieses Gefühl gehört zu mir, ich bin ich, auch wenn ich etwas tun muss, das mir nicht passt.

Geben Sie den Interessen des Kindes Raum

Wichtige Gefühle für Kinder sind das eigene Interesse und die Neugier. Im Spiel ist es daher wichtig, den Interessen Ihres Kindes zu folgen, damit es sich vertiefen kann. Ermöglichen Sie ihm, indem Sie sich zurückhalten, dass es Dinge selbst ausprobiert und aktiv bleibt.

> *Bruno (5 Jahre) baut eine Straße, indem er Klötze nebeneinanderlegt. Er kann stundenlang einen Stein neben den anderen legen. Dann zeigt er seiner Mutter stolz sein Werk. Als ihm seine Mutter zeigen will, wie man einen Turm bauen könnte, läuft er weg.*

Jedes Kind hat eigene Phasen im Spiel. Oft glaubt man als Erwachsener, einem Kind zeigen zu müssen, was man auch noch machen kann. Nicht immer ist es dafür empfänglich; besonders dann, wenn Ihr Kind den inneren Regisseur entdeckt und sich im Spiel in seiner eigenen Wirksamkeit erlebt.

Machen Sie Ihre eigenen Interessen deutlich

Es gibt auch Situationen, in denen Kinder entdecken, dass ihre Eltern sich auch für andere Dinge interessieren.

> *Lea (2 Jahre) wird damit konfrontiert, dass ihre Mutter eigene Interessen hat: Nachdem die beiden sich mit Leas Puppen beschäftigt hatten, erhebt sich Hanna und setzt sich mit der Zeitung ins Wohnzimmer. Lea folgt ihr und will mit ihrer Mutter weiter spielen. Hanna lächelt sie an und sagt: »Lea, ich möchte jetzt lesen. Nachher werden wir wieder spielen.« Sie schlägt dabei die Zeitung auf und beginnt zu lesen. Lea versucht es nochmals. Doch Hanna schüttelt den Kopf: »Jetzt nicht, nachher«, und vertieft sich in den angefangenen Artikel.*

Erst fällt es Lea schwer zu akzeptieren, dass ihre Mutter lesen will. Doch da ihre Mutter bestimmt ist, schickt sie sich drein und geht spielen. Sie erfährt, dass ihre Mutter eine Person ist, kein Werkzeug, das sie für ihre Bedürfnisse einsetzen kann. Weil sie aber gelernt hat, sich selbst wahrzunehmen, kann sie sich besser regulieren.

Außerdem kann Ihr Kind so lernen, dass es anders fühlt als Sie und sich nicht verlieren muss, wenn Sie etwas von ihm verlangen oder seinen Wünschen nicht entsprechen. Das ist eine ganz wichtige Errungenschaft, um zur Sprache zu kommen. Denn diese unterschiedlichen Welten kann man mit Sprache überbrücken. Sprache bekommt so Sinn.

Wo Unterschiede entdeckt und ausgehalten werden, schreitet die menschliche Entwicklung voran. Wenn Sie das Spiel Ihres Kindes beobachten, werden Sie feststellen, dass es auch in den Dingen, die es umgeben, Unterschiede sucht.

Ich, Du, Es – Wie nasses Gras Kommunikation anregen kann

Die Entdeckung der eigenen inneren Bühne öffnet Ihrem Kind nun auch den Blick für die Dinge in der Umgebung. Es beginnt sich dafür zu interessieren. Der innere Forscher wird wach. Während Sie sich gemeinsam mit Ihrem Kind auf etwas konzentrieren und sich darüber austauschen, legen Sie die Grundlage zur Kommunikation. Eine Beobachtung auf einem Spaziergang kann das verdeutlichen:

Eine Mutter geht hinter ihrem zielstrebigen etwa eineinhalbjährigen Sohn her. Sie ist sichtlich müde, ihr Sohn noch voller Energie und Experimentierlust. Nachdem er nun mehrere Runden auf dem Gehsteig marschiert ist, entdeckt er eine Bordsteinkante, die auf eine Rasenfläche führt. Er steigt sie hinauf. Dabei verliert er das Gleichgewicht und fällt vornüber ins nasse Gras. Er kann sich aber mit den Händen abstützen. Nun sind seine Hände nass. Er betrachtet sie verwundert und setzt sich dazu ins Gras. Seine Mutter kommt leicht genervt dazu und wischt die Hände trocken, hebt ihn hoch und stellt ihn wieder auf die trockene Straße.

Das Ganze lief sprachlos ab. In dieser kurzen Situation liegt aber sehr viel Möglichkeit zur Kommunikation und Weltentdeckung. Die Aufmerksamkeit des Jungen war auf das neue Gefühl in seinen Händen gerichtet, er betrachtete sie, überprüfte die Erfahrung im nassen Rasen mehrmals. Er war konzentriert und neugierig. Dieser Augenblick, in dem er versucht, dieses nasse Gras zu erforschen, bietet ihm die Möglichkeit, den Begriff »Gras« und »nass« und wohl auch »kalt« zu erwerben, indem sich seine Mutter zu ihm kauert, mit ihm seine Hände betrachtet und sagt: »Oh, sind deine Hände etwa nass geworden? Nass?«

Der Austausch über dieses Erlebnis und die Wahrnehmung, die das nasse Gras vermittelt, werden von Gefühlsabstimmung, Blickkontakt und Lauten begleitet. Dadurch erhalten die Dinge Bedeutung. Wörter werden interessant. Auf diese Weise führen Sie den Sinn der Sprache ein und erhalten das Mitteilungsbedürfnis Ihres Kindes aufrecht.

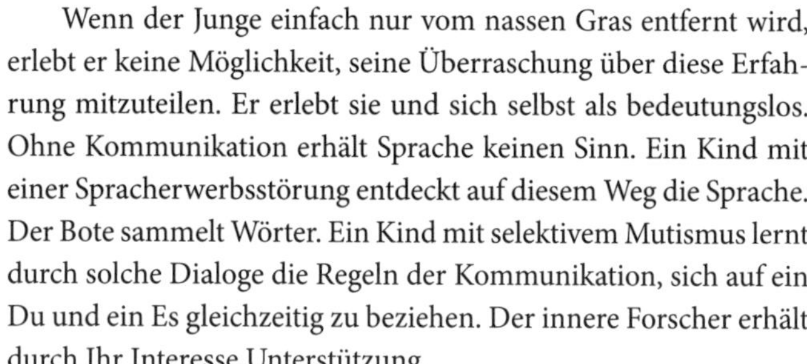

Wenn der Junge einfach nur vom nassen Gras entfernt wird, erlebt er keine Möglichkeit, seine Überraschung über diese Erfahrung mitzuteilen. Er erlebt sie und sich selbst als bedeutungslos. Ohne Kommunikation erhält Sprache keinen Sinn. Ein Kind mit einer Spracherwerbsstörung entdeckt auf diesem Weg die Sprache. Der Bote sammelt Wörter. Ein Kind mit selektivem Mutismus lernt durch solche Dialoge die Regeln der Kommunikation, sich auf ein Du und ein Es gleichzeitig zu beziehen. Der innere Forscher erhält durch Ihr Interesse Unterstützung.

Das Geheimnis des Sprechenlernens liegt in der Achtsamkeit für solche Momente, in denen Sie mit Ihrem Kind die Erfahrungen in der Welt teilen. Sie unterstützen es dabei, sich in seine Wahrnehmungen zu vertiefen und neugierig zu sein. Wenn Sie seine feinen Impulse zur Kommunikation wahrnehmen und darauf reagieren, wird es Interesse am Mitteilen und an Wörtern entwickeln. Ihr Kind lernt dabei, wie wichtig seine Gefühle und Wahrnehmungen sind und dass es einen Bezug zwischen Ich, Du und Es geben kann. Das Leben eines kleinen Kindes ist voll solcher Momente und Gelegenheiten, die es auf diese Weise mit seinen Eltern teilt.

▸ *Tipp:* Nehmen Sie sich hin und wieder Zeit, Ihr Kind beobachtend bei einer Tätigkeit zu begleiten. Versuchen Sie dabei herauszufinden, wie Ihr Kind die Welt wahrnimmt, wofür es sich interessiert. Versuchen Sie, die Situation mit den Augen Ihres Kindes zu sehen. Diese Übung ist in jedem Alter möglich und kann eine enorme Verbundenheit schaffen. Mit größeren Kindern kann auch ein Gespräch daraus entstehen.

Damit sich die Kommunikation entwickelt, muss das Kind fähig sein, sich sowohl seinem Gesprächspartner als auch dem Gegenstand zuzuwenden. Das ist eine Schwierigkeit, die schweigende Kinder häufig haben. Sich gemeinsam auf etwas beziehen ist eine der Hauptregeln des Dialogs und der Kommunikation. So erfährt Ihr Kind, dass der Andere sich entweder auch über den Gegenstand freut oder nicht. Das Gras ist ein gutes Beispiel dafür, dass die Dinge in unserer Umwelt unterschiedliche Stimmungen bewirken. So kann die Mutter über nasses Gras entsetzt sein, während das Kind über nasses Gras erfreut und überrascht ist. Auch diese unterschiedlichen Auffassungen führen zu einem Austausch. Diese Unterschiede zu erfahren stärkt die Sicherheit im Umgang mit dem Anderen. Gerade das ist für schweigende Kinder wichtig. Lernt hingegen ein Kind, dass nasses Gras grausig ist, wird es nasses Gras und die Erfahrungen damit meiden.

Solche kommunikativen Erlebnisse unterstützen Kinder jeden Alters dabei, über ihre neuen Erfahrungen zu berichten und zu diskutieren. Sie erzählen davon, weil sie das Interesse ihres Gegenübers spüren. Wenn Sie auf einen Bericht Ihres Kindes die Aufmerksamkeit auf sinnliche Erfahrung lenken, zum Beispiel »Wie hat sich das denn angefühlt, das war doch sicher schwer?«, helfen Sie Ihrem Kind, sich einerseits in seinen eigenen Wahrnehmungen ernst zu nehmen und andererseits diese mitzuteilen. Ein Kind kann Verschiedenheit gut aushalten, wenn es sich in seinem Anderssein akzeptiert fühlt.

Kurz gesagt: Es sind die Dinge und ihre Bedeutung für die beiden Gesprächspartner, die eine Sache wichtig und erzählenswert machen. Sprache entwickelt sich durch die Wahrnehmung und Erfahrungen mit den Dingen und Menschen.

Beißen Katzen? – So findet Ihr Kind die Balance zwischen Neugier und Vorsicht

Die meisten schweigenden Kinder meiden neue Situationen. Kinder sind von Natur aus Forscher, weil sie neugierig sind. Neugier ist der Ursprung allen Lernens. Deswegen bietet es ich geradezu an, die Neugier der Kinder zu schüren und ihr Platz einzuräumen. Nur, was soll geschehen, wenn sich die Neugier eines Kindes in Grenzen hält? Wie verschieden Kinder auf eine neue Situation zugehen können, zeigt das folgende Beispiel:

> *Janine (6 Jahre) und Rosalie (4 Jahre) bekamen eine junge Katze. Janine ging sofort auf das Kätzchen zu, hielt es fest. Aus Sicht der Katze wohl zu fest, denn sie wehrte sich und huschte unters Sofa. Rosalie hatte still zugeschaut. Jetzt versuchte sie das Kätzchen hervorzulocken. Neugierig tapste das Tierchen auf Rosalie zu, da zog sie sofort die Hand zurück und sah unsicher zu ihrem Vater. Robert nahm die kleine Katze in die Hand und begann mit ihr zu spielen, indem er ein Schnürchen vor ihr tanzen ließ. Die Kinder ergötzten sich daran, wie das Kätzchen tollpatschig versuchte, das Schnur-Ende zu erhaschen. Als es sich von Roberts Hand löste, ließ er es laufen und erklärte den Mädchen, dass Katzen einen eigenen Willen haben. Die Katze huschte wieder unters Sofa. Janine versuchte sie hervorzuziehen, das Kätzchen schlug nach ihrer Hand und kratzte sie. Robert verarztete sie. In der Zeit kam das Kätzchen wieder hervor. Rosalie kauerte dazu und streichelte es ganz leicht über den Rücken. Dann versuchte sie es unter dem Kinn zu kraulen; das Kätzchen begann zu schnurren. Nun streichelte auch Janine das Tier und als es wieder loshuschte, ließen es die Kinder in Ruhe.*

Während Janine eher furchtlos auf die Katze zugeht, aber dann enttäuscht ist, wenn die Katze sich anders verhält, als sie denkt, lässt sich Rosalie Zeit. Erst als sie ihren Vater beobachtet und auf diese Weise schon etwas über das kleine Kätzchen gelernt hat, wagt sie auch, es zu berühren und zu erforschen.

Neugier und Vorsicht gehören zusammen, wenn es um neue

Situationen geht. Damit hat aber ein schweigendes Kind oft große Schwierigkeiten. Es unterdrückt seine Neugierimpulse häufig, weil es ängstlich ist. Deshalb braucht Ihr Kind mehr Zeit zu beobachten, um sich auf Neues einzulassen. Um eine Balance zwischen Neugier und Vorsicht zu gewinnen, braucht Ihr Kind Raum zum Experimentieren. Das weckt seine Sinne und vermittelt intensive Erfahrungen. Es übt, mit Überraschungen umzugehen. Jedes Aha-Erlebnis vergrößert die Sicherheit.

Sicherheit beim Experimentieren

Was geschieht, wenn ich alle Plastilinfarben miteinander vermische? Was, wenn ich Wasser in den Sand schütte? Wie viel kann ich mit einer Taschenlampe sehen, wenn es dunkel ist? Helfen Sie Ihrem Kind, seine Impulse zu entdecken, indem Sie es mit Naturmaterial (Wasser, Steine, Sand, Blätter usw.) experimentieren lassen. Beobachten Sie gemeinsam Tiere. Diese Elemente fesseln und führen zu einem fast meditativen Zustand. Darin erfährt sich Ihr Kind sicher, interessiert und sammelt Erfahrungen.

Ein besonders wichtiges Erlebnis dabei ist das Gefühl von Selbstwirksamkeit. Dadurch lernt das Kind, dass es einen Teil der Erfahrungen steuern und auftauchende Probleme lösen kann. Das vermittelt ihm Sicherheit. Der schwierigste Part für Sie als Eltern wird sein, den Impuls zurückzuhalten, Ihrem Kind die Lösung des Problems abzunehmen. Versuchen Sie stattdessen, die Situation mit einer kindlichen Forschungsbrille zu betrachten.

Das Experimentieren schärft vor allem die Sinne. Diese aktive Auseinandersetzung mit der Umwelt vermittelt ein verkörpertes Weltwissen, das Kindern erleichtert, Gefahren einzuschätzen. Es genügt also nicht das theoretische Wissen allein. Kinder müssen handeln können, die Welt der Gegenstände und Materialien begreifen lernen und mit allen Sinnen erfahren. Diese vielfältigen Eindrücke über Wahrnehmung, Bewegung und Aha-Erlebnisse (Erkenntnisse) wecken die Fähigkeit zum Sprechen. Es formen sich Begriffe und Worte.

Das Sprachverständnis entwickelt sich. Als Eltern können Sie diese Entwicklung unterstützen, indem Sie bei den Aktionen Ihres

Kindes achtsam mitgehen und über die gemeinsamen Erfahrungen kommunizieren.

Nun geraten Kinder mit ihren Experimenten immer wieder an Grenzen. Das ist ein heikles Thema, weil zu enge Grenzen die Impulse hemmen, Grenzenlosigkeit aber zu Chaos führt. Annas Mutter löst diesen Konflikt folgendermaßen:

Annas Mutter liebt Ordnung im Wohnzimmer. Auch wenn die Kinder dort spielen, möchte sie, dass wieder aufgeräumt wird. Solange ihre Kinder noch in der Experimentierphase mit Schaum und Wasser sind, stellt sie ihnen das Badezimmer für diese Experimente zur Verfügung. Seit sie weiß, dass ihre Tochter so ihre Wahrnehmung, ihre Initiative und ihre Selbstwahrnehmung schult und dabei spricht, kann sie es zulassen, auch wenn sie beim Aufräumen manchmal über ihren eigenen Schatten springen muss. Seit sie aber ihren Kindern den Experimentierplatz zur Verfügung gestellt hat, können sie besser akzeptieren, dass im Wohnzimmer Ordnung sein muss.

Zu Experimenten gehören Grenzen. Das fördert die Erfindungsgabe und die Selbstregulierung.

Neugier entwickeln

Kann man wirklich wissen, ob eine Katze beißt? Auch wenn sie eher kratzt, ist das ja nicht eine wirkliche Alternative. Robert weckt die Neugier seiner Töchter, indem er selbst spielerisch experimentiert. Sie können erkennen, dass einige Verhaltensweisen der Katze voraussehbar und andere unberechenbar sind. Solche Erfahrungen sind für Ihr Kind besonders wichtig, damit es seine Befürchtungen entkräften kann. Führen Sie Ihr Kind an neue und unberechenbare Situationen heran, indem Sie selbst vorausgehen und die Situation spielerisch erkunden. Beziehen Sie Ihr Kind dabei mit ein, indem Sie mit ihm in Kontakt sind. Teilen Sie mit Ihrem Kind Ihre Neugier und lassen Sie ihm Gelegenheit zum Auszuprobieren.

Für ein schweigendes Kind ist es wichtig zu erfahren, dass es Situationen teilweise beeinflussen kann. Unterstützen Sie Ihr Kind dabei, selbst aktiv zu sein, und sprechen Sie über Ihre Beobachtungen. Erwarten Sie nicht auf Anhieb große Schritte, sondern orientieren Sie sich am Tempo und der Neugier Ihres Kindes. Formulieren Sie Fragen: »Wie reagiert die Katze, wenn ich einen Ball rolle? Ob es ihr Spaß macht?« Ihre Präsenz und Ihre offene Haltung geben Ihrem Kind Sicherheit und lassen Neugier wachsen. Jede kleine gemeisterte Situation bringt Ihr Kind dem Ziel näher, mit anderen Menschen zu sprechen. Denn der Mut wächst mit den Erfahrungen.

Sich informieren

Ist die Neugier auf ein Lebewesen gerichtet, dann ist es wichtig, dass Sie Ihrem Kind einiges über das Tier erzählen. Sie können Ihr Kind sachlich darauf hinweisen, dass Schnurren ein Signal der Zufriedenheit der Katze ist und es deshalb keine Angst zu haben braucht. Allerdings weisen Sie auch darauf hin, dass man eine Katze, die nicht spielen will, nicht dazu zwingen kann, dass man sie dann gehen lassen muss. Zum Schutz des Tieres ist es sehr wichtig, deutlich zu machen, dass es ein Lebewesen ist und Empfindungen hat. »Das tut der Katze weh, darum kratzt und faucht sie.« So lernt Ihr Kind auch, dass es Situationen, die Angst machen, selbst mit seinem Verhalten steuern kann, ohne sie ganz zu vermeiden.

Es gibt aber auch Situationen, die sich Kinder nicht zutrauen und doch sehr gern erleben möchten. Besonders attraktiv sind Kerzen und Streichhölzer.

> *Daniel (6 Jahre) will selbst ein Streichholz entfachen, um die Kerze anzuzünden. In dem Augenblick, als die Flamme entsteht, lässt er das Streichholz vor Schreck fallen. Er will nicht mehr. Ich entfache für ihn ein neues Streichholz und lasse ihn es halten und die Flamme ausblasen. Sobald er spürt, dass er über das brennende Streichholz Macht hat, will er es erneut versuchen. Ich führe ihn beim ersten Mal, indem ich meine Finger über seine lege, ihn aber die Kraft beim Streichen selbst dosieren lasse.*

Informieren Sie Ihr Kind über die Gefahren, die das Spiel mit dem Feuer birgt, und zeigen Sie ihm, wie es Sicherheitsmaßnahmen treffen kann.

Wenn Sie mit Ihrem Kind Kerzen anzünden, bleiben Sie anwesend und stellen Sie einen Eimer Wasser oder ein Löschtuch in Reichweite. Wiederholen Sie diese Regel wie eine Zeremonie. So erfährt Ihr Kind, dass es aktiv Gefahren begegnen kann. Wenn Ihr Kind lernt, worauf es aufpassen muss, kann es auch seiner Neugier folgen. Für ängstliche, schweigende Kinder sind diese Schritte besonders wichtig. Wenn Ihr Kind selbst Schutzmaßnahmen trifft, überwindet es aktiv seine Angst.

Was muss ich tun, wenn ich eine Katze streicheln will, damit sie mich nicht kratzt? Was muss ich tun, damit mir das Streichholz nicht die Finger verbrennt? Was muss ich tun, wenn ein brennendes Streichholz zu Boden fällt? Gestalten Sie Erklärungen so, dass sie nicht Angst machen. Eine Angst machende Erklärung könnte sein: »Achtung, fasse die Katze nicht am Schwanz an, dann beißt sie.« Eine ermutigende Erklärung könnte so klingen: »Katzen mögen, wenn man sie streichelt, wenn ihnen etwas nicht passt, gehen sie weg. Sie mögen es nicht, wenn man ihnen weh tut.«

Indem Sie die Neugier Ihres Kindes unterstützen, kann es seinen Erfahrungsschatz vergrößern und an Sicherheit gewinnen. Eine besondere Unterstützung erhält der innere Forscher oft vom Vater. Fordern Sie Ihr Kind heraus, bieten Sie aber Schutz, wenn es notwendig wird. Dadurch, dass Sie ein anderer Interaktionspartner für Ihr Kind sind als seine Mutter, kann es mit Ihnen auf andere Weise Neues erleben und die Welt der Unterschiede besser begreifen lernen. Es wird experimentierfreudiger und risikobereiter. Diese Fähigkeit unterstützt die Kommunikation, die Sprachentwicklung und besonders das Zugehen auf andere Menschen.

Wir und die anderen – Wie Sie Ihrem Kind helfen können, mit anderen in Kontakt zu treten

Ihre Familie ist für Ihr Kind ein großes Wir. Hier ist es zu Hause und fühlt sich wohl. Alles, was außerhalb dieser Mauern herrscht, kann bedrohlich wirken. Deshalb vermeiden schweigende Kinder nach Möglichkeit den Kontakt zu anderen. Eine Balance zwischen Neugier und Vorsicht ist nun gefragt: Sind alle anderen außer der Familie grundsätzlich schlecht? Oder gibt es Unterschiede?

Die Kontaktfähigkeit kann nicht eingeübt werden wie eine motorische Fertigkeit. Dennoch vermittelt die häufige Erfahrung mit anderen Sicherheit im Umgang mit Kontakten außerhalb der Familie und schult die soziale Wahrnehmung. Außerdem wächst der Kreis der vertrauten Menschen. Auch wenn Ihr Kind nicht spricht, sind Kontakterfahrungen wichtig. Sie sind die Vorbereitung auf den späteren Austausch. Unterstützen Sie deshalb Kontakte zu anderen, ohne gleichzeitig zu erwarten, dass Ihr Kind spricht.

Was erleichtert den Kontakt mit Fremden? – Ein Fitnessprogramm für den inneren Öffner

- *Das Gefühl von Sicherheit:* Wenn Sie als Vertrauter dabei sind, kann Ihr Kind den Anderen aus sicherer Distanz wahrnehmen und beobachten. Ihr Kind kann sich leichter öffnen, wenn Sie selbst im Kontakt locker sind. Dazu gehört auch, dass es Positives über den Menschen hört.
- *Anerkennung:* Ihr Kind braucht die Gewissheit, dass Sie es in Ordnung finden, wenn es mit jemand anderem etwas unternimmt. Ein zustimmendes »Ich glaube, es hat dir Spaß, gemacht, mit Max verstecken zu spielen« kann Ihrem Kind vermitteln, dass Sie sich auch freuen, wenn es sich mit anderen amüsiert. So kann es den Kontakt mit anderen ebenfalls genießen ohne die Sorge, Sie könnten eifersüchtig sein oder sich langweilen, wenn es mit jemand anderem zusammen ist.
- *Spaß:* Kinder gewinnen Freunde im Spiel durch gleiche Interessen und durch gemeinsamen Spaß. Gemeinsames Lachen verbindet.
- *Teilnahme:* Das Vertrauen zu anderen Menschen wächst, wenn Ihr Kind einige Gewohnheiten von ihnen kennt; zum Beispiel, dass Frau Meier immer mit dem Rad einkaufen geht und dass letztens das Rad einen Platten hatte. Berichten Sie vereinfachten »Klatsch« aus der Nachbarschaft und Verwandtschaft. Achten Sie da aber besonders darauf, die betreffende Person nicht negativ zu bewerten.
- *Geschichten erzählen:* Geschichten zeichnen Bilder von anderen und wecken das Interesse. Erzählen Sie deshalb Geschichten und Märchen. Gehen Sie mit Ihrem Kind mit, durch die

Wege des Helden, des Tieres, und vergleichen Sie die Figuren mit den Menschen in Ihrer Umgebung.

Vielleicht fällt es Ihrem Kind leichter, mit Erwachsenen in Ihrer Anwesenheit Kontakt zu haben, aber es mag nicht mit anderen Kindern spielen.

Martina (10 Jahre) hat an allen etwas auszusetzen: »Anna ist zu laut, Monika sagt immer, was ich machen muss, und Maya tut so vornehm, Bärbel mag nicht Barbie spielen« usw. Martina spricht mit niemandem in der Schule, nur wenn sie im Unterricht gefragt wird.

Auch Marco (5 Jahre) zieht sich zurück, sobald andere Kinder auf Besuch kommen. Er mag nicht spielen, was andere spielen, er mag seine Spielsachen nicht teilen. Wenn er allein spielt, redet ihm niemand rein.

Die Reaktionen von Martina und Marco kann man auf einen Nenner bringen: Beide fürchten um ihr eigenes Ich. Sie sind sich nicht so sicher, ob sie sich gegen Übergriffe von anderen wehren können. Hilflos vermeiden sie deswegen lieber den Kontakt. Wenn es die Kinder miteinander noch nicht schaffen, weil sie ängstlich oder auf sich bezogen sind, brauchen sie die Sicherheit eines Erwachsenen in der Nähe, der dann einschreitet, wenn es gefährlich ist. Als Eltern können Sie Ihr Kind folgendermaßen unterstützen:

Kontakt kommt vor dem Sprechen

Auch wenn Ihr Kind noch nicht mit anderen spricht, kann es Freunde und Spielgefährten gewinnen. In der Zweiersituation mit einem anderen Kind zu spielen, ist einfacher zu bewältigen als in einer großen Gruppe. Kinder spielen auch gut ohne Worte und haben Spaß miteinander.

Als Eltern können Sie Kontakt mit anderen nicht erzwingen, aber anregen. Das Interesse am Anderen wecken Sie am besten, indem Sie die Aufmerksamkeit auf ein gemeinsames Spiel lenken.

Wenn Ihr Kind besonders ängstlich ist, lässt sich der Kontakt am ehesten vermitteln, indem Sie mitspielen. Einfache Spiele ohne Verlierer eignen sich dazu sehr gut. Wenn Sie dabei sind, fühlt sich Ihr Kind sicherer und kann so mit einem anderen Kind in Kontakt kommen. Sie können sich als Mitspieler zu Verfügung stellen, sich allmählich zurückziehen und sich in der Nähe aufhalten, um da zu sein, wenn Unsicherheit aufkommt.

Die Spielidee soll stimmen

Wenn Kinder zusammen spielen, streiten sie oft um die Spielidee. Marco zieht sich dann schweigend zurück:

> *Marco spielt am liebsten allein. Allerdings spielt er auch sehr gern mit seinem Bruder, der voller Ideen ist. Dieser weiß genau, wie die Geschichte mit dem Krokodil und dem Affen zu laufen hat: Das Krokodil wird den Affen über kurz oder lang schnappen. Er wird das Krokodil sein und Marco soll den Affen spielen. Als er seinen Plan dargelegt hat, schweigt Marco. Er zeigt keine Begeisterung. Ich frage ihn, was er denn für eine Idee habe, da zuckt er mit den Schultern. »Soll in deiner Idee das Krokodil den Affen fressen?«, frage ich, während sein Bruder schon drängt: »Also ich bin jetzt das Krokodil!« Allmählich (dabei wird aber die Geduld des Bruders sehr auf die Probe gestellt) wird deutlich, dass Marco sich nicht als Affe auffressen lassen will, das Krokodil soll sich verstecken und der Affe geht es suchen. Sein Bruder ist einverstanden. Marco ist voll dabei.*

Deswegen also verzieht sich Marco in sein Zimmer, wenn Besuch kommt. Er braucht länger Zeit, bis er weiß, was er tun möchte. Die anderen sprudeln vor Ideen und er fühlt sich überrollt. Er kann dann nicht entscheiden, ob er den Vorschlag annehmen soll. Mit anderen spielen bedeutet für ihn, sich selbst aufzugeben.

In solchen Situationen können Sie Ihrem Kind etwas Zeit einräumen, damit es sich überlegen kann, was es spielen möchte. Auf diese Weise wird sich Ihr Kind seiner Ideen bewusst und lernt sich entscheiden. Es erlebt sich als aktiver Partner des Spiels. Manchmal muss ein Erwachsener den Rhythmus der Kinder vorübergehend verlangsamen, wenn ein Kind langsamer ist.

Ein sicherer Rahmen

Kinder wie Marco brauchen sehr viel Raum, um ein eigenes Spiel entstehen zu lassen. Deshalb sollten sie nicht zum Kontakt gezwungen werden. Oft ist es besser, Ihrem Kind erst das Spiel allein zuzugestehen und es später zu einem gemeinsamen Spiel mit den anderen Kindern dazuzuholen. Die Erfahrung eines befriedigenden Spieles kann für den Anderen öffnen.

Warum ist hier noch die Anwesenheit des Erwachsenen erforderlich? Ein schweigendes Kind ist im Spiel mit anderen überfordert. Es ist ihm noch nicht möglich, sich im Kontakt selbst zu regulieren.

Damit sich Ihr Kind für Kontakt öffnen kann, braucht es noch Ihre Gegenwart. In diesen Situationen funktioniert das gemeinsame Spiel am besten, wenn der Erwachsene ein Spiel vorschlägt und leitet. Allerdings ist es wichtig, sich dann auch zurückziehen, wenn die Kinder daraus eigene Spiele zu entwickeln beginnen.

> *Eine Gruppe Kinder wirft sich gegenseitig Luftballons zu. Zuerst gilt die Regel, ja keinen Ballon fallen zu lassen. Das Spiel verwandelt sich plötzlich in Ballone treffen. Die Kinder versuchen nun mit ihrem Luftballon einen anderen zu tuschen. Als das Spiel sich ausläuft, kommt ein Kind auf die Idee, die Ballone zu verstecken, da ist das schweigende Kind in der Gruppe voll dabei. Erst als es um die Reihenfolge geht, wer zuerst versteckt und wer zuerst sucht, brauchen sie die Hilfe des Erwachsenen.*

Ich mache die Erfahrung, dass Bewegungsspiele den gemeinsamen Spaß am besten fördern.

Wenn aber zwei ruhigere Kinder zusammen spielen wollen und es noch nicht zu einem gemeinsamen Spiel kommen kann, dann grenzen Sie den Raum ab, der jedem zu Verfügung steht. Ich verwende Seile, um die Grenzen zu markieren. Die beiden werden ruhig nebeneinander spielen. Manchmal wird der eine oder andere neugierige Blick getauscht. Bevor ein Kind sich selbst abgrenzen und sich auf ein anderes Kind einlassen kann, braucht es die Sicherheit und auch die Anleitung eines Erwachsenen. Bei schweigenden und kontaktscheuen Kindern ist diese Sicherheit notwendig.

Besuche können im Vorfeld ängstigen. Manch schweigendes Kind reagiert darauf mit einem vehementen Nein. Meistens kann es sich nicht vorstellen, was geschehen wird. Versuchen Sie mit Ihrem Kind zu ergründen, aus was sich dieses Nein zusammensetzt: Geht es um Angst, die Spielsachen könnten kaputt werden? Geht es um Angst, immer tun zu müssen, was der Andere will? Geht es um Lärm? Geht es darum, sich nichts darunter vorstellen zu können? Sie sehen, so können viele kleine Neins entstehen und das große in seiner Wucht lockern. Indem Sie die kleinen Bedenken ernst nehmen, denn für ein Kind sind sie unendlich groß, versuchen Sie mit Ihrem Kind Lösungen zu suchen, wie sie in der folgenden Übersicht »Viele kleine Neins« beschrieben sind. Damit lockert sich die Vehemenz. Kleine Neins sind leichter zu bewältigen.

Viele kleine Neins

- 1. Nein: »Ich will nicht, dass Susi meine Barbiepuppe nimmt!«
  »Gut, die Barbiepuppe wird für diesen Nachmittag weggeräumt.« Sollte Susi auf der Barbiepuppe verharren, wird die Mama erklären helfen, dass die heute nicht zu Verfügung steht.
  Dafür können andere Dinge bereitstehen, oder es wird ein gemeinsames Spiel für alle ausgedacht.
- 2. Nein: »Ich will heute bauen, Max macht mir alles kaputt.«
  »Gut, dann müssen wir uns überlegen, was Max spielen kann, wenn du baust.« Man könnte dann die Bausteine schon gerecht verteilen, möglicherweise auch den Platz zum Bauen abgrenzen. In der Regel genügt ein Seil am Boden.
- 3. Nein: »Ich mag nicht immer machen, was er will.«
  »Was willst du denn spielen?« – Überlegen Sie miteinander, was Ihr Kind gern machen würde. Dazu gehört auch die Überlegung, was man tun könnte, wenn der Andere nicht will.
- 4. Nein: »Ich mag Hannes nicht.«
  Sollte Ihr Kind tatsächlich den Sohn Ihrer besten Freundin nicht mögen, dann suchen Sie einen Weg, die beiden Kinder zu beschäf-

tigen, oder organisieren Sie mit Ihrer Freundin ein gemeinsames Spiel.

- 5. Nein: »Ich kenne Franz noch gar nicht.«
Erzählen Sie kleine Anekdoten von Franz und beziehen Sie Ihr Kind in die Vorbereitungen mit ein.

Durch dieses Vorgehen fühlt sich Ihr Kind ernst genommen. Sein Selbstwert nimmt zu. Es lernt Ängste zu lockern und kann sich etwas öffnen. Wenn Ihr Kind seine eigenen Gefühle wahrnimmt, kann es sich auch einbringen. Es kann sich durchsetzen oder nachgeben und sich mit anderen in ein Spiel fallen lassen, ohne die Angst, sich zu verlieren. Im Spiel kann es sowohl selbst Ideen entwickeln als auch die eines anderen Kindes aufnehmen. Es wendet das mit Ihnen gelernte Ich-und-Du-Unterscheiden an.

Diese Fähigkeit entwickelt sich stetig. Kinder, die früh ein gutes Selbstwertgefühl entwickeln, finden leichter Kontakt.

Auch mit 10 Jahren kann ein Kind lernen, auf andere zuzugehen. Der Ausgangspunkt sind immer die Selbstwahrnehmung und der Unterschied zum Du. Die Erfahrung des persönlichen Selbstwertes erleichtert das Zusammenspiel mit anderen.

Nicht nur andere Menschen können ein schweigendes Kind ängstigen, manchmal fürchtet es sich auch davor, Neues zu lernen.

Ist Radfahren gefährlich? – Wie Sie Ihrem Kind helfen können, Ängste zu überwinden

Jede neue Fertigkeit bedeutet ein Stück mehr die Welt zu entdecken. Wenn ich Kinder beobachte, die mit Rad, Rollschuhen und Rollern unterwegs sind, überträgt sich dieses Mir-gehört-die-Welt-Gefühl. Es ist so berauschend, von den Eltern auf dem Sattel angeschoben zu werden und plötzlich davonzufahren.

Ein schweigendes Kind erlebt das anders. Angst und Unsicherheit herrschen vor. Es weigert sich, Rad zu fahren oder etwas Neues zu lernen. Oft ist es schwer nachzuvollziehen, warum sich ein Kind so fest gegen dagegen wehren kann. Was geschieht denn hier? Eine innere Szene könnte etwa so ablaufen:

Die Angst und die Vorstellung von möglichen Gefahren rennen über die Bühne. Dazwischen stolpert immer wieder der Jongleur, der sich des Gleichgewichts nicht sicher ist. Der Grenzwärter setzt das volle Schutzprogramm ein und alarmiert den inneren Öffner. So dringt keine Verlockung, kein wohlgemeinter Ratschlag durch den Bunker. Und es dauert lange, bis auf der Bühne wieder Ruhe herrscht. Der Regisseur ist wie gelähmt.

Das Fahrrad ist ein wundervolles Mittel, um sich autonom in der Welt zu bewegen. Eigentlich genau geeignet für den Jongleur, könnte man denken. Aber er ist unsicher, weil er zu wenig geübt ist. Also braucht er Stärkung. Kinder mit selektivem Mutismus erstarren oft in ihrem Körper, als ob er ihnen fremd wäre. Sicherheit in der Körperwahrnehmung und das Bewusstsein der motorischen Fähigkeiten ermöglichen Ihrem Kind, sich freier zu fühlen. Bewegung verhilft Ihrem Kind zu einem klarem Ausdruck. Die Stimme geht spontan mit. Die Sicherheit, einen Teil der Welt zu beherrschen, öffnet die Wortschleusen und fördert den Kontakt.

Unterstützen Sie deshalb zunächst den natürlichen Bewegungsdrang Ihres Kindes. In jeder Bewegungsform erprobt es sich und nimmt seinen Körper besser wahr. Vor allem Spiele, die das Gleichgewicht anregen, wie über Baumstämme balancieren, von Stein zu Stein hüpfen, über Bäche springen, Ballspiele usw., befähigen Ihr Kind, sich im Raum und als Teil davon zu erfahren. Es lernt seine Grenzen kennen und seine Fähigkeiten, die es stolz und zuversichtlich stimmen. Nicht Leistungssport ist das Ziel, sondern die spontane Bewegungslust, die auf einem Spaziergang oder durch einen herumliegenden Ball geweckt wird. Die Wahrnehmung des eigenen Körpers und seiner Grenzen ist dabei wesentlich.

Das Radfahren fordert im Speziellen einen bestimmten Grad an Körperbeherrschung. Wenn sich ein Kind körperlich noch unsicher fühlt, wird es sich vor dieser neuen Anforderung fürchten. Doch dann wird sie für viele Kinder zu einer neuen Errungenschaft, um die Welt zu erobern. Die Welt wird als Raum erlebt, in dem das Kind sich mit seinem Körper orientiert. Ein sicheres Körpergefühl hilft Ängste zu überwinden.

Motorische Fertigkeit unterstützt auch das Sprechen. Sehr häufig sind Spracherwerbsstörungen mit motorischer Unsicherheit verbunden. Ich beobachte oft, dass Kinder deutlicher sprechen, wenn sie motorisch geschickter werden.

Für ein Kind mit selektivem Mutismus bedeutet die Erfahrung von körperlicher Sicherheit aus der Erstarrung zu treten. Aus einem bewegungsfreudigen Körper hüpft auch gern die Stimme! Die eigene Stimme zu hören und wahrzunehmen hebt das Selbstwertgefühl.

Hand aufs Herz, wie ängstlich sind Sie, wenn Ihr Kind gerade auf Eroberungszug ist? Ich gehöre eher zu den Ängstlichen, wenn ich Kinder klettern sehe. Doch Angst um ein Kind kann sich auch in Vertrauen wandeln:

Ich saß auf dem Balkon und ließ die Augen über die Landschaft streifen. Mein Blick blieb am Gartenzaun des benachbarten Hauses hängen. Dort versuchte gerade ein etwa 7-jähriger Junge über die hohe Mauer zu klettern. Ich bekam im ersten Augenblick einen Schrecken, sah vor mir, was alles passieren könnte. Den Impuls zu rufen, er solle vorsichtig sein, unterdrückte ich. Stattdessen begann ich mich zu fragen: Was nimmst du jetzt wahr? – Ich sehe, dass er sich sicher festhält, dass er mit den Füßen abtastet, um Halt zu finden, und jedes Mal, wenn er sicher ist, wieder nachzieht. Er ist sehr konzentriert. Da wurde mir bewusst, wie mein ängstliches »Pass auf« ihn möglicherweise zu Fall bringen würde. Als er die Mauer erklommen hatte, streckte sich sein Leib und mir kam vor, dass jede Faser an dem Jungen schrie: »Ich habe es geschafft!«

Mein Lernerfolg war die Feststellung, dass die bewusste Wahrnehmung der Situation meine Angst verringert und das Vertrauen in die Fähigkeiten des Jungen gestärkt hatte.

Unsere Angst und Sorge sind nicht im Hier und Jetzt, sie schauen immer voraus. Deshalb sind wir Kindern mit der eigenen Ängstlichkeit schlechte Berater, wenn wir sie durch die Vorausschau verunsichern. Im Hier und Jetzt sein ermöglicht aber, sich ganz auf die Aufgabe, die Bewegung, die Wahrnehmung zu konzentrieren und seinen Körper in seinen Fähigkeiten zu erfahren. Wenn Sie mit Ihrem Kind Erfahrungen, die es gemeistert hat, durchgehen und ihm jeden Schritt, den Sie beobachtet haben, benennen, stärken Sie so sein Vertrauen in seine Fähigkeiten.

Ist Radfahren nun also gefährlich? Ein Rad kann man ja auch kennen lernen und erforschen. Schieben ist nicht so gefährlich, aber man bekommt ein Gefühl für das Rad. Was geschieht, wenn man an den Pedalen dreht? Ach, das geht ja gar nicht. Warum? Weil ich das Rad festhalte, nur rückwärts kann ich drehen. Lassen Sie Ihr Kind sein Rad auf seine Weise entdecken und sich mit ihm vertraut machen. Kann man damit fahren, wie mit einem Roller? Das geht ein bisschen. Schon allein diese kleine Vorübung lässt Ihr Kind auf sichere Art das Fahrgefühl entwickeln. Sie zeigt Ihrem Kind, dass man ein Rad unter Kontrolle halten kann. Lassen Sie Ihr Kind im Leerlauf die Bremse drücken und ihre Funktion erleben. Auf diese Weise wachsen die Sicherheit, das Rad zu beherrschen, und die Neugier, es mal zu versuchen. Wo Angst im Spiel ist, sollte kein Druck entstehen. Man muss nicht durch die Welt rasen, auch in kleinen Schritten kann man sie entdecken, und wer weiß, vielleicht sieht man dann sogar noch mehr.

Achten Sie bei neuen Dingen, die Sie Ihrem Kind beibringen möchten, auf eine langsame Einführung. Passen Sie sich seinem Rhythmus an. Es geht weniger um das Ziel, Rad fahren zu können, als eines Tages zu entdecken, dass alles Neue, das am Anfang Angst machte, an Gefährlichkeit abnimmt, wenn man es besser kennt. Wenn Ihr Kind so weit ist, dass es sagt: »Ich kenne es noch nicht«, dann sagt es auch: »Aber vielleicht kann ich es kennen lernen.«

Schweigende Kinder sind oft sehr ängstlich bei motorischen Herausforderungen. Ob das nun Rad fahren, schwimmen oder klettern ist, spielt eine geringere Rolle. Die Gewissheit und Erfahrung, dass Unbekanntes erlernbar ist, zählen. Ängste überwindet ein Kind in kleinen Schritten. Wie fühlt sich Balancieren an? Wie lange kann ich auf einem Bein stehen? Wie funktionieren die Bremsen? Welche Sicherheitsmaßnahmen gibt es? Erkennen Sie den inneren Forscher wieder? Diesmal hilft er Ihrem Kind, die Angst zu überwinden. Dafür arbeitet er mit dem Jongleur zusammen. Die Angst wird nicht von der Bühne gedrängt, sondern in das Spiel des Forschers und des Jongleurs einbezogen.

Je kompetenter Ihr Kind in den alltäglichen Problemlösungen

wird, umso sicherer fühlt es sich. So wächst auch der Mut, auf neue Situationen zuzugehen und ein Gefühl dafür zu entwickeln, die Welt zu beherrschen. Solche Erfahrungen erhöhen den Mitteilungsdrang und das Bedürfnis zu erzählen. Sie sind Nahrung für die Fantasie Ihres Kindes. Wenn es schon die Erde beginnt zu beherrschen, warum nicht gleich auf den Mond fliegen?

Mama, ich reise zum Mond! Wie Sie den Spaß am Erzählen unterstützen

Wenn Ihr Kind Ihnen von seiner ersten Mondreise erzählt und sich als Raumfahrer vorstellt, dann ist das ein Zeichen, dass es sich mit den Ereignissen um sich herum beschäftigt und sie ausprobieren will. Die innere Bühne ist nun belebt, der Forscher gibt nun dem Regisseur Tipps für neue Geschichten. Ihr Kind beginnt fantasiereich zu spielen, stellt alles voll und Ihre Wohnung wird in kurzer Zeit zu einer Mondlandschaft.

Jetzt ist es wichtig, dass Sie nicht in die Krater treten, sondern fragen, ob auf dem Mond auch Milchreis gegessen wird oder ob die Raumfähre in der nächsten Zeit auf der Erde für eine Mahlzeit landen könnte. Ihr Kind ist ganz in der Rolle und handelt als Raumfahrer und als nichts sonst. Sie können mit ihm kommunizieren, indem Sie auf das Spiel eingehen. Allerdings ist auch wichtig, dass auf der Erde wieder Ihre Regeln herrschen. Doch seien Sie sich auch bewusst, dass sie sich von den Regeln auf dem Mond unterscheiden. Die Dinge auf dem Mond heißen natürlich anders als auf der Erde.

Haben Sie schon versucht, »weltallisch« zu sprechen? Gar nicht so einfach, noch schwieriger ist es zu verstehen, weil es so viele Dialekte gibt. Also geht es darum, sich einigen zu müssen, wie die Dinge auf dem Mond und im Weltall heißen.

Was nützt das, wenn mein Kind mit niemandem außer mir spricht? In diesen Fantasiespielen lernt Ihr Kind, seine Erfahrungen auf kreative Weise auszudrücken. Es führt Dialoge mit sich selbst oder mit imaginären Partnern, es beginnt, mit der Sprache zu spielen. Jetzt erkennt es, dass Sprache eine Konvention ist, an die man sich halten muss, wenn man einander verstehen will. Wenn Ihr Kind

Ihnen »weltallisch« nicht erklären kann, dann werden Sie es nicht verstehen. Manchmal braucht es Zeit, sich als Erwachsener wieder dieser Welt anzunähern. Das kann manchmal zu Verwirrungen zwischen Ihnen und Ihrem Kind führen. Denen können Sie am besten begegnen, indem Sie die erdischen Regeln auf der Erde lassen und in der Mondwelt die dortigen Regeln akzeptieren. Achten Sie darauf, dass Sie nicht erdische Regeln in die Mondwelt einführen.

Wenn Sie mit Ihrem Kind mit auf den Mond fliegen, dann kehren Sie auch wieder zur Erde zurück, damit klar wird, wer wo Regie führt.

Interessant ist immer wieder, wie Kinder leichter auf Regeln eingehen können, wenn sie einen Bereich haben, in dem ihre eigenen Regeln herrschen. In der Mondlandschaft in ihrem Wohnzimmer übt Ihr Kind, über die Geschehnisse Regie zu führen. Für ein Kind mit selektivem Mutismus ist das eine Möglichkeit, alle Figuren der inneren Bühne, die Leichtigkeit ins Spiel bringen, zu stärken. Es kommt in einen offenen Zustand.

Ihr Kind lernt, sich in seinem Spiel auszudrücken, und hat einen Bereich, den es selbst gestalten kann. Das erspart im Erdenleben oft Machtkämpfe. Auch wenn die Äußerungen noch nicht perfekt sind, so entdeckt Ihr Kind in seiner Fantasiewelt doch das weite Reich der Sprache und ihrer Möglichkeiten.

Selten können Kinder sich mit dieser Vielfalt auseinandersetzen und gleichzeitig richtig artikulieren oder den Satzbau korrekt nachvollziehen. Zu viele Gedanken müssen zusammen geformt werden. Wenn Ihr Kind sich noch sprachlich unsicher fühlt, sollten Sie in diesen Prozess nicht sprachkorrigierend eingreifen, sondern sich stets am Inhalt des Gesagten orientieren. Dadurch, dass Sie Inhalte klären möchten, erkennt Ihr Kind, dass Sie es verstehen wollen. Es wird sicherer, dass das, was es sagen will, Bedeutung hat, und entwickelt so auch die Bereitschaft, deutlicher zu sprechen.

So können Sie Ihr Kind beim Sprechen bestärken

Beispiel: Max hat gerade das Zimmer voller Mond und Sterne gehängt.

»Da, Sen«, sagt er, »und da ein Sen.«

Seine Mutter sagt: »So viele Sterne? Wie heißen die denn? Kann man da mit dem Raumschiff vorbei?«

»Ja, Laumsiff vorbeifahlen tut.«

»Tatsächlich? Das Raumschiff fährt vorbei! So eine schöne Aussicht!« Das Gespräch setzt sich fort, immer wenn »st« noch nicht richtig ausgesprochen wird, wiederholt die Mutter das Wort.

Obwohl Max das Wort »Stern« falsch ausspricht, korrigiert seine Mutter ihn nicht. Sie wiederholt lediglich das Wort richtig und interessiert sich für seine Sterne. Dadurch erhält Max ein Modell für die Aussprache eines Wortes und fühlt sich in seiner Erzählung bestätigt. Das regt ihn an weiterzuerzählen.

Wenn Ihr Kind gerade dabei ist, die Sprache zu entdecken, dann korrigieren Sie es nicht in seiner Form, sondern hören ihm aufmerksam zu, was es erzählen will. Durch Ihre langsame, korrekte Wiederholung des falsch gesprochenen Wortes kann es sich nach und nach dem Modell, das Sie ihm anbieten, angleichen.

In einem anderen Zusammenhang versucht Max »st« zu bilden. Als sie wieder über Sterne plaudern und seine Mutter das fehlerhafte Wort wiederholt, schaut er aufmerksam zu und versucht es auch noch einmal, ohne dass er dazu aufgefordert wird.

Ich entdecke dieses Verhalten bei Kindern meistens dann, wenn sie erfahren, dass Sprechen interessant ist. Zu viele oder zu frühe Korrekturen hemmen das Sprechen.

Diese Fantasiegeschichten können Sie nähren, indem Sie Ihrem Kind Geschichten erzählen. Märchen regen innere Bilder an und lehren Kinder, dass man Angst bewältigen kann. Aber auch andere Geschichten eröffnen Ihrem Kind eine neue Welt. Es lernt zuhören. Achten Sie deshalb beim Erzählen auf eine langsame, ruhige Sprechweise, hören Sie Ihrem Kind zu, wenn es etwas dazu zu sagen hat, und fordern Sie dann wieder Zuhören ein.

Nicht nur Geschichten aus Bilderbüchern, auch Ihre Erlebnisse sind Geschichten. Da gibt es die Geschichte von den Tomaten, die Sie eingekauft haben, und die Geschichte der Marktfrau, die so viele Gemüsesorten kennt. Nennen Sie alles beim Namen, was um Sie herum herrscht, damit es für Ihr Kind greifbarer ist. Sprache hilft Ihrem Kind, die Welt zu ordnen.

Die Sprache entwickeln bedeutet nicht nur Geschichten erzählen, sondern auch Gespräche zu führen. Gespräche sind ein Wechsel zwischen zuhören und mitteilen zu einem bestimmten Thema.

Die Teilhabe an der Umwelt – Der Stoff für Gespräche

Heute ist nach einer langen Regenperiode wieder einmal ein Sommertag. Es ist heiß. Ich denke ans Schwimmen im See. Dort würde ich die Schwanfamilie wiedersehen. Eltern mit ihren vier Jungen. Von Woche zu Woche werden sie größer. Ich kann draußen arbeiten und den Vögeln zuhören. Wo werden Sie wohl sitzen, wenn Sie dieses Kapitel lesen? Wie ist das Wetter? Können Sie wahrnehmen, wie verbunden wir in allem, was wir tun, mit unserer unmittelbaren Umwelt sind? Würden Sie mir erzählen, was Sie gerade erfahren während des Lesens, hätten wir eine Menge Gesprächsstoff.

Als Erwachsene müssen wir uns oft erst bewusst darauf besinnen, auf unsere Umgebung achtsam zu werden. Kinder tun das spontan. Meistens lernen Eltern ihre Umgebung mit den Augen ihrer Kinder zu sehen.

Manchmal besucht mich Timo (5 Jahre) von nebenan. Als ich verwelkte Blüten von meinen Blumen entfernte, kam er sofort dazu und fragte, was ich täte. Während unseres Gesprächs huschte eine Eidechse an uns vorbei. Timo erklärte mir, dass sie sein Haustier sei, weil sie im Garten seiner Mutter wohne. Wir verbrachten etwa eine halbe Stunde damit, dem Tier zuzuschauen und uns auf die Einzelheiten seines Aussehens aufmerksam zu machen, wir überlegten, wo sie wohl schläft und was sie gern isst. Bald kam noch eine zweite dazu, sie huschten ins Gebüsch, wir kauerten uns davor. Als wieder eine sichtbar wurde, rief der Junge seine

Mutter, sie solle die Eidechse anschauen. Er hüpfte vor Aufregung auf und ab. Seine Mutter rief, sie wisse, wie Eidechsen aussehen, und blieb bei ihrer Tätigkeit.

Natürlich wissen wir als Erwachsene, wie die Dinge aussehen. Sie sind nicht neu für uns. Die Erfahrung, sich vom Staunen eines Kindes anstecken zu lassen, erlebe ich als besonderen Genuss. Ich »adoptierte« die Eidechse ebenfalls.

Kinder schaffen ein Liebesverhältnis zur Welt und wir haben als Erwachsene die Möglichkeit, mit einzusteigen. Um ein Gespräch zu entwickeln, ist weniger dringend, viel zu wissen, als sich gemeinsam mit dem aktuellen Beobachten und Wahrnehmen auseinanderzusetzen. Wenn man etwas nicht weiß, kann man rätseln und im Lexikon oder Internet nachschauen. Ihr Kind erlebt, wie Sie mit Fragen umgehen. Entsprechend wird es sein Interesse weiter ausdehnen, es lernt, dass man Antworten suchen muss. Lassen Sie es sich nicht nehmen, mit Ihrem Kind an seiner Welt teilzunehmen. Damit entwickelt Ihr Kind die Fähigkeit, sich über Aktuelles auszutauschen. Was einen Namen hat, ist nicht zu fürchten, was beobachtet und erlebt wurde, wird ein Teil des Lebens, wie die Eidechse ein Teil von Timo wurde.

Gerade wenn Ihr Kind ängstlich ist und schweigt, braucht es Sie für Entdeckungsreisen. Zeigen Sie ihm Dinge, die Ihnen auffallen, und lassen Sie sich selbst aufs Betrachten ein. Achten Sie dabei auf die Verlangsamung des Tempos. Es geht nicht um ein Sightseeing, nach dem man alles abhaken kann, sondern um eine Seinsform. Dazu gehören auch Wiederholungen. Sie können davon ausgehen, dass es bedeutsam ist, wenn Ihr Kind immer und immer wieder das Gleiche anschauen möchte.

Auch wenn Sie schon genug Dinosaurier gesehen haben, »adoptieren« Sie trotzdem einen und erfahren Sie seine Einzigartigkeit. Damit halten Sie Gespräche über die Interessen Ihres Kindes aufrecht. Außerdem vermitteln Sie Ihrem schweigenden Kind die Grundlagen des Gesprächs, auch wenn es sie erst bei Ihnen ausprobiert.

Wichtig ist dabei, auf den Rhythmus Ihres Kindes zu achten, damit es genügend Zeit findet, sich in Beobachtungen zu vertiefen.

Schließlich gibt es darüber später am Familientisch, oder wenn Besuch kommt, einiges zu erzählen.

Die kleinen Sequenzen des Austausches sind für Ihr Kind auch eine Möglichkeit, sich ausdrücken zu lernen, insbesondere aber seine Erfahrungen und Wahrnehmungen in Worte zu fassen. Es erfährt, dass seine Erfahrungen wichtig sind und es ernst genommen wird. So entwickelt es ein Interesse an Gesprächen.

Sie spielen den Türöffner für die Welt um Ihr Kind. Erlebnisse schüren das Bedürfnis, sich mitzuteilen. Es bedeutet auch Sicherheit, weil die Welt ebenso eine Verbindung zum Anderen ist.

Ihr Waldspaziergang muss keine Sprachübung werden, wenn Sie bei Ihren gemeinsamen Erlebnissen für eine Stimmung sorgen, die Freude am Teilen und Berichten weckt. Es lohnt sich, den Stoff dieser Geschichten zu sammeln und ihn am Familientisch oder bei Besuchen wieder aufzugreifen.

Legen Sie jetzt eine Lesepause ein und betrachten Sie die Welt um sich, was könnten Sie adoptieren? Ich werde jetzt zu meinen Schwänen gehen.

In diesem Kapitel habe ich Sie durch die Welten geführt, die Ihr Kind durchläuft. Ich hoffe, dass ich Ihnen Mut gemacht habe, mit Ihrem Kind die Welt zu entdecken und zu erfahren, wie die Sprache sich in dieser Welt formt – durch Spaß aneinander, am Spiel und an den Dingen. Entdecken und Erleben ziehen sich durch jedes Alter. Damit bereiten Sie Ihr Kind darauf vor, auch mit anderen Menschen zu sprechen.

3 Wie Sie Ihrem Kind zeigen können, wie man mit anderen Menschen spricht

Dein Ort ist,
wo Augen dich ansehen,
wo Augen dich treffen,
entstehst du.
(Hilde Domin)

»Guten Tag!« – Kaum sehen Sie jemanden, den Sie kennen, sagen Sie diese Worte selbstverständlich. Es scheint nichts Leichteres auf der Welt zu geben, als »Guten Tag« zu sagen oder »Grüezi« oder »Grüß Gott«. Es sind ja auch die ersten Redewendungen, die man in einer Fremdsprache lernt. Grüßen ist kinderleicht. Aber schweigende Kinder haben damit große Schwierigkeiten, wie zum Beispiel die fünfjährige Michaela:

Michaela sieht mich gar nicht an, als ihre Mutter sie zum Erstgespräch bringt. Sie schaut zu Boden. »Sag ›guten Tag‹«, fordert ihre Mutter sie auf. Michaela scharrt mit dem Fuß auf dem Teppich, ihre Hand fest in der ihrer Mutter. Die Mutter schüttelt diese Hand und sagt: »Sag jetzt Frau Garbani ›guten Tag‹ und gib ihr die Hand!« Als ich den Druck wahrnehme, sage ich, um Michaela zu entlasten: »Michaela kennt mich noch nicht, sie wird mich grüßen, wenn sie mich besser kennt …« – »Aber sie muss doch grüßen, das gehört sich so!« Erst als ich die Verzweiflung in der Stimme von Michaelas Mutter höre, wird mir klar, dass nicht nur Michaela Entlastung braucht, sondern auch ihre Mutter.

Wenn ein Kind sich so verweigert wie Michaela, können Eltern ganz schön unter Druck geraten. Für ein schweigendes Kind bedeutet die Grußsituation die schwierigste Hürde, die es bewältigen muss. Wie diese heikle Kontaktsituation verläuft, entscheidet oft, ob sich Ihr Kind nach einer Zeit etwas lösen und auf seine Weise am Gespräch teilnehmen kann. Lassen Sie uns deshalb die Grußsituation unter die Lupe nehmen.

Wie können Sie Ihrem Kind den Kontakt zu Fremden erleichtern und es in die Welt des Dialogs einführen? Durch Gespräche mit Ihnen lernt Ihr Kind, dass es sprechen und zuhören muss, damit ein Gespräch in Gang kommt, und dass Gespräche Regeln unterworfen sind. Sie können als Eltern Gesprächssituationen in Ihrer Familie so gestalten, dass Ihr Kind Sicherheit darin gewinnt, auf andere zuzugehen und eines Tages auch mit anderen zu sprechen. Dabei werden Sie erkennen, dass sprechen mehr bedeutet als einfach Wörter sagen.

Auf den folgenden Seiten zeige ich Ihnen, wie Sie Ihr Kind für Gespräche interessieren und es ermutigen können, die Sprache anzuwenden. Zuerst führe ich Sie in die Grußsituation, zu den Besonderheiten in der Kontaktaufnahme, von dort geht es weiter zur Gestaltung von einfachen Gesprächen, erst in der Familie, dann mit anderen, zum Beispiel wenn Besuch kommt.

Hallo und Danke – Sicherheit durch Rituale

Kinder lernen durch Regelmäßigkeiten, durch Rituale und kleine Abweichungen. Das Bekannte sorgt für Sicherheit, und kleine Unterschiede sorgen für den Lernprozess. Wenn wir jemanden Bekannten sehen, begrüßen wir ihn. Ein »Guten Tag!« muss man im Hinterkopf haben und hervorbringen können, wenn ein Bekannter auftaucht.

Der Gruß ist die Verbindung zum Anderen. Dadurch, dass Sie den Gruß pflegen und Ihr Kind lehren, es auch zu tun, vermitteln Sie Ihrem Kind, wie der erste Baustein zu einem Kontakt gelegt wird. Ein Gruß kann sein wie eine Lok, die gleich einen ganzen Zug an Wortwaggons mit sich zieht, er kann aber auch einfach ein Türöffner sein für einen Raum zwischen zwei Menschen, der sich langsam erwärmt.

Ein schweigendes Kind wird das Grüßen Ihnen überlassen. Das ist bei einem kleinen Kind ganz logisch, denn es hält sich am Anfang ja auch für einen Teil von Ihnen. Aus seiner Sicht reicht es, wenn Sie grüßen. Sie können Ihr Kind in seiner Persönlichkeit unterstützen, indem Sie es Ihrem Bekannten vorstellen. Dadurch hat es in der Situation einen eigenen Platz und erlebt sich wahrgenommen. Lassen Sie Ihr Kind spüren, dass Sie ihm die Fähigkeit zu grüßen zutrauen, indem Sie es auf den Gruß vorbereiten, ähnlich wie es Hanna mit Anna löst:

> *Hanna geht mit ihrer kleinen Anna einkaufen. Unterwegs sieht Hanna einen Kollegen aus ihrer Firma auf sich zukommen. Sie sagt zu Anna: »Schau, der Mann mit der blauen Jacke, das ist Freddy; er hat mit mir gearbeitet. Wenn er bei uns ist, sagen wir ihm ›guten Tag‹.« Freddy ist nun bei den beiden angelangt, er begrüßt Hanna freudig. »Hallo Freddy, das ist Anna, meine Tochter«, sagt Hanna stolz. »Hallo Anna«, sagt der Fremde und beugt sich zu Anna hinab. Sie verbirgt ihr Gesicht in Mamas Hüfte. Hanna blickt Anna an und streicht ihr über den Kopf, dann schaut sie Freddy an: »Nächstes Mal vielleicht. Wie läuft es so?« – »Wir waren im Urlaub, ich war oft fischen«, erzählt er. Hanna schaut zu Anna und lächelt sie an, dann wendet sie sich wieder Freddy zu. »Gab es jeden Tag Fisch zu essen?« – »Nein, so gut haben sie auch wieder nicht angebissen, aber entspannt habe ich mich trotzdem«, lacht Freddy, »dann bis zum nächsten Mal! Tschüss!« Die beiden sehen ihm nach und Anna fragt: »Warum haben die Fische nicht angebissen?«*

Auch wenn Anna sich noch bei ihrer Mutter versteckt hat vor dem Fremden, fand sie doch Interesse an ihm. In ihrem sicheren Versteck hat sie sich dem Fremden gegenüber geöffnet. Dadurch, dass ihre Mutter sich ihr zugewandt hatte und auch mit ihrem Bekannten im Gespräch blieb, konnte sich Anna entspannen. Ihre Mutter hat darauf geachtet, dass ihr Blick zwischen ihrem Bekannten und Anna hin und her ging. Dadurch hat sie auch Anna ins Gespräch einbezogen.

Die Brücke zwischen Ihrem Kind und dem Fremden können Sie bauen, indem Sie Ihrem Kind erklären, wer Ihr Bekannter ist. Wenn Sie ihn von weitem sehen, können Sie ihn ankündigen: »Schau, dort kommt Peter«. Stellen Sie Ihr Kind vor, wenn Ihr Bekannter stehen bleibt, und halten Sie während des Gesprächs auch immer wieder Blickkontakt zu Ihrem Kind. Lassen Sie Ihren Blick von Ihrem Bekannten zu Ihrem Kind und zurück wandern. Damit ist Ihr Kind auch einbezogen, auch wenn es keinen Beitrag zum Gespräch leistet. Wenn Sie gemeinsam erlebte Begegnungen in Erinnerung behalten, wird Ihr Bekannter für Ihr Kind weniger fremd. Dann können Sie Ihr Kind dazu auffordern, mit Ihnen gemeinsam »Hallo« zu sagen.

In dieser ersten Runde erfährt Ihr Kind, dass es eine eigenständige Person ist. Es lernt von Ihnen, dass das Grüßen zum Alltag gehört.

Auch wenn Ihr Kind den Gruß verweigert, wird es trotzdem die zwei Botschaften wahrnehmen. Ihr beständiges Dranbleiben vermittelt ihm Sicherheit. Dadurch, dass Sie Fremde begrüßen und Ihr Kind mit einbeziehen, wird es üben, Begegnungen auszuhalten und Kontakt zu schaffen, auch wenn es den Gruß vielleicht nicht laut ausspricht. Es ist nicht sichtbar, was Ihr Kind innerlich übt. Ich bin davon überzeugt, dass es jedes Mal eine Öffnung versucht, die aber nicht bis außen reicht. Diese unsichtbare Leistung wird durch die Forderung, den Gruß auszusprechen, oft blockiert. Wenn Sie aber auf ein angenehmes Klima mit Ihrem Bekannten achten, wird Ihr Kind sich während der Begrüßung öffnen und sich immer mehr für Andere interessieren.

Der innere Öffner Ihres Kindes wird aktiv

Von einem stummen Nicken bis zum gemeinsamen Sprechen, erstreckt sich eine weite Spanne von Varianten, wie Ihr Kind eine Kontaktaufnahme ausprobieren kann.

Bandbreite der Kontaktgestaltung

Finden Sie heraus, was Ihrem Kind leicht fällt, indem Sie es beobachten. Dabei gilt es, auf ganz kleine Gesten zu achten, wie zum Beispiel die Andeutung eines Kopfnickens oder Lächelns, ein geflüstertes oder gemurmeltes Hallo, ein Blickkontakt, das Lippenbewegen, während Sie gemeinsam den Gruß sprechen. Ihr Blick schärft sich so für die kleinen Schritte, die Ihr Kind beginnt. Dann können Sie Ihr Kind darin unterstützen, auf seine Weise zu grüßen.

Wenn Sie sich dabei auf den Augenblick konzentrieren, erhalten diese Grußsituationen einen selbstverständlichen Charakter. Ihr Kind spürt, dass Sie ihm das Grüßen zutrauen. Auch wenn es nicht sofort den Mut aufbringt zu grüßen, können Sie ihm vermitteln, dass es das eines Tages schafft.

Je mehr Sie Ihr Augenmerk darauf richten, wie Ihr Kind sich bemüht, diese soziale Regel zu beherrschen, umso besser können Sie den Druck, den Sie wahrnehmen, handhaben und die Grußsituation so gestalten, dass Ihr Kind sich innerlich öffnen kann.

Erinnern Sie sich, wie Michaelas Mutter bei der Begrüßung unter Druck geriet und damit auch ihr Kind unter Druck setzte? Sie hat vollkommen recht: Ein Kind soll grüßen. Doch der Druck in ihr bewirkte, dass sie von ihrem Kind ein Verhalten erzwingen wollte, zu dem es noch nicht bereit war. Eine Drucksituation bringt eine Einengung der Wahrnehmung mit sich. Sie kanalisiert den Menschen auf ein Ziel und lenkt von sich selbst und vom Gespür für das eigene Kind ab. In der folgenden Übersicht finden Sie Ideen, wie Sie inneren Druck regulieren können.

Druck regulieren

Sie können Ihrem inneren Druck in fünf Schritten begegnen:

- *1. Druck wahrnehmen:* Oft wird eine Drucksituation gar nicht bemerkt. Sie können den Druck aber wahrnehmen, in dem Sie immer wieder Ihre Aufmerksamkeit auf Ihr Befinden in der augenblicklichen Situation lenken. Sich selbst gut spüren, können Sie auch gut üben, indem Sie ab und zu alltägliche Situationen ganz langsam und bewusst verrichten. Binden Sie zum Beispiel Ihrem Kind einmal ganz langsam die Schuhe. Spüren Sie die lebendigen Füße darin und wie schwierig es ist, den Schnürsenkel einzufädeln, wenn Ihr Kind vielleicht schon weglaufen möchte. Nehmen Sie auch wahr, welche Impulse dann aufkommen.

- *2. Spannungen wahrnehmen*: Wenn Sie auf Ihren Körper hören, nehmen Sie wahr, dass Sie schon länger den Atem anhalten, oder die Schultern hochziehen? Das sind Ihre Spannungen.
- *3. Atmen und Spannung lockern:* Lockern Sie diese Spannungen bewusst, indem sie einfach loslassen, die Spannung erneut bewusst herbeiführen und nochmals lösen. Noch mehr Erfolg bringt die Übung, wenn Sie dabei ausatmen. Nehmen Sie nun Ihren Atem wahr. Lassen Sie ihn kommen und gehen. Achten Sie dabei auf Ihre Befindlichkeit. Werden Sie durch die Lockerung froh oder traurig? Müde oder fit? Ihre Gefühle fließen mit der Atmung. Sie kommen und gehen.
- *4. Den Druck identifizieren:* Druck entsteht, wenn man den Erwartungen anderer genügen möchte. Fragen Sie sich selbst: Wie würde ich handeln, wenn es mir egal wäre, was der Andere von mir denkt? Stellen Sie in der Antwort fest, dass der Druck Sie von Ihrem eigenen Empfinden und Gefühlen etwas abgedrängt hat? Formulieren Sie dann am besten gleich Ihre persönlichen Vorstellungen. Was ist Ihnen wichtig?
- *5. Einen persönlichen Druckregler finden*: Suchen Sie einen Gegenstand, der am besten zu Ihrem Druck passt. Nehmen Sie den Druck zum Beispiel wahr wie einen schweren Stein im Herzen, dann stellen Sie sich eine Ihnen wohl gesonnene Figur vor, die den Stein wegräumt oder zerteilt. Trainieren Sie Ihren inneren Druckregler.

Wenn Sie sich öfters auf diese Weise wahrnehmen, werden Sie eine Drucksituation rascher identifizieren und entkräften, indem Sie durch Ihre Atmung ruhig bleiben können.

Um Ihr Kind von Druck zu entlasten, ist es wichtig, dass Sie mit ihm *nicht* über das Sprechen sprechen. Damit können Sie verhindern, dass die natürlichen Sprechimpulse gehemmt werden. Im Alter von 3 bis 5 Jahren sind Kinder mit Ausdruck und Fantasie beschäftigt. Sie nehmen die Konfrontation mit Richtig oder Falsch als Blockierung auf, weil sie noch nicht über die Fähigkeit verfügen, über Sprache nachzudenken. Diese Fähigkeit bildet sich erst mit 6 Jahren heraus. Vorher genügt es, das Interesse Ihres Kindes daran, Erwachsene nachzuahmen, gezielt zu unterstützen, indem Sie als Modell vorausgehen. Der Druck führt zu verschiedenen Lösungsversuchen, die zwar gut gemeint sind, aber häufig auf schweigende Kinder blockierend wirken. In der folgenden Tabelle sind die häufigsten Verhaltensweisen, die hemmen, zusammengefasst. Daneben finden Sie unterstützende Verhaltensweisen.

Blockierendes Verhalten	**Unterstützendes Verhalten**
Vergleichen: Vergleiche entmutigen immer. Ganz selten spornen sie an. Stellen Sie stattdessen Ihrem Kind in Aussicht, dass es einmal sprechen wird. *»Einmal wirst du mit anderen sprechen. Dein Mut wird wachsen.«*	Persönliche Eigenschaften benennen: Damit unterstützen Sie die Individualität Ihres Kindes und ermutigen es in seinem persönlichem Rhythmus. *»Du schaust dir die Menschen genau an.«*
Druck ausüben: Druck verschließt die Kehle und lässt das schlechte Selbstwertgefühl wachsen. *Schützen Sie Ihr Kind vor dem Druck, den Sie durch Verwandte und Bekannte erfahren.*	Positive Unterstellung: Ermuntern Sie Ihr Kind, dass es beim nächsten Mal vielleicht schon klappt. Betonen sie kleine Schritte, die Ihr Kind bereits geschafft hat. *»Gestern hast du Tante Annas Hund ausgeführt, du wirst immer mutiger. Vielleicht wirst du dich schon bald trauen, ›Hallo‹ zu sagen.«*
Vor dem Fremden über das Nichtsprechen sprechen: Sobald Sie mit anderen vor Ihrem Kind über sein Schweigen ein Gespräch führen, lernt Ihr Kind, dass etwas mit ihm und seiner Sprache nicht stimmt. Es ordnet das in sein Selbstbild ein. Damit verfestigt sich ein negativer Bezug zum Sprechen. *Unterbinden Sie solche Gespräche, indem Sie sagen, dass Sie es jetzt ungünstig finden, darüber zu sprechen.*	Ein Gespräch über beliebige Themen führen: Sprechen Sie mit dem Bekannten über Inhalte, die auch das Kind interessieren. *»Hast du gehört? Herr Meyer hat den kleinen Panda im Zoo auch gesehen.«*

Am besten werden Sie erkennen, welche Verhaltensweisen für Ihr Kind hemmend wirken, wenn Sie Ihr Kind beobachten, denn es legt sich Verhaltensweisen zurecht, mit denen es angstbesetzte Situationen meistern kann: Es verkriecht sich hinter Ihnen, schaut zu Boden, dreht sich weg. Bei einem 2-jährigen Kind ist das völlig in Ordnung, bei einem 10-jährigen Kind stehen neue Lernschritte an.

Der innere Öffner Ihres Kindes wird gestärkt

Der innere Öffner ermöglicht Ihrem Kind, den Kontakt zu Fremden auszuhalten und in kleinen Schritten Kontakt aufzunehmen. Sie können mit Ihrem Kind gemeinsam überlegen, welche Zwischenschritte (mit dem Kopf nicken, lächeln, »Hallo« flüstern) es einbauen will, damit sich der innere Öffner mutig fühlt. Auf diese Weise geben Sie Ihrem Kind zu verstehen, dass Sie daran glauben, dass dieser innere Öffner immer stärker wird.

Wenn Sie Bekannte treffen und es zu einem Gespräch kommt, so stellen Sie Ihr Kind vor und geben ihm Raum, auf eventuelle Bemerkungen Ihres Bekannten zu reagieren. Atmen Sie dabei ruhig und verlangsamen Sie Ihr Sprechtempo. Wenn Sie mit ihm sprechen, blicken Sie dabei auch immer wieder zu Ihrem Kind. Vielleicht kann es Ihnen ja bestätigen, dass das, was Sie erzählen, geschehen ist. Sagen Sie zu Ihrem Bekannten, was Sie und Ihr Kind gerade vorhaben: Enten füttern, zum See wandern oder Oma besuchen. Gehen Sie davon aus, dass Ihr Kind erzählen will, dass es Entenfutter dabei hat, und lassen Sie Raum dafür. Es macht nichts, wenn kleine Lücken entstehen.

Dadurch, dass Sie über den Blickkontakt zwischen Ihrem Kind und Ihrem Bekannten Brücken schlagen, gehen wichtige innere Prozesse vor sich, die den inneren Öffner Ihres Kindes unterstützen. Sie sind in der folgenden Übersicht zusammengestellt.

Mit der Lupe gesehen

Was geschieht, wenn Sie das Sprechtempo in einem Gespräch mit Ihrem Bekannten etwas verlangsamen und den Blick immer wieder Ihrem Kind und dann Ihrem Bekannten zuwenden?

- Bei Ihrem Kind: Ihr Kind erlebt sich als Teil des Gesprächs. Es lernt, dass es nicht überall mitreden muss und trotzdem wahrgenommen wird.
- Bei Ihnen: Sie eröffnen ein Dreieck zwischen den Gesprächs-

partnern und sorgen dafür, dass der Gesprächsball hin und her geht, Sie gestalten die Situation feinfühlig, Sie setzen auch Ihr Bedürfnis, mit Ihrem Bekannten zu sprechen, durch und schaffen einen Übergang von Ihrem aktuellen Ziel zum Thema Ihres Bekannten.

Damit zeigen Sie Ihrem Kind, wie eine Gesprächssituation abläuft: wie ein Ballspiel. Nur werden Worte von einem zum anderen weitergegeben. Auch wenn Ihr Kind noch nicht aktiv mitspielt, wird es innerlich aktiv und lernt an Ihnen als Modell, wie Gespräche mit Fremden funktionieren.

Nun haben Sie gesehen, wie viele Details in der Begrüßungssituation liegen, die Ihr Kind beherrschen muss. Beim Dankesagen ist es ähnlich.

Danke ist ebenfalls ein einfaches Wort. Doch Sie erleben sicher auch, dass Sie Ihr Kind immer wieder dazu ermahnen müssen. In diesen Situationen, so erzählen mir einige Eltern, wird der Druck am größten. Wenn ein Kind ein Geschenk einfach nimmt, ohne etwas zu sagen, legt sich aus der Perspektive des Gebers ein Schatten auf Ihre Erziehungsfähigkeit. Wie können Sie sich mit diesem Druck arrangieren, ohne ihn an Ihr Kind weiterzugeben?

Eine Möglichkeit ist, unter vier Augen den Schenkenden über die Schwierigkeiten Ihres Kindes aufzuklären. Ein anderer Weg ist, Ihr Kind an die Besonderheit des Geschenke-Bekommens heranzuführen und es zu lehren, danke zu sagen. Auch hier können Sie kleine Schritte einführen wie beim Grüßen: ein Lächeln, ein Kopfnicken, ein Handgeben oder ein Flüstern. Wenn Ihr Kind den Schenkenden anlächelt, dann können Sie durch Ihren Blick von Ihrem Kind zum Geschenk und dann wieder zum Schenkenden eine Brücke bauen und den Augenblick der Freude entstehen lassen. Die gezeigte Freude Ihres Kindes können Sie dann mit »danke« ergänzen. Die Atmosphäre des Schenkens soll sich entfalten können. Dadurch wird der Raum, in dem auch in Ihrem Kind ein Danke entstehen kann, größer.

Wenn Sie diese Rituale in der Familie ausüben, werden sie zur Selbstverständlichkeit. Sie bleiben beharrlich und fordern behutsam.

Lassen Sie Ihr Kind auch etwas schenken, damit es erfährt, wie ihm gedankt wird. Zeigen Sie Ihre Freude ebenfalls deutlich, wenn es Ihnen etwas gibt.

Bis es zu einem »Hallo« oder einem »Danke« einem Fremden gegenüber kommt, braucht es mehrere Anläufe und Kontinuität. Der Druck wird gerade in diesen Situationen in Ihnen immer wieder steigen. Deshalb ist es wichtig, dass Sie sich immer Ihrem inneren Druckregulator zuwenden.

Dann geben Sie nicht auf, wie zum Beispiel *Stefanie:* Sie hielt den Druck nicht aus und hörte deshalb auf, von ihrer Tochter Monika zu erwarten, dass sie grüßt und Kontakt aufnimmt. Wenn sie Bekannte traf, stand Monika stumm und unbeteiligt dabei.

Sie werden auch nicht Sprachrohr ihres Kindes, wie *Ilse:* Jedes Mal, wenn ihre Tochter Claudia direkt angesprochen und etwas gefragt wurde, gab sie sofort die Antwort. Ihre Bekannten gewöhnten sich daran, nur mit Ilse zu sprechen.

Und Sie müssen keine Schweigeminuten vermeiden, wie Stefans Mutter *Margot:* Sie füllte jedes Schweigen mit ihren Worten, sprach ohne Unterbrechung, wenn jemand versuchte Ihren Sohn anzusprechen. Stefan gewöhnte sich ab, nach Antworten zu suchen, und zuckte stets freundlich lächelnd mit den Schultern.

Wichtig ist auszuhalten, dass es eine Sprechpause gibt, wenn Ihr Kind auf die Frage eines Fremden nicht antwortet. Beim Grüßen und Danken sind nur die Wörter einfach zu sprechen. Die ganze Situation fordert von Ihrem Kind aber besonderen Mut und Selbstüberwindung. Wenn schon in der Situation des Anfangs zu viel Druck entsteht, verbaut sich dem Kind die Möglichkeit, sich in einem späteren Schritt (z. B. während eines Besuches) zu öffnen.

Vertrauen Sie ruhig Ihrem elterlichen Fingerspitzengefühl und stecken Sie andere damit an. Wenn Ihr Kind gut durch die Begrüßungssituation kommt, wird es offener sein für Gespräche und für den Kontakt mit Fremden. Die Grundlagen für das Einander-Erzählen lernt Ihr Kind aber meistens mit seinem Vater.

Das wird Papa interessieren – Wer nicht dabei war, kann es nicht wissen

Die fünfjährige Anna kann noch nicht so gut Türme bauen. Ihre Mutter hilft ihr deshalb. Heute spielt Anna mit ihrem Vater mit Holzklötzen. Er greift nach ein paar Bausteinen und fragt Anna, was sie bauen möchte. Anna antwortet nicht. Die Mutter erklärt ihm, dass Anna ihm die Steine reichen und er bauen soll. Der Vater hält inne, schaut auf, wendet sich erneut Anna zu, die zwischen den beiden hin und her blickt. Anna schiebt Bausteine hin und her, ihr Vater beginnt unschlüssig ein paar Klötze aufeinander zu stapeln. »Nein, Papa, schau so!« Anna legt zwei Klötze nebeneinander und zwei weitere quer darüber, baut still weiter. Ihr Vater legt einen Klotz dazu. Anna sagt: »Hier Anna Turm bauen, da Papa Turm bauen. Du hoch bauen, Anna klein.« Sie beginnen zu bauen. Er baut in die Breite. »Nein Papa! Hoch bauen, so.« Sie hält ihre Hand hoch und schaut ihn an. »Anna gibt Klötze, schau!« Sie reicht ihm nun Klötze und schaut ihm beim Bauen zu. Ihr Vater schichtet die Klötze auf der Schmalkante aufeinander. »Nein, nicht, so schnell umfallen, so bauen, dann besser halten!« Der Vater lächelt Anna an und stellt die Klötze weiter hoch auf: »Schau, Anna, so wird es höher!« Anna versucht nun, auch auf diese Weise zu bauen. Es gelingt ihr und sie schaut stolz zu ihrem Vater. In diesem Augenblick fällt ihr Gebäude zusammen. »So was«, brummt er und stellt zwei Bausteine mit der Längsseite aneinander. »Vielleicht geht es so«, er sieht Anna an, »probierst du es aus?« Anna nickt. Sie schafft es. Er reicht ihr die Klötze. »Anna alleine bauen, Papa anderen Turm bauen.« Nun bauen beide still vor sich hin, sehen sich immer wieder an. Ein großer und ein kleiner Turm stehen nebeneinander. »Schau, Papa, Anna Turm klein, Papa Turm groß! Mama, schau, Anna baut!«

Am Anfang kann kein Spiel- und Kommunikationsrhythmus zwischen Vater und Kind entstehen, weil die Mutter den Vater anleiten möchte. Erst als sie sich zurückhält, beginnen die beiden zu verhandeln. So entwickeln die beiden ein ganz neues Spiel. Das

Mädchen beginnt auf eine risikoreichere Art zu bauen. Das gibt ihr Anlass zu sprechen. Sie beginnt ihrem Vater zu erklären, wie sie es haben will. Noch nie hat das Kind soviel gesprochen. Der Vater überfordert Anna aber auch, indem er zu kompliziert baut. Da er Annas Handlung und ihre Mimik genau beobachtet, merkt er es, vereinfacht die Bauweise und verlangsamt das Tempo.

Dieses Beispiel zeigt, wie in der Familie Teamwork entsteht. Die Sicherheit, die Sie als Eltern Ihrem Kind geben, und das gegenseitige Vertrauen, dass der Andere auf seine Weise mit Ihrem Kind kommunizieren kann, ermöglichen Ihrem Kind, Andersartigkeit zu ertragen. Anhand der klassischen Rollenverteilung zeige ich Ihnen, warum der Vater, als der »Andere«, für die Sprache Ihres Kindes so wichtig ist und wie Sie gemeinsam die Gesprächsfreudigkeit Ihres Kindes fördern können.

In der Regel teilt die Mutter mit ihrem Kind im Alltag viele Erlebnisse und führt kleine Gespräche. Sie versteht ihr Kind, auch wenn es wenig sagt. Der Vater muss sich immer ein Stück in die Erlebnisse und Erfahrungen seines Kindes hineinfinden. Das ist aber genau die Chance für das Kind, dem Vater als Vertrautem, der aber nicht alles wissen kann, seine Welt und auch seine Fähigkeiten zu zeigen. Dieses kleine Stück »Fremdheit« fordert die sprachliche Aktivität des Kindes heraus und macht ihm gleichzeitig deutlich, wozu die Sprache überhaupt da ist.

Sie können als Mutter Ihrem Kind einen Raum für das Gespräch mit dem Vater öffnen, indem Sie ihn im Dialog mit Ihrem Kind ins Spiel bringen: »Dieses Auto würde Papa sicher auch gefallen.« Oder: »Papa wird stolz auf dich sein, wenn er deinen Turm sieht.« Wenn Sie immer wieder einflechten, wie sehr den Vater auch interessiert, was Ihr Kind erlebt, bereiten Sie das Gespräch zu dritt bereits vor.

Lassen Sie die beiden miteinander kommunizieren, den Vater fragen und das Kind antworten, bis er es verstanden hat. Sprechen wird gerade dann notwendig, wenn man noch zu wenig voneinander weiß, es gelingt leichter, wenn die Sicherheit in der Familie spürbar ist.

Kleine Gespräche zu dritt können weiterentwickelt werden, wie zum Beispiel die Unterhaltung zwischen Lea und ihren Eltern (Hanna und Paul) über Haubentaucher:

»Wir waren heute am See spazieren«, beginnt Hanna und lässt ihren Blick zwischen Paul und ihrer Tochter Lea hin und her wandern. »Du wirst nicht glauben, was wir gesehen haben!« »Einen Taucher!«, ruft Lea. »Ja, einen Haubentaucher!« »Er ist immer getaucht und das Kleine nicht«, sagt Lea. »Welches Kleine?«, fragt der Vater. »Das Kleine auf dem Rücken! Es rief ›piep piep‹! Aber dann ist die Mama wiedergekommen und es hat ganz laut geschrieen, ganz fest, weißt du!« »Der Papa Haubentaucher war auch da«, erzählt die Mutter, »immer blieb einer der Großen oben beim Jungen.« »Ja und dann haben sie Essen heraufgebracht und das Haubentaucherkind gefüttert.« »Der Haubentaucher jagt Fische«, sagt der Vater, »hatten sie Fische im Mund?« »Nein«, sagt Lea, »aber dann haben sie das Kleine wieder auf den Rücken getan.« »Wir haben nicht sehen können, was der Haubentaucher im Mund hat, aber er ist immer ganz weit entfernt wieder aufgetaucht«, antwortet Hanna. »Ja, und dann haben die Kleinen ganz laut geschrieen!«

Mutter und Kind erzählen dem Vater abwechselnd, was sie gesehen haben. Die Mutter ergänzt durch ihre Wahrnehmungen, lässt aber die Tochter erzählen. Der Vater fragt und hilft seiner Tochter, dabei den roten Faden zu behalten. Er ergänzt mit seinem Wissen. Die drei haben beim Erzählen unterschiedliche Schwerpunkte: Das Mädchen interessiert sich dafür, was mit den Jungen geschieht, während das Muttertier taucht. Die Mutter beobachtet das Verhalten beider Vögel bei der Fütterung ihrer Jungen und der Vater beschäftigt sich mit der Nahrung der Vögel. Alle drei erzählen von verschiedenen Aspekten. Dadurch lernt ein Kind aushalten, dass Erlebnisse unterschiedlich wahrgenommen werden. Im vertrauten Familienkreis sind diese Unterschiede für Ihr Kind nicht so bedrohlich. Es gewinnt Sicherheit darin, dass seine Sichtweise der Welt von Ihnen beiden anerkannt wird. So muss es die Außenwelt weniger fürchten.

Ihr Kind kann erkennen, dass sein Vater nicht wissen kann, was es erlebt hat. Hier entsteht der Übergang vom Vertrauten zum Fremden. Der Vater ist der erste Vertraute, der das Kind lehrt, Geschehnisse zu erzählen. Das Kind lernt, sich in den Anderen hineinzuversetzen und Informationen zu geben, damit er sich ein

Bild von seinen Erlebnissen machen kann. Diese Form des Erzählens ist mit der Mutter weniger notwendig, weil sie die Situation kennt. Der Vater überfordert sein Kind vielleicht manchmal. Dadurch wird es herausgefordert zu erzählen und sich zu äußern. Wichtig ist dabei, aufmerksam auf die Überforderungssignale des Kindes zu achten.

Der Vater hat eine andere Position als die Mutter, weil er in der Regel weniger Zeit mit dem Kind verbringt. Sein Einfluss auf die Kommunikationsfähigkeit des Kindes wird deshalb manchmal unterschätzt. Hier finden Sie weitere Informationen dazu:

Speziell für Väter

Als Vater können Sie sich Ihren »Seltenheitswert« für die Förderung Ihres Kindes zunutze machen. Gerade das »selten und doch vertraut«, das Sie in die Familie einbringen, verkleinert für Ihr Kind die Stufe in die »fremde Welt«. Wichtig ist, darauf zu achten, dass Sie sich regelmäßig für die Erlebnisse Ihres Kindes interessieren. Nehmen Sie sich Zeit und fragen Sie nach. Wenn Sie mit Ihrem Kind in Blickkontakt bleiben, wenn es etwas nicht erklären kann, und ihm Ihr ernsthaftes Bemühen zeigen, dass Sie es verstehen wollen, brauchen Sie die Verständigungshilfe der Mutter nicht. Sie erkennen an der Anspannung, der Ablenkbarkeit oder Unruhe Ihres Kindes und ähnlichen Zeichen, dass es überfordert ist. Dann können Sie die Fragen einfacher formulieren, das Tempo verlangsamen oder die Reihenfolge der Geschehnisse erkunden. Sie können die Fragen so stellen, dass Ihr Kind mit Ja und Nein antworten kann, oder auch eine ganz unsinnige Frage stellen, die dem Kind klar macht, dass Sie wirklich nicht verstehen können, was es meint.

Wichtig ist natürlich, dass Sie beide sich Zeit nehmen, um Ihrem Kind zuzuhören, und ihm auch etwas erzählen. Kontraproduktiv sind sofortige Unterbrechungen, sprachliche Korrekturen und sich darüber zu amüsieren, wenn Ihr Kind ein Wort falsch benutzt oder einen Zusammenhang in einer kindlichen Weise hergestellt hat. Der Inhalt des Erzählten steht für das Kind im Zentrum, er ist das Ziel des Gesprächs. Wenn Sie Ihr Kind inhaltlich bestätigen, fühlt es sich sicher. Es merkt, dass es wichtige Dinge mitzuteilen hat und dass andere, besonders seine Eltern, sich dafür interessieren.

Durch das vertraute Erzählen im Dreieck lernt Ihr Kind, auch andere Personen einbeziehen: die Großeltern, Verwandte und Nachbarn.

Ihr Kind macht mit Ihnen beiden noch eine besonders wertvolle Erfahrung: Es erlebt, dass ihm aufmerksam zugehört wird. Damit wird es sich seines Selbstwertes bewusst und erkennt sich selbst als erzählendes Wesen in Ihren Augen. Sie wecken damit seinen inneren Erzähler!

Um aufmerksam zuhören zu können, benötigen Sie eine klare Zuhörsituation. Manchmal ist es notwendig, die Situation zu gestalten, indem Sie Ihre Tätigkeit unterbrechen und sich Ihrem Kind ganz zuwenden oder die Tätigkeit erst abschließen und Ihrem Kind sagen, wann Sie Zeit haben. Wichtig ist, dass Sie Ihrem Kind zu erkennen geben, wann Zuhörzeit ist. Ihr Kind erfährt Sie als aufmerksamen Zuhörer, wenn Sie eine Frage stellen, wenn Sie etwas genauer erklärt haben wollen oder wenn Sie zu dem Thema auch einen Beitrag geben. Achten Sie darauf, das Gespräch am Laufen zu halten, und vermeiden Sie Kritik.

Bei schweigenden Kindern ist Kritik ein besonders heikler Punkt. Sie sollte nicht an der Sprechweise, sondern an Sachverhalten erfolgen, die zur Klärung im Gespräch dienen. Zum Beispiel sagt der kleine *Raphael: »Ich heute Lokotive sehen.«* »Das heißt Lokomotive, probier noch mal« wäre ein Satz, der den Erzählfluss des Kindes stoppt und es in seiner Sprachanwendung verunsichert. Hingegen lässt die Frage »Wie sah die Lokomotive denn aus?« oder »Wo hast du eine Lokomotive gesehen?« Ihr Kind beim Inhalt bleiben. Beiläufig hört es aber auch die richtige Anwendung des Wortes. Es kann erzählen, dass die Lokomotive zwei Schornsteine hatte und uralt war oder ob es sich um eine ICE-Lok handelte.

Damit Ihr Kind das Zuhören auch lernen kann, ist es wichtig, dass Sie ihm ebenfalls etwas erzählen, Kleinigkeiten aus Ihrer Arbeit, Dinge, die Ihnen begegnet sind. Kinder interessieren sich für das, was ihre Eltern tun. Nehmen Sie Ihr Kind einmal in Ihren Betrieb mit, um ihm zu zeigen, wo Sie arbeiten. Wenn Sie Ihrem Kind nun etwas erzählen, kann es sich das besser vorstellen. Es kann jemandem sagen: *»Mein Papa arbeitet in einer Fabrik, da wird Papier hergestellt. Da gibt es große Rollen mit Papier!«* Dadurch, dass Ihr

Kind Vaters Welt kennen lernt, wird die Außenwelt vertrauter. Es bekommt ein Bild davon, was Papa tut, wenn er fort ist.

Durch Ihre Erzählungen und durch aufmerksames Zuhören füllen Sie den »Sprachbrunnen« Ihres Kindes. Ihre gemeinsamen Erlebnisse wecken die Erzählfreude. Während Sie mit Ihrem Kind Gespräche führen, macht es wichtige Lernerfahrungen:

Was lernt Ihr Kind, wenn Sie ihm etwas von sich erzählen?

Insbesondere Väter sollten ihrem Kind von ihren Tageserlebnissen erzählen, zum Beispiel von der Arbeit, von Erlebnissen, Schwierigkeiten und Erfolgen. Ihr Kind bekommt eine Vorstellung von Ihrem Leben. Was außerhalb der Familie geschieht, erhält Bedeutung, Form und Farbe. Ihr Kind entwickelt Interesse an der Außenwelt und lernt deren Gesetze kennen. Es kann beobachten, wie Sie mit Fremden umgehen.

Wenn Sie als Mutter das Gespräch Ihres Kindes mit dem Vater wohlwollend begleiten, gelingt es Ihrem Kind leichter, nach und nach auf andere zuzugehen.

Kleine Dinge werden als erzählenswert erlebt. Ihr Kind versucht sich am Austausch zu beteiligen.

Seine Erfahrungen gewinnen an Bedeutung und Ihr Kind erlebt sich als Wesen, das etwas zu berichten hat. Es gewinnt immer mehr Sicherheit darin, dass es selbst in sich Geschichten trägt, dass es als Person wahrgenommen wird.

Gleichzeitig bekommt es auch ein Gefühl für den Anderen, der ja nicht wissen kann, was es erlebt hat. Das Erzählen wird wichtig.

Kurz gesagt: *Innerhalb des Familiendreiecks lernt das Kind das Sprechen über Situationen, die für den Anderen fremd sind. Es lernt die Fremdheit überwinden.*

Das Gespräch zu dritt kann manchmal stocken. Zum Beispiel dann, wenn Sie sich einander nicht zutrauen, für Ihr Kind ein guter Gesprächspartner zu sein. Solchen Hindernissen können Sie am besten begegnen, wenn Sie die Wahrnehmung für Ihre Haltung schärfen, indem Sie sich selbst fragen, ob Sie den Anderen immer wieder in die gemeinsamen Aktivitäten einführen, zum Beispiel: »Dieses Ballspiel macht Papa auch Spaß.« Unterstützen Sie gemeinsame Aktivitäten und Gespräche des Kindes mit Ihrer Partnerin oder Ihrem Partner, in dem Sie sich zurückhalten und Interesse an ihrem Gespräch zeigen? Können Sie Ihrer Partnerin oder Ihrem Partner gegenüber vertrauen, dass er – wenn auch etwas anders als Sie – mit seinem Kind in einen Dialog treten kann? Erzählen Sie Ihrem Partner auch Erlebnisse, bei denen Ihr Kind Ihrem Dialog zuhören kann? Achten Sie dabei besonders auf die zumutbare Länge? Sie werden merken, dass diese Fragen Ihre Wahrnehmung verfeinern und dass Sie dadurch Ihre Haltung verändern, ohne dass Sie etwas Bestimmtes tun müssen.

Anna konnte mit ihrem Vater erst sprachlich kommunizieren, als sich ihre Mutter zurückhielt und den Vater »werken« ließ. Erst das Vertrauen, dass die beiden sich verständigen werden, ermöglichte Vater und Kind, sich aufeinander einzulassen und einen gemeinsamen Stil zu entwickeln. So legt sich die Grundlage zu einem Gespräch. Besonders am Familientisch ergeben sich unzählige Möglichkeiten zu Gesprächen.

Der Familientisch – Der Ort, um über Gott und die Welt zu reden

Sabine ist 5 Jahre alt und hat immer sehr viel zu erzählen, sie erzählt und erzählt und die Eltern hören zu, schweigen und essen, während Sabine ihr Essen kaum anrührt und in einem fort plappert. Irgendeinmal sagt der Vater: »So jetzt reicht es, sei still.«

Wie könnte aus dem Monolog des Kindes ein Gespräch werden? In den meisten Familien ist die gemeinsame Mahlzeit der Treffpunkt am Tag, an dem sich alle zusammenfinden – eine ideale Gelegenheit, um Gespräche zu führen. Es ist für Kinder ein fabelhafter Ort zu lernen, wie man sich in Gesprächen verhält, wie man einander zuhört und wie man selbst zum Wort kommt. Gleichzeitig schenkt dieser Austausch das Gefühl von Geborgenheit und Verbundenheit.

Gespräche in der Familie bewegen sich meistens zwischen diesen beiden Extremen: resignierter Rückzug oder den Anderen mit Worten überfluten. Alexandras Mutter erzählt mir, dass die anderen

Geschwister neben Alexandra kaum zu Wort kommen, während Alexandra im Kindergarten nicht spricht, Florians Mutter hingegen berichtet, dass der Kleine öfters zum Sprechen ansetzte und dann aber resigniert schwieg, als die älteren Geschwister ihn nicht zu Wort kommen ließen, und Samuels Eltern erzählen, dass er, weil er noch über wenig Sprache verfügt, sich mit den Fäusten bemerkbar macht.

Das kindliche Bedürfnis nach Erzählen ist etwas sehr Kostbares, eine wichtige Quelle für die Entwicklung des Fühlens und Denkens, und es ist wirklich ein Seiltanz, ihm gerecht zu werden. Denn wenn alle erzählen möchten, bleibt niemand, der zuhören will. Ein Gespräch entsteht aber nur, wenn der Erzähler auch einen Zuhörer findet. Ein sensibles Thema also, wenn Sie sich einerseits wünschen, dass Ihr Kind spricht, und andererseits Wege suchen, diesen Erzählstrom in eine Bahn zu führen, die für alle erträglich und für alle zu einem Genuss wird. Es geht also darum, Gesprächsregeln einzuführen.

Erste Regel: Schaffen Sie Raum zum Zuhören und signalisieren Sie ihn deutlich

Sabines Eltern glauben, dass das Aufstellen von Regeln ihr Kind hemmt. Das hindert sie daran, Sabines Erzählstrom zu lenken. Er wird uferlos. Sabine erfährt nicht, was ihre Eltern an ihren Erlebnissen interessant finden. Sie merkt nur, dass ihr Sprechen zuviel ist. Im Kindergarten aber sieht sie keine Chance, in den vielen Stimmen durchzukommen, und zieht sich zurück. Sie steht vor einem Berg, den sie nicht bewältigen kann, weil sie nicht gelernt hat, zuzuhören und auf den Anderen zu reagieren oder sich in einer Gruppe Gehör zu verschaffen.

Wenn nun aber Sabines Eltern genau zuhören und den Strom mit einer Frage oder einer Ergänzung unterbrechen, nimmt das Gespräch einen anderen Lauf. Das Erzähltempo verlangsamt sich und die Konzentration auf ein Thema nimmt zu. Sabine erlebt ihre Erzählung als bedeutsam und lernt ertragen, dass ihr Redestrom unterbrochen wird. Sie lernt aber auch einzuwenden: *»Nein, Mama, das muss ich dir noch erzählen.«*

Die Erfahrung, gute Zuhörer zu haben, steigert das Selbstwertgefühl und das Erleben von Bedeutsamkeit. Damit wird ein wichtiges menschliches Bedürfnis gestillt. Wenn ein Kind die Sicherheit aufmerksamen Zuhörens erfährt, ist es auch bereit, selbst zuzuhören.

Was heißt also aufmerksam zuhören? Durch Blickkontakt signalisieren Sie Ihrem Kind, dass es Ihre Aufmerksamkeit hat. Durch begleitende Laute wie »hm« erfährt Ihr Kind, dass Sie dabei sind. Fragen können Ihrem Kind auch helfen, den roten Faden für seine Erzählung zu behalten. Sachliche Ergänzungen machen das Thema erst richtig interessant und bedeutsam.

Wenn Sie Ihrem Kind aufmerksam zuhören, werden Sie für verschiedene Dinge achtsamer: Sie erkennen, wie die Stimmungslage Ihres Kindes ist, was es empört, was es erfreut. Sie merken, wenn ein Thema schwierig zu formulieren ist, wann sich Ihr Kind in seinen Gedanken verheddert. Dann können Sie ihm helfen, seine Erzählung zu ordnen, indem Sie zum Beispiel konkret fragen: »Du hast einen Hund gesehen? Wo war das? Was hat er getan? Warum hast du dich vor ihm versteckt?«, oder auf seine Gefühle eingehen: »Ein großer Hund, das klingt ja gefährlich, das laute Bellen hat dich sicher erschreckt!« Ihr Kind gewinnt Sicherheit beim Erzählen. Es entwickelt Interesse am Anderen und Freude am Sprechen und erlebt sich als Gesprächspartner, dem zugehört wird.

Zweite Regel: Nur einer kann sprechen

Zu dritt sind Gespräche durch die Zuhörregel etwas leichter zu handhaben. Kinder in mehrköpfigen Familien wie in Familie S. brauchen weitere Regeln, um an Gesprächen teilnehmen zu können.

Familie S. sitzt am Tisch. Die kleine Miriam ist 3 Jahre alt, Noemi ist 5, Sara 10 und Rafael 13. Es ist ziemlich laut am Tisch, denn die Eltern sind noch in der Küche, um die Schüsseln zu füllen. Alle sprechen gleichzeitig und als die Eltern kommen, wollen alle auf einmal beginnen zu erzählen. Sie wählen dafür das natürlichste Mittel: Sie schreien, um sich bemerkbar zu machen. Je lauter, umso besser werden sie gehört. Doch die Eltern verstehen von keinem Kind ein Wort, weil die einzelnen Mitteilungen untergehen. Weil sie damit beschäftigt sind, die Teller zu füllen und etwas zu verstehen, merken sie nicht, dass Miriam sie erwartungsvoll ansieht, den Mund öffnet und dann in sich versinkt.

Was können Eltern tun, um trotz des großen Mitteilungsbedürfnisses ihrer vier Kinder eine entspannte Gesprächsatmosphäre herzustellen, in der auch die Jüngste zu Wort kommen kann?

Wenn Sie die Reihenfolge des Erzählens festlegen, gewinnen die Kinder Sicherheit, dass jeder drankommt. Zwei Dinge sind dabei zu beachten: das Alter der Kinder und die emotionale Dringlichkeit des Themas. Den Erzähldrang aufzuschieben lernt ein Kind mit etwa 3 bis 4 Jahren. Diese Fähigkeit ist abhängig von der Sprachentwicklung, aber auch von der Intensität der Gefühle, die mit dem Erzählstoff verbunden sind. Affekte und Ideen folgen viel unmittelbarer als bei uns Erwachsenen. Je jünger das Kind ist, umso kürzer ist die Zeitspanne, in der es warten kann, bis es selbst zu Wort kommt. Halten Sie immer wieder Blick- oder Körperkontakt zu ihm. Die wichtigste Hilfe bietet die Sicherheit, auch erzählen zu dürfen. Die Erfahrung, aufmerksame Zuhörer zu haben, schafft die Bereitschaft, diese gute Erfahrung weiterzugeben. Deswegen können Sie die älteren Kinder auffordern, sich einzuschränken.

Wie Sie dabei kleine und große Kinder unter einen Hut bringen können, zeigt das Beispiel von Hanna:

Lea erzählt begeistert: »Jetzt kommen die Aliens auf die Erde, die können sich verwandeln und haben ganz viele Kräfte …«

»Auto fahren, Mama schau«, ruft Maurus in die Erzählung von Lea. Hanna hält Maurus' Hand, schaut ihn lächelnd an und sagt: »Ja, das Auto fährt. Hör mal, Lea erzählt uns von den Aliens.« Sie blickt von einem zum anderen und Lea fährt mit ihrer Erzählung fort.

Nun kommt der Älteste herein und schreit: »Scheißlehrer, Scheißlehrer!« Lea brüllt: »Sei still! Ich rede gerade!«

Hanna steht auf, geht zu Michael und legt den Arm um ihn. »Lea will uns von den Aliens erzählen, und du hast Ärger in der Schule gehabt!«

Lea steht nun auf und fragt: »Was hat der Lehrer denn angestellt?«

Michael erzählt und heult. Hanna führt ihn zum Tisch und hört aufmerksam zu. »Das sind wirkliche Sorgen«, sagt sie.

»Lasst uns erst essen, dann überlegen wir zusammen, was wir tun können.«

»Die Aliens würden einen schicken, der würde sich in den Lehrer beamen und dann würde er dir keine Strafaufgabe geben!«, nimmt nun Lea ihren Faden wieder auf.

»Alien Auto!«, pflichtet Maurus bei.

Wir können nur einem zuhören. Hanna hat da eine klare Reihenfolge. Sie beginnt bei den stärksten Emotionen, weil sie weiß, dass ein Kind erst dann einem Gespräch folgen kann, wenn es beruhigt ist. Die Kinder haben die Sicherheit, dass sie erzählen können, dass sie gehört werden. So gelingt es Lea, im geeigneten Moment ihre Erzählung weiterzuführen. Hanna beherrscht die Kunst, jedem ihrer Kinder das Gefühl zu geben, dass sie es wahrnimmt, auch wenn es beim Erzählen unterbrochen wird.

Das erfordert Achtsamkeit. Vor allem die feinen Signale Ihres Kindes können Sie dann gut erkennen. Am einfachsten gelingt es, wenn Sie versuchen, sich selbst wahrzunehmen. Wenn Ihnen bewusst wird, in welcher Stimmung Sie gerade sind und was Ihre Aufmerksamkeit am meisten beansprucht, wird es Ihnen leicht gelingen, hellhörig zu sein für die Stimmungen Ihrer Kinder und die Dringlichkeit der Gespräche. Durch Ihre Aufmerksamkeit wird die Atmosphäre am Tisch bestimmt. Der Rhythmus kann ruhiger werden, die Sicherheit, angehört zu werden, steigt. Wie Sie in hektischen Zeiten zu mehr Achtsamkeit gelangen, erklären folgende Hinweise:

Fit für den Augenblick

Manche Tage sind so, dass man kaum zur Besinnung kommt. Wenn Sie solche Tage erleben, können Sie sich leicht zur Achtsamkeit führen, indem Sie Ihre Wahrnehmung auf den Augenblick lenken:

Atmen Sie ruhig ein und aus. Wenn Sie dabei die Hand auf den Bauch legen, fällt es Ihnen leichter, sich auf Ihren Atem zu konzentrieren. Nehmen Sie wahr, wie Ihre Stimmungslage gerade ist. Benennen Sie dies für sich, zum Beispiel: Heute bin ich gut drauf; oder: Heute bin ich verärgert.

Horchen Sie in Ihren Körper. Fühlen Sie Verspannungen? Versuchen Sie durch eine leichte Bewegung der verspannten Stelle oder durch ruhiges Atmen die Spannung zu lockern.

Wenn Sie aus der entspannten Haltung Ihr Kind betrachten, was nehmen Sie wahr? Seine Begeisterung für Flugzeuge und Bagger? Seine Ernsthaftigkeit, mit der es seine Meinung vertritt? Die Angst in seiner Stimme, die Unsicherheit in der Aussprache eines langen Wortes? Auf was achten Sie zuerst? Wenn das Ihnen klar geworden ist, dann achten Sie auf etwas anderes an Ihrem Kind. Wenn Sie zum Beispiel auf seine sprachliche Unsicherheit zuerst geachtet haben, dann versuchen Sie, das Interesse Ihres Kindes an dem Thema zu erkunden.

Bei dieser Übung ist es wichtig, dass Sie dem Hier und Jetzt, wie es gerade ist, ein Ja geben. Wenn Sie sich vorstellen, dass Ihre Wahrnehmung fließt, dann verändert sich das Hier und Jetzt auch. Was Sie wahrnehmen, ist eine Momentaufnahme.

Ihre Kinder werden fragen: *»Mama (Papa), was tust du?«* Sie werden antworten: »Mein Bauch sagt mir, dass du etwas Interessantes erzählen willst.«

Wundern Sie sich nicht, wenn Ihre Kinder dann ein Bauchritual am Tisch einführen!

Indem Sie in Gesprächen achtsam reagieren, übernehmen Ihre Kinder diese Regel auch. Indem Sie aufmerksam zuhören und die Sprechzeiten regulieren, übernehmen Ihre Kinder auch das Zuhören. Sie lernen durch diese Regeln über Sie als Eltern eine bestimmte Achtsamkeit gegenüber dem Anderen, sie lernen ihren Erzähldrang fließen zu lassen und können ihn immer besser kontrollieren. Dadurch, dass Sie beidem mit Behutsamkeit begegnen, lernen Ihre Kinder beides handhaben. Der Wechsel von Erzählen und Warten gibt Ihrem Kind Sicherheit. Es lernt, sich aktiv zu beteiligen. Diese Zeit des Erzählens wird so zu einem wichtigen Familienerlebnis.

Was lernen Ihre Kinder, wenn Sie so vorgehen? Dass Zuhören genauso wichtig ist wie Sprechen. Für ein schweigendes Kind ist das die Möglichkeit, sein Schweigen auch als Stärke zu erleben. Das Lernen der Gesprächsregeln, das tägliche Anwenden in der Sicherheit machen es Ihrem Kind möglich, leichter darauf zurückzugreifen, wenn es außerhalb der Familie ist.

Die Gesprächserfahrungen, die Sie Ihren Kindern anbieten, machen sie nicht nur sprachlich sicherer und gewandter, sie können auch Gesprächssituationen mit Besuchern besser bewältigen, weil sie die Spielregeln kennen.

Heute kommt Besuch – Geschichten hören und erzählen

Gäste sind die Verbindung zur Außenwelt. Sie bringen Neues in das vertraute Heim. Kinder können die Gäste der Eltern mit Interesse beobachten und später fragen: »*Warum hat die so eine grelle Bluse getragen?*« Oder: »*Warum hat sie ihren Hund nicht mitgebracht?*« Sie können dieses Interesse an anderen und am Fremdartigen wecken, indem Sie über die Freunde, die Sie einladen sprechen: »Anna hat zu Hause eine schwarze Katze mit einem weißen Fleck unter dem Kinn. Vielleicht können wir sie besuchen und die Katze ansehen. Sie interessiert sich bestimmt dafür, was wir im Wald letzte Woche erlebt haben.«

Indem Sie die Besucher vorstellen und etwas über sie erzählen, bilden Sie bereits eine erste Brücke. Sie fördern die mentale Einstellung auf den Gast.

Wenn Sie Ihr Kind auch in die Vorbereitungen mit einbeziehen, bekommt es schon eine Vorstellung davon, was alles geschehen wird, wenn der Gast kommt. »Wenn Anna kommt gibt es Gemüselasagne und zum Nachtisch Eis. Magst du die Champignons schneiden?«

Wenn dann der Besuch eintrifft, ist Ihr Kind angewärmt, und der Unbekannte wird weniger bedrohlich erlebt. Ihr Kind wird Ihrem Gast mit Zurückhaltung begegnen, doch da Sie bereits Brücken gebaut haben, können Sie diese nun festigen, indem Sie Ihrem Kind sagen: »Schau, das ist nun Anna, weißt du, ich habe dir von ihr erzählt, von ihrer Katze.«

Wenn Sie Ihr Kind mental auf den Besuch einstimmen, wird die Begrüßung etwas leichter fallen. Es wird den inneren Öffner aktivieren können.

So können Sie im Gespräch mit Ihrem Kind zum Besuch Brücken bauen: Wenn Sie sich Ihrem Gast widmen und Ihr Kind dabei sitzt, halten Sie auch Blickkontakt zu ihm. Wenn Sie mit Ihrem Gast im Gespräch bleiben und sich zwischen ihnen eine gute Gesprächsatmosphäre entwickeln kann, wird es Ihrem Kind möglich, sich zu entspannen.

Sobald sich Ihr Kind an den Besuch gewöhnt hat, können Sie es behutsam ins Erzählen einbeziehen. Sie beginnen eine Begebenheit zu erzählen und fragen Ihr Kind: »Erinnerst du dich an das Feuer, das wir machten, um die Würste zu braten?« Gehen Sie mit Ihrem Blick zwischen Ihrem Kind und dem Besucher hin und her und schaffen Sie so eine Brücke.

Trauen Sie Ihrem Besuch zu, dass er einen »Draht« zu Ihrem Kind findet. Vergegenwärtigen Sie sich, dass Ihr Kind den inneren Öffner aktiviert und Kontakt besser ist als jedes Wort.

Kinder entsprechen nicht immer Ihren Erwartungen und denen Ihrer Gäste. Es kann zu Drucksituationen kommen. Überlegen Sie, was Ihr Kind gerade braucht. Benötigt Ihr Kind Ihre Nähe, halten Sie es an der Hand, während Sie den Gast in die Wohnung geleiten; wenn es sich zurückziehen will, lassen Sie es für den ersten Moment zu.

Sobald Ihr Kind es aushält, dass Besuch kommt, können Sie ihm vorschlagen, eine Regel zu üben: zum Beispiel zu grüßen, sich für Geschenke bedanken oder eine einfache Frage zu beantworten. Es soll für Ihr Kind klar sein, dass Sie ein bestimmtes Benehmen erwarten.

Ich gehe davon aus, dass schweigende Kinder sich in solchen Situationen bedrängt fühlen und jede kleine Leistung unter großer Überwindung gemeistert wird. Im Vordergrund steht also nicht, dass Ihr Kind mit dem Besuch spricht, sondern dass es durch Ihr Verhalten die Regeln für den Umgang mit dem Besuch lernt und durch diese wiederkehrenden Rituale seine Angst abbauen kann. Auf diese Weise lernt es, sie mit zunehmender Sicherheit selbst zu handhaben. Jede Interaktion mit Ihrem Kind berührt seine soziale Ader, auch wenn nichts sichtbar wird. Es lernt durch dieses Vorgehen, Teil eines Gesprächs zu sein und Interesse am Anderen zu gewinnen.

Wenn Sie Kontakt mit der Außenwelt pflegen, nimmt Ihr Kind wahr, dass seine Eltern die Außenwelt nicht für bedrohlich erachten. So kann es ihr etwas unbesorgter entgegenblicken.

Es klappt vielleicht nicht auf Anhieb. Manchmal melden sich die Ungeduld und der ungeheure Druck wieder. Gelassenheit stellt sich ein, wenn Ihnen die Bemühungen und Überwindungsversuche Ihres Kindes deutlich werden. Während Sie an sich zweifeln, macht Ihr Kind bedeutende Lernschritte:

Es lernt, dass nicht alle fremden Menschen gefährlich sind, dass gemeinsames Erzählen zum Besuch gehört und interessant sein kann. Es fühlt sich zugehörig.

Manchmal regt auch der Besuch zum Forschen nach eigenen Geschichten an: *Inka wusste zu allem eine Geschichte: Sie sah einen Teelöffel und erzählte, wie sie zu bestimmten Teelöffeln kam, sie erzählte die Geschichte von ihren Pantoffeln und dem Krokodil im Zoo. Weil sie viele Geschichten wusste, war es auch nicht langweilig.*

Ihr Kind kann an solchen Geschichten Ihres Besuches teilhaben und sich darüber wundern. Manche Geschichten regen dazu an, eigene zu finden: Welche Geschichte hat sein Teddybär zu erzählen und was war kürzlich mit der kleinen Lok der Holzeisenbahn? Oder beim Spaziergang zu den Enten?

Sie können auch Ihre gemeinsame Geschichte beginnen, indem Sie zum Beispiel sagen: »Wir waren am See.« Nun bauen Sie mit Blicken eine Brücke zwischen dem Besuch und Ihrem Kind: »Weißt du noch?« Sie eröffnen das Thema und beziehen das Kind mit ein, verlangsamen dabei das eigene Tempo. Wenn Ihr Kind nickt, aber nichts sagt, fahren Sie langsam, zögernd fort, so dass es jederzeit mit einem Wort einspringen kann. Damit erhalten Sie den Kontakt aufrecht. Wenn der Besuch etwas darauf sagt oder eine Frage an Ihr Kind richtet, schauen Sie es auch aufmerksam und aufmunternd an. Sie vermitteln ihm damit, dass es über die Fähigkeit verfügt, darüber zu berichten. Wenn es das noch nicht tut, nehmen Sie den Gesprächsfaden wieder auf.

Wieder geschehen Lernschritte im Verborgenen: Ihr Kind lernt, sich im Dreieck Eltern und Fremder zu bewegen. Dabei macht es die Erfahrung, dass seine Themen und Erfahrungen erzählenswert sind, und es erlebt die Reaktionen der anderen darauf.

Nach dem Besuch erinnern Sie sich mit Ihrem Kind an Einzelheiten. Halten Sie den Besuch noch eine Weile »warm«.

Lassen Sie sich nicht davon abhalten, Ihre Kontakte zu pflegen. Je alltäglicher Ihre Kontakte sind, umso leichter fällt es Ihrem Kind, sie zu integrieren. In jeder Erziehung gibt es Gratwanderungen. Ihre Achtsamkeit hilft Ihnen, die Balance zu halten.

Ihr Kind fasst allmählich mehr Vertrauen zu anderen, wenn Sie Ihre Kontakte pflegen. Wichtig bleibt, dass Sie Ihr Kind mental auf den Besuch vorbereiten und während des Besuchs für eine Einbindung ins Gespräch sorgen.

Sie haben nun erfahren, wie schwierig gerade einfache Situationen für schweigende Kinder sind. Die wichtigsten Meilensteine auf dem Weg dazu sind der Kontakt und des Gefühl der Zugehörigkeit, damit Ihr Kind den inneren Öffner aktivieren und an Gesprächen teilhaben kann. Sie führen Ihr Kind in die Regeln der Gespräche ein und helfen ihm, die Brücke zum Anderen zu bauen.

Im nächsten Kapitel erfahren Sie mehr darüber, wie Ihr Kind zu einem sicheren Selbstwertgefühl gelangt.

STOP

4 Nur ein starkes Ich will sprechen – Fünf Schritte zu einem sicheren Selbstbewusstsein für Ihr Kind

Ich bin ich und du bist du.
Wenn ich rede, hörst du zu.
Wenn du sprichst, dann bin ich still,
weil ich dich verstehen will.
(Irmela Brender)

Schweigen wird oft mit Sturheit in Verbindung gebracht. Das erweckt den Eindruck, dass das Schweigen Ausdruck eines besonders starken Ichs ist. Diese Beharrlichkeit löst im Gegenüber auch Gefühle aus, die von Hilflosigkeit bis Wut reichen. Wenn Sie also mit einem Stirnrunzeln in dieses Kapitel einsteigen, dann ist das berechtigt: Das Schweigen eines Kindes fühlt sich oft nach einem sehr starken Ich an. Warum also dieses Ich noch stärken?

Sobald sich ein Kind mit Vehemenz weigert zu sprechen, drückt es Unsicherheit aus. Es sieht im Mittel der Verweigerung die einzige Lösung, dem Druck einer Anforderung, zum Beispiel zu antworten, auszuweichen. Meistens, weil es davon überzeugt ist, sie nicht erfüllen zu können. Ihr Kind will sein Ich schützen, es hat sich aber eine wenig hilfreiche Strategie ausgesucht, denn so kann es sein Ich nicht stärken. Schlimmer noch, es hindert sich selbst daran, seine kommunikativen Fähigkeiten weiterzuentwickeln.

Alle Figuren stürmen auf die innere Bühne und setzen den Regisseur matt. In seiner Hilflosigkeit zieht er den Vorhang.

Ein starkes Ich wächst aus einem guten Selbstbewusstsein. Was ist Selbstbewusstsein? Wie würden Sie es aus Ihrer Erfahrung beschreiben? Bevor Sie weiterlesen, möchte ich Ihnen folgende Übung anbieten:

Nehmen Sie wahr, wie Sie sitzen. Wo berührt Ihr Körper die Sitzfläche? Haben Sie Kontakt mit dem Fußboden? Achten Sie auf Ihren Atem, welche Gefühle begleiten Sie? Was ist heute

Ihre wichtigste Frage? Während Sie Ihrem Wahrnehmungsfluss folgen, werden Sie sich bewusst, wie Sie in diesem Augenblick gerade atmen, fühlen und denken.

Sie werden feststellen, dass Gedanken und Gefühle kommen, mit denen Sie gar nicht gerechnet haben. Sich seiner selbst bewusst sein bedeutet, sich wahrzunehmen, sich zu kennen, ein bestimmtes Wissen über sich selbst haben. Für Kinder bedeutet es, sich zu spüren und darin bestätigt zu werden. Der Körper vermittelt Wahrnehmung; wenn Ihr Kind sie einordnet, kann es sagen: »Ich bin traurig, ich habe keine Lust, die Hose kratzt.« Wenn es dafür keine Worte findet, bleibt ein »Nein!«.

Selbstbewusstsein wird oft mit Selbstwertgefühl verwechselt. Viele glauben, ein selbstbewusster Mensch verfüge gleichzeitig über ein gutes Selbstwertgefühl; das muss nicht immer sein. Der Selbstwert ist von sehr vielen anderen Faktoren abhängig, wie Anerkennung, sich angenommen fühlen und selbst eine gute Erfahrung mit sich gemacht haben. Ein selbstbewusster Mensch kann also wahrnehmen, wie sein Selbstwert im Augenblick steht, ob er gleich abhebt oder ganz im Keller versinkt. Ein sich selbst gegenüber liebevoll gestimmter Mensch wird von sich selbst keine Höchstleitungen verlangen, sondern das tun, was gerade möglich ist, wenn er spürt, dass sein Selbstwertgefühl niedrig ist. Damit handelt er selbstbewusst. Ein gutes Selbstbewusstsein mit einem hohen Selbstwert könnte sich auf der inneren Bühne etwa so zeigen:

> Der innere Öffner hält die Tür offen, der Grenzwärter geht davor auf und ab. Wenn er merkt, dass eine Gefahr lauert, sendet er einen Boten aus, der sich erkundigt, was los ist; der Jongleur wirft seine Bälle auf und spielt locker. Der Grenzwärter achtet darauf, dass niemand sich einmischen kann.
>
> Jetzt schleicht die Angst auf die Bühne und flüstert dem Grenzwärter etwas ins Ohr, er nickt und ruft den Regisseur, der schickt den Boten aus und erkundigt sich, während er den Jongleur anweist zu balancieren.
>
> Der Bote und der Jongleur folgen nun dem Grenzwärter. Sie nehmen die Angst in ihre Mitte. Die innerste Grenze wird geschlossen, aber

die vorderen Tore bleiben geöffnet und der Jongleur hält den Kontakt aufrecht, während der Regisseur dem Boten eine Nachricht gibt, die nach außen soll.

Der Regisseur behält den Überblick und nachdem der Bote gemeldet hat, dass die Gefahr vorüber ist, lässt er den Öffner die Tür wieder öffnen.

Jede Figur hat ihren Wert und wird in ihrer Funktion angenommen. Sobald Angst aufkommt, nimmt jede Figur ihren Platz ein, um das Problem zu lösen. Nach außen wird sichtbar, dass der Betroffene zum Beispiel sagt: »Nein, ich möchte nicht auf Besuch gehen, ich weiß nicht, ob ich mit den Kindern spielen kann.« Nun kann die Umgebung des Betroffenen reagieren.

Ein Kind entwickelt sein Selbstbewusstsein durch die Rückmeldung von seinem Körper und die Bestätigung von seinen Eltern. Der Selbstwert entsteht über die Wertung von innen und von außen. Ein gutes Selbstwertgefühl findet sich bei einem Kind, das sich in seinem Körper wahrnimmt und sich in seinem Wirken sicher fühlt; wo Selbstbewertung und Fremdbewertung in Einklang sind.

Aufmerksamkeit erfahren – sich selbst wahrnehmen

Ein schweigendes Kind hat oft Schwierigkeiten, zu seinem Gefühl Zugang zu finden und einzuordnen, was es im Augenblick beschäftigt.

Sabine (5 Jahre) weigert sich, aus dem Auto zu steigen und mit ihrer Mutter in die Therapie zu gehen. Ihre Mutter trägt sie zu mir in die Praxis. Hier dreht sich das Kind zu seiner Mutter und will von mir nichts wissen. Ich spreche davon, dass man manchmal gar nicht weiß, warum man plötzlich keine Lust hat; dass man in seinem Inneren Gefühle spürt, die man nicht beschreiben kann, aber ganz genau einen dicken Knoten fühlt, der sagt: »Ich will nicht.« Ich spreche langsam vor mich hin. Sabine beruhigt sich, blickt aber noch nicht zu mir. Ich nehme den Hund, der Sabine schon oft begleitet hat, und frage ihn: »Was meinst du, was könnte Sabine jetzt helfen?«

»Hat sie ja eh«, sagt der Hund, »die Mama ist ja da.« Sabine kriecht hinter den Rücken ihrer Mutter und schaut zum Hund. »Du bist ein kluger Hund«, sage ich. »Vielleicht magst du Sabine besuchen?« »Gute Idee«, sagt der Hund und hopst zu Sabine. Sie hält ihn kurz und wirft ihn zurück. »Was, du bist schon wieder da?«, sage ich, nachdem ich ihn gefangen habe. Der Hund schaut mich an und dann zu Sabine: »Was? Du möchtest wieder zu ihr?« Eine Weile hüpft er zwischen uns hin und her, dann im Dreieck zwischen Sabine, ihrer Mutter und mir. Es entstehen Situationen, die Sabine zum Lachen bringen.

Eine Woche später erzählte mir ihre Mutter, dass Sabine sich letztes Mal auf die Stunde gefreut hatte. Dann aber war sie auf ihre Mutter böse, weil sie nicht den Parkplatz benutzte, den sie ihr gezeigt hatte. Sie selbst habe im Augenblick nicht darauf geachtet und sei weitergefahren zu einem Parkplatz, den sie wahrgenommen hatte.

Aus heiterem Himmel kann bei einem schweigenden Kind die Stimmung umschlagen und es verweigert alles. Das sind die Momente, in denen jeder an seinen Willen, an seinen Verstand appellieren oder einfach ein bestimmtes Verhalten einfordern möchte. Keine Chance, es wird nur noch schlimmer.

Schweigende Kinder brauchen dann eine besondere Form von Aufmerksamkeit, den Blick auf die innere Bühne. Alle Gefühle stürmen auf die Bühne, schubsen sich gegenseitig, und der Regisseur ist gelähmt.

Sabine war in der Situation so betroffen, dass sie von ihrer Mutter nicht wahrgenommen wurde, dass sie nichts mehr tun wollte. Da sie mir nicht sagen konnte, warum sie nicht mehr wollte, versuchte ich, der Situation Sprache zu geben. Ich benannte, was ich wahrnahm: dass starke Gefühle im Spiel sind, dass Sabine nicht weiß, was sie tun soll damit, und dass es wichtig ist, dass die Mama da ist. Der Hund sorgte dafür, dass sie in Bewegung kam; dass er sie gar zum Lachen brachte, war eine überraschende Zugabe. Der Regisseur konnte sich lockern und später gelang es ihr, ihrer Mutter zu erklären, dass sie sich nicht wahrgenommen fühlte.

So eine Kleinigkeit? Ja, das Selbstbewusstsein entsteht beim Kind durch die Achtsamkeit diesen Kleinigkeiten gegenüber. Das bezeugt ihm, dass es da ist. Da es seine Wahrnehmungen noch nicht bewusst unterscheiden kann, sucht es diese Bestätigung immer wieder.

Sie haben bestimmt festgestellt, dass es bei einem schweigenden Kind besonders darum geht, dem ausgedrückten Gefühl (Kränkung) Beachtung zu schenken und nicht dem Verhalten (Verweigerung). In dieser Aufmerksamkeit entsteht eine Gegenseitigkeit. Sie bedeutet sehen und gesehen werden. Diese Erfahrung vermittelt Ihrem Kind das Gefühl von »ich bin«. Das gibt ihm Mut und das Vertrauen, auf andere zuzugehen.

Das größte Bedürfnis eines Kindes ist, Aufmerksamkeit zu erfahren, und die schlimmste Kränkung ist, keine zu bekommen.

Bei einem schweigenden Kind ist das ein besonders wunder Punkt. Es kann sich selbst nicht so gut wahrnehmen und seine Gefühle ordnen, darum ist es immer wieder auf Ihre Hilfe angewiesen. Ohne diese Erfahrung erlebt sich Ihr Kind bedeutungslos und findet keinen Anlass zu sprechen.

Sich selbst wahrzunehmen und wahrgenommen zu werden ist für die Entwicklung eines starken Ichs deshalb wesentlich. Ihr Kind wünscht sich Ihre Resonanz auf seine Gefühle. Sie weckt sein Mitteilungsbedürfnis.

Die Stärkung des inneren Regisseurs

So helfen Sie Ihrem Kind, sich selbst besser wahrzunehmen (die Stärkung des inneren Regisseurs):

- *Unterstützen Sie alle körperlichen Aktivitäten* wie laufen, hüpfen, Ballspielen, balancieren, raufen, verstecken, fangen spielen usw. vermitteln Sie Ihrem Kind aber auch passive Erfahrungen wie gehalten werden, streicheln, entspannen. Durch den Körperkontakt erfährt es Ihre Nähe und seine eigenen Grenzen, der Körper wird durch den Halt als Ganzer erlebt. Wenn Sie gemeinsam mit dem Körper spielen, raufen, tollen und über den Rasen rollen, so erfährt das Kind im gemeinsamen Spaß Sicherheit. Diese Aktivitäten sind für alle Altersstufen wichtig.

- *Helfen Sie Ihrem Kind, seine Gefühle zu benennen und auszudrücken.* Nehmen Sie es ernst, auch wenn es Kleinigkeiten sind. Gerade das Wahrnehmen dieser Kleinigkeiten führt zur Differenzierung. Beispiele: »Ich glaube du bist enttäuscht, weil ich heute nicht soviel Zeit hatte.« »Du bist wütend, weil du erst die Schularbeiten machen musst.« »Du bist traurig.« Nicht jedes Gefühl braucht eine Begründung, es ist einfach da.
- *Achten Sie auf die Tätigkeiten Ihres Kindes und geben Sie ihnen Bedeutung.* Sagen Sie dabei, was Sie sehen: »Du hast ja eine Riesenanlage gebaut.« »Du bist ja mit den Schularbeiten schon fertig, schön für dich, jetzt hast du frei.« »Danke, dass du mir beim Parkplatz-Suchen hilfst; wie schade, dass ich ihn zu spät gesehen hatte.«
- *Es geht nicht darum, viel Lob zu spenden, sondern eine grundsätzliche Wertschätzung entgegenzubringen.* Statt »Du hast aber ein schönes Haus gezeichnet« kann man sagen: »Du hast ein Haus gezeichnet mit einem Kamin, da könnte man sich wohl fühlen darin.« Die erste Aussage bezieht sich auf die Leistung und das Können. Die zweite auf den Ausdruck.

In seinen Bedürfnissen, seinem Ausdruck, seinen Gefühlen und seiner Eigenart wahrgenommen und geschätzt zu werden, hilft Ihrem Kind, ein sicheres, sattes Ich-Gefühl zu entwickeln.

Der Regisseur erhält den Überblick über die Bühne und kann die Figuren miteinander spielen lassen. Da können auch die Angst oder der Ärger auftreten, ohne dass das Stück lahm gelegt wird.

Sie können Ihrem Kind helfen, mit schwierigen Gefühlen wie Angst, Ärger und Wut umzugehen, in dem Sie ihm vermitteln, dass es in jeder Gefühlslage in Ordnung ist. Es entwickelt seine Identität dadurch, dass Sie seine Art, die Welt wahrzunehmen, seine Gefühle und Bedürfnisse würdigen. Der Selbstwert Ihres Kindes lässt sich durch ein schlechtes Gefühl nicht ins Wanken bringen.

- *Eine kleine Beobachtungsübung*: Beobachten sie Ihr Kind, während es spielt. Wo können Sie bei Ihrem Kind entdecken, dass es ganz dabei ist, wo entdecken Sie Eifer, Interesse? Welche Fähigkeiten zeigt es gerade? Wie drückt Ihr Kind das aus? Haben Sie bei dieser Übung Neues über Ihr Kind erfahren?
- *Selbstbeobachtungsübung:* Fällt es Ihnen leicht, Ihrem Kind einfach zuzuschauen, wie es sich gerade gibt, oder müssen Sie dabei immer daran denken, dass es im Kindergarten oder in der Schule noch nicht spricht?

Helfen Sie Ihrem Kind, ein gutes Selbstwertgefühl zu entwickeln, indem Sie Ihre Aufmerksamkeit auf seine Fähigkeiten und Besonderheiten richten. Das Bedürfnis, sich mitzuteilen, wächst mit einem guten Selbstwertgefühl.

Selbermachen – Stolz empfinden

Marcos (6 Jahre) Mutter klagt, dass ihr Sohn gar nichts mehr tue, sie ist wütend auf ihn, weil er sich aus allen Forderungen zurückzieht und auch in der Schule nichts mehr leisten will. Sprechen schon gar nicht.

Der innere Regisseur hat es bei Marco schwer. Er nimmt seine Figuren gut wahr und will sein eigenes Stück entwickeln, aber da treten die Forderung und die Kritik dazwischen und vertreiben sein Interesse. Jede Figur erstarrt, der Regisseur lässt den Vorhang fallen.

Wie viele schweigende Kinder handelt Marco selten selbständig. Er probiert wenig aus und kommt dadurch auch kaum zu Erfolgserlebnissen. Wenn er jetzt mit Leistung konfrontiert wird, resigniert er und reagiert auf Forderungen so massiv. Die Forderung mit Nachdruck zu verlangen, verhärtet die Verweigerung.

Wie kann Ihr Kind Selbstwirksamkeit erfahren und das Gefühl erleben, stolz zu sein? »Das habe ich ganz allein gemacht!« Das Gefühl der Selbstwirksamkeit ist ein wichtiger Schritt zu einem guten Selbstbewusstsein. Es ist der eigentliche Antrieb zur Selbständigkeit. Allerdings gibt es auf dem Weg dazu einige Stolpersteine.

Beim Kleinkind ist das Gefühl, wirksam zu sein, noch sehr konkret: Eine Glocke wird angestupst und klingt. Es schreit und seine Mutter kommt. Zwischen 3 und 5 Jahren erlebt es einen großen Teil seiner Wirksamkeit im Spiel, indem es König in seiner Welt ist und sie sich gestalten kann, wie es will. Dieses Gefühl ermöglicht ihm, sich mit Schwierigkeiten und Ängsten auseinanderzusetzen. Selbermachen beginnt da, wo sich das Kind für etwas interessiert und auch genügend Raum zum Experimentieren angeboten bekommt. Es folgt seiner Neugier, seinem Interesse und ist zufrieden, dabei tätig zu sein.

Stolperstein Tempo: Das Tempo ändert sich oft schlagartig, wenn es schneller gehen soll. Oft geht das auf Kosten der Selbständigkeit des Kindes. Aus dem eigenen Rhythmus gerissen, resignieren manche Kinder. Tätigkeiten, wie Schuhe anziehen, werden zum Stress. Statt die Fertigkeit des Bindens zu lernen, streckt ein Kind lieber den Eltern die Füße hin, damit sie ihm die Schuhe anziehen. Es wird abhängig und lernt die Bequemlichkeit kennen.

Stolperstein Risiko: Selbermachen kann auch Risiken bergen: Sophie trägt die Teller mit Tomatensoße in die Küche. Sie hält sie nahe an ihren Körper. Die selbständige Aktivität endet mit Tomatenflecken auf dem neuen T-Shirt.

Stolperstein Zeit: Viele Handgriffe, die ein Kind fast meditativ macht, haben wir Erwachsene in zwei Minuten ausgeführt. Das verleitet natürlich dazu, den Kindern die Dinge aus der Hand zu nehmen, um Zeit zu gewinnen.

Die Erfahrung von Selbstwirksamkeit kostet Eltern wirklich Zeit, Nerven und Geduld. Für Ihr Kind aber sind diese Erfahrungen die Grundlage für ein gutes Selbstbewusstsein und das Vertrauen darauf, dass seine Aktivität etwas bewirkt. Für ein schweigendes Kind bedeutet es ein Weg aus der Handlungsunfähigkeit zu einem guten Selbstwertgefühl. Unterstützen sie deshalb Ihr Kind dabei, mehr Selbstwirksamkeit zu erfahren, damit es sich vor Forderungen nicht fürchten muss.

Selbstwirksamkeit erfahren

- Achten Sie auf kleine Impulse, die andeuten, dass Ihr Kind etwas ausprobieren will. Sie sind oft sehr schwer zu erkennen, weil sie sehr schwach sind. Sie erscheinen auch am ehesten in entspannten Situationen.
- Unterstützen Sie jede eigene Aktivität Ihres Kindes, indem Sie Interesse daran zeigen. Wichtig ist, dass für Ihr Kind seine eigene Handlung bedeutsam wird. Das geschieht einerseits durchs Selbermachen, andererseits durch die Bedeutung, die Sie als Eltern seiner Tätigkeit geben. Die Handlung erhält Sinn und wird dadurch wichtig genug, um mitgeteilt zu werden.
- Übernehmen Sie eine begonnene Aktivität Ihres Kindes nicht, um sie zu beschleunigen. Helfen Sie aber, in dem Sie bei Schwierigkeiten zeigen, wie es geht, oder etwas festhalten, damit Ihr Kind sein Projekt beenden kann. Zeigt es plötzliche Unlust, ermuntern Sie es eher, eine Pause einzulegen und später weiterzumachen.
- Binden Sie Ihr Kind in alltägliche Aktivitäten mit ein, wie Kochen, Tisch abräumen, Auto waschen und Ähnliches, so erhält es ein Gefühl, etwas Wichtiges beigetragen zu haben. Wenn Sie diese Aktivitäten immer einmal wechseln, kann Ihr Kind immer mehr Dinge selbstverständlicher erledigen.
- Führen Sie ein Aktivitätstagebuch: Damit sich die Initiative und die Erfahrung, etwas fertig gestellt zu haben, festigen, empfiehlt es sich, dies festzuhalten, entweder als Fotografie oder als Satz in einem Heft, in das Sie alles eintragen: *Heute hast du mir beim Kochen geholfen, du hast die Karotten geschält. Und du warst ganz stolz darauf, dass es geklappt hat. Heute hattest du die Idee, Schnee zu schaufeln, du hast dabei sehr viel schweren Schnee auf die Seite geschafft. Ich bat dich heute, den Tisch abzuräumen, und du hast es einfach getan! Ich war sehr froh darüber, dass du mir geholfen hast.*
- Später, wenn Ihr Kind schreiben kann, wird es das vielleicht selber eintragen wollen – umso besser! Aber auch wenn Sie das noch für eine 10-Jährige tun, hebt das ihren Stolz auf sich und es ist wichtig für sie, dass Sie es noch immer aufschreiben.

- Zeigen Sie Ihrem Kind, dass Sie stolz sind, dass es sich bemüht, dass es mutig ist, dass es Dinge ausprobiert. Der Stolz der Eltern lässt das Rückgrat Ihres Kindes um Zentimeter wachsen!

Ihr Kind in die Selbständigkeit zu begleiten ist für Sie als Eltern eine starke Herausforderung, gerade dann, wenn Initiative beim Kind fehlt. Durchhalten lohnt sich.

Haben Sie Lust, auch für sich selbst ein Erfolgstagebuch anzulegen? Darin könnte vielleicht stehen: *Heute hat C. mir beim Kochen geholfen, sie war ganz eifrig dabei, der Fußboden trägt Spuren davon. Ich bin stolz auf mich, dass ich mich zurückgehalten und mein Tempo angepasst habe.* Vergessen Sie bitte nicht, Ihre Leistung dabei auch wertzuschätzen!

Die häufige Erfahrung von Selbstwirksamkeit lässt sich auch auf das Sprechen übertragen. Meine Worte bewirken etwas, ich kann etwas ändern, wenn ich spreche. Die Sprache wird dann als Mittel erlebt, das einzusetzen und zu lernen sich lohnt.

Wenn Ihr Kind Raum zur Selbstwirksamkeit erlebt, ist es eher bereit, etwas herzugeben oder sich in eine Forderung zu fügen. Wo könnte die Forderung bei Ihrem Kind das Gefühl für die eigene Wirksamkeit beschneiden? Passen Sie die Forderung also der Situation und den Fähigkeiten Ihres Kindes an. Wichtig ist, dass es beim Erfüllen einer Forderung erlebt, etwas geschafft zu haben.

Marcos Mutter sagte: »Es kann doch nicht sein, dass er nur tut, was er will, er muss doch auch mal tun, was man von ihm verlangt.« Ich gebe ihr Recht. Darum kommt kein Kind herum. Sie sagte noch etwas sehr Wichtiges: »Wenn Marco länger braucht, bis er in der Schule spricht, kann ich das verstehen, aber er muss doch auch sonst lernen, Forderungen nachzukommen.«

So ist es auch: Nichtsprachliche Forderungen sind ein gutes Lernfeld, um das Ich zu stärken, Stolz zu erfahren und sich selbst zu überwinden. Wenn Ihr Kind gelernt hat, sich wirksam zu erleben, kann es sich leichter auf Forderungen einstellen.

Ein gestärktes Ich kann lernen, seine Wünsche zugunsten einer Forderung aufzuschieben. Bei Kindern wie Marco oder Sabine führt dies aber oft zu einem Machtkampf, vor allem dann, wenn ihre Eltern an den Forderungen festhalten. Also doch nicht fordern? Doch, aber auch hier achtsam und in kleinen Schritten. Sie sind zu einem erzieherischen Balanceakt aufgefordert, wenn Sie anstelle eines Machtkampfes ein Miteinander erreichen möchten. Da hilft es am besten, sich fest auf beide Füße zu stellen und sich zu fragen: Warum wehrt sich mein Kind gerade jetzt zu tun, was ich von ihm will? Was fühle ich gerade, wenn es sich so wehrt? Wut? Ärger? Zweifel an mir selbst? Die Situation ist entscheidend dafür, warum sich Ihr Kind gerade jetzt Ihrer Forderung entziehen möchte. Deshalb empfiehlt es sich, kurz innezuhalten und die Situation zu überprüfen. Es geht wirklich um Balance, die Ihnen leichter fallen kann, wenn Sie die folgenden einzelnen Punkte ins Auge fassen.

Übergänge schaffen

Ist Ihr Kind gerade in eine andere Tätigkeit vertieft? Oft wehrt sich ein Kind gegen eine Forderung, wenn es gerade in eine andere Tätigkeit versunken ist. Hier geht es darum, einen Übergang zu schaffen. Ein klassisches Beispiel ist der Übergang vom Spiel zu den Hausaufgaben. Zeit zum Aufhören und Zeit zum Anfangen, besonders aber der Weg dazwischen bereiten Ihr Kind auf die Forderung vor. Achten Sie deshalb auf ein eindeutiges Aufhören und einen klaren Anfang. Leiten Sie den Anfang mit bestimmten Ritualen ein, zum Beispiel Platzwechsel, Utensilien zurechtlegen, erst ein Glas Wasser trinken usw.

Die Selbstinitiative wecken

Hat Ihr Kind sich heute schon wirksam erlebt? Hat es in der Zeit vor Ihrer Forderung sich eher anpassen müssen, also noch wenig eigenen Interessen folgen können? Was möchte es stattdessen tun? Ist es eine Kleinigkeit, die das Gleichgewicht wiederherstellen könnte? So paradox das klingen mag: Wenn Ihr Kind sich erst in seinen eigenen Interessen wirksam erlebt, kann es sich auf die

Forderung einlassen. Das ist häufig der empfindlichste Punkt. Ihr Kind muss nicht um sein Ich fürchten, wenn es vorher damit in Kontakt war.

Kleine Schritte

Hat mein Kind eine Vorstellung davon, was es tun muss? Ihr Kind kann sich unter Ihrer Forderung nur einen Riesenberg vorstellen und keine konkrete Aktivität. Zerlegen Sie Ihre Forderung in kleine Schritte. Ein klassisches Beispiel, nicht nur für schweigende Kinder, ist das Aufräumen nach dem Spielen. Wenn Sie einem Kind sagen »räum auf«, ist das ein Berg, manche Kinder haben dann das Gefühl, endlos aufräumen zu müssen. Wenn Sie aber sagen: »Füll die Bauklötze in die Trommel«, ist das konkret und absehbar und Ihr Kind kann Stolz empfinden, weil es etwas bewältigt hat. Ähnlich geht es bei Hilfen im Haushalt; statt »räume den Tisch ab«, können Sie sagen: »Bringst du bitte die Teller raus?« Eine in sich abgeschlossene Aktivität, so konkret wie möglich, hilft Ihrem Kind, sich wirksam zu erleben.

Entscheidungen treffen

Geben Sie Ihrem Kind auch die Gelegenheit, zwischen zwei Forderungen zu wählen: »Wir räumen jetzt den Tisch ab, willst du die Gläser oder die Teller hinaustragen?« Durch solche Oder-Fragen muss das Kind sich nicht entscheiden, ob es den Tisch abräumen will oder nicht, sondern zwischen Tellern und Gläsern. Die Erfahrung, etwas beigetragen zu haben, vermittelt ein Gefühl von Wirksamkeit. Es lernt, dass es Dinge gibt, die getan werden müssen, dass es aber in der Gestaltung die Wahl hat.

Überwindung und Mut loben

Auch wenn Ihr Kind mit schlechter Laune oder murrend dabei ist: Loben Sie den Einsatz und die Überwindung der Unlust.

Wenn Sie Ihr Kind in solche Kleinigkeiten einspannen, wird eine größere Anforderung keine Grundsatzentscheidung mehr. Wieder geht es darum, ein absolutes »nein, will ich nicht« in ein kleines »na gut, das mache ich halt« umzuwandeln.

Dranbleiben

Die Forderung aufrechterhalten bedeutet bei einem schweigenden Kind, sie in kleine bewältigbare Schritte zu gliedern. Immer wieder etwas zu erfüllen, bringt auch ans Ziel. Wenn Ihr Kind darauf vertrauen kann, dass Sie es in seinen Fähigkeiten unterstützen, dann kann es Forderungen eingehen, ohne Angst vor Verlust zu haben. Einer Forderung nachgekommen zu sein, etwas geschafft zu haben, hilft dem Kind, auch Stolz zu empfinden.

Die Leistung feiern

Wenn Ihr Kind sich überwunden und eine Forderung erfüllt hat, ist Zeit, es zu genießen. »Schön, der saubere Tisch, jetzt haben wir Platz zum Malen.« Nach größeren Leistungen kann man auch ein kleines Fest feiern.

Schweigende Kinder sollen nicht geschont, aber auch nicht großem Druck ausgesetzt werden.

Was aber bedeutet, Forderungen nachzukommen, für das Sprechen im Besonderen? Durch das Selber-tätig-Sein erwirbt Ihr Kind Handlungsabläufe, die seinen Alltag ordnen. Es gewinnt ein Gefühl für Muster und Rhythmen. Auch die Sprache bildet sich aus Mustern und Rhythmen heraus. Wir sprechen in einem bestimmten Rhythmus und nach bestimmten Regeln. Wir benutzen Gegenstände für unsere Tätigkeiten, die Sprache enthält Substantive und Verben. Kinder, die handeln, benutzen auch rascher Verben und lernen dadurch deren richtige Platzierung im Satz. Das Ich ist von diesen Tätigkeiten erfüllt und deshalb möchten sie auch erzählt werden. Aus der Frage »Was hast du heute gemacht?« können kleine Geschichten entstehen. Die Zuhörer staunen. Sprechen wird eine Tätigkeit, die etwas bewirkt.

Angst überwinden – Mut erleben

Alles Neue macht Angst. Diese Schwelle gilt es, immer wieder neu zu bewältigen. Je mehr Erfahrung Ihr Kind damit macht, dass es bestimmte Schwellen überschritten und damit die Angst überwunden hat, umso mehr kann es diese Erfahrung in sein inneres positives Notizbuch schreiben. Angst können Sie nicht wegargumentieren, aber gute Erfahrungen kann Ihr Kind sammeln, indem Sie es vor jedem neuen Abenteuer an bereits geschaffte Hürden erinnern:

»Weißt du noch? Letzte Woche hattest du Angst, der Nachbarin die Zange zurückzubringen, die sie uns ausgeliehen hat. Ich habe oben an der Treppe gewartet und du bist hinuntergegangen und hast geklingelt und ihr die Zange gegeben. Sie hat sich gefreut und dir ein Zuckerl geschenkt. Du warst so richtig stolz auf dich. Erinnerst du dich?«

»Ja, aber …« »Ich weiß, jetzt musst du dich wieder sehr überwinden; wenn du das tust, dann wirst du dich wieder so stolz fühlen. Außerdem kann dein Mut jedes Mal, wenn du es probierst, ein bisschen wachsen. Heute brauchst du besonderen Mut, um die Marmelade zu Frau Müller zu bringen. Lass uns nachschauen, was du alles schon Mutiges getan hast. Ach ja, am Mittwoch, war die Geschichte mit Flocki: Du bist mit dem Hund der Nachbarin spazieren gegangen und sie war so froh, dass sie in der Zeit die Wäsche bügeln konnte. Ich kann mich erinnern, wie du dich darüber gefreut hast. Ich glaube, es hat dann sogar Spaß gemacht.« Lassen Sie Ihrem Kind Zeit, sich noch einmal in diese mutige Stimmung zu versetzen.

Sie können auch messen, wie groß die Angst vor der heutigen Aufgabe ist im Vergleich zu der Angst, als es um die Zange ging. »Ach viel größer? Lass uns mal genau überlegen, was du alles tun musst: Wenn du nun hinuntergehst, das geht schon, oder? Und das Klingeln auch? Dann wird sie aufmachen und dich anschauen. Du sagst ›Hallo‹ und reichst ihr das Marmeladenglas und sagst ›dankeschön‹.«

Anknüpfen an überwundene Angst und das Aufgliedern in kleine Schritte ermöglichen Ihrem Kind, einen nächsten Schritt zu tun, der selbstverständlich wieder festgehalten wird, damit Sie diese mutige Tat bei der nächsten Situation erinnern können.

Alles Erste kann schwer sein: der erste Schultag, die erste Turnstunde, das erste Mal mit dem Bus fahren. In all diese neuen Schritte ist ein sorgsames Einführen und immer mehr einen Schritt zurücktreten nötig, damit Ihr Kind es allein bewältigen kann. Zu der Erfahrung von Selbstwirksamkeit kommt nun die Erfahrung, dass Angst überwindbar ist. Angst macht dann nicht mehr so viel Angst. Ihr Kind erlebt sich ihr weniger ausgeliefert.

Diese alltäglichen Ängste können am Anfang für Kinder sehr bedrohlich sein. Versuchen Sie nicht, Ihr Kind davon zu überzeugen, dass es gar nicht so gefährlich ist und dass es keine Angst haben muss, sondern überlegen Sie mit Ihrem Kind zusammen, wie es die Angst besser aushalten kann. Zum Beispiel wenn es ein Stück begleitet wird und nur den letzten Rest eines Weges allein gehen muss. Jede kleine Angst, die ihr Kind überwindet, bedeutet eine Mutgeschichte mehr. Auch in Ihnen als Eltern kann somit das Vertrauen wachsen, dass Ihr Kind in der Lage ist, bestimmte Schritte ohne Sie zu tun. Der Mut erhält Gelegenheit zu wachsen.

Die Angst ist eine Gestalt auf der inneren Bühne, die ihre Rolle spielen will. Der Mut will aber auch auftreten und der Regisseur sorgt für Ausgewogenheit.

Anders als die Ängste, die neue Situationen verursachen, ist die Verlust- oder Trennungsangst, die dann auftreten kann, wenn Ihr Kind einen Verlust erlitten hat oder für längere Zeit von Ihnen getrennt war. Dann wird Ihr Kind etwas länger brauchen, bis es zulassen kann, etwas allein zu bewerkstelligen. Ihr Kind muss in dieser Situation erst das Vertrauen stärken, dass Sie wieder da sind. Sie werden hier eher einen Schritt zurückgehen und von ihrem Kind weniger verlangen.

Ängste tauchen immer da auf, wo die Folgen einer Handlung nicht vorausgesehen werden können. Wenn ein Kind erst ein kleines Verhaltensrepertoire hat bei unvorhergesehenen Dingen, wird es diese fürchten. Deswegen ist das Experimentieren und Ausprobieren ein ganz wichtiger Bestandteil, um mit Überraschungen klarzukommen. Ihr Kind lernt, sich darauf zu verlassen, dass es in unvorhergesehenen Situationen Lösungen findet und ihnen nicht hilflos gegenübersteht.

Machen Sie sich als Eltern immer bewusst, dass Ihr Kind außer für das Sprechen noch in anderen Bereichen viel Mut aufbringen muss. Auch wenn der Schritt sehr klein ist, steckt ein großer Schritt über eine Schwelle dahinter. Eines nach dem anderen wird Ihrem Kind gelingen, wenn Sie es unterstützen und auf Entspannung und spielerisches Vorgehen achten. Der Mut zum Sprechen folgt den Erfahrungen in der Mutsammlung.

Grenzen akzeptieren – Kreativität entfalten

Für schweigende Kinder sind Grenzen eine Quelle von Kränkungen. Das hat mit dem noch unsicheren Selbstgefühl zu tun. Sie erleben sich in ihrem Ich bedroht. Deswegen reagieren sie sehr sensibel. Einschränkung zu akzeptieren fällt ihnen schwer. Es dauert länger, bis sie sich damit abzufinden. Da es für das Kind um sein ganzes Ich geht, steht alles auf dem Spiel, vor allem die eigene Macht. Das Gefühl zu verlieren, lässt es noch mehr kämpfen.

Auf der inneren Bühne sieht der Regisseur die Felle davon schwimmen, wenn in seinem Stück die Reihenfolge der Auftritte verändert wird oder der Jongleur der Pflicht etwas Platz machen muss. Wenn der Regisseur diese Änderungen noch nicht einbauen kann, benimmt er sich, als wäre das ganze Theater geschlossen. Wenn er allerdings etwas Übung darin hat, gibt er der Pflicht Raum und bezieht sie in die Szene mit ein oder er erfindet eine neue Szene.

Der Umgang mit Einschränkung hat auch mit Angst überwinden zu tun. Ein Ich, das sich seiner Grenzen bewusst ist und sie zu handhaben weiß, kann nicht von Angst überflutet werden. Wenn das Ich aber seine Grenzen nicht wahrnimmt, kann es nicht reagieren, es wird handlungsunfähig. Kinder mit einem unsicheren Ich erleben Grenzen oft total. Entsprechend reagieren sie darauf, als wären sie im Gesamten bedroht, und ziehen deshalb alle Register. Oft haben dann Eltern den Eindruck, es sei besser, keine Grenzen zu setzen. Damit aber verpasst ein Kind die Chance, kreative Lösungen zu finden, um sich an die neue

Situation anzupassen. Grenzen geben nicht nur Halt, sie fördern auch die Flexibilität.

Grenzen sind Teil eines starken Ichs. Wenn ein Ich grenzenlos ist, wird es von Angst und anderen Gefühlen überflutet. Wenn das Ich aber seine Grenzen wahrnehmen kann, dann wird es Strategien entwickeln, seine Ängste zu überwinden.

> Der innere Grenzwärter achtet darauf, dass die Angst nicht zuviel Raum einnimmt, dass sie nicht überflutet.

Im Gespräch mit Eltern wird mir immer wieder bewusst, wie zwiespältig dieses Thema ist. Viele Bedenken und eigene schlechte Erfahrungen mit Grenzen spielen da mit. Darf man ein besonders sensibles Kind auch noch frustrieren, verliert es dann nicht sein Selbstwertgefühl? Es kann es nur gewinnen. Allerdings ist wichtig, dass seine Würde aufrecht bleibt, wenn es sich gegen eine Grenzsetzung wehrt. Doch gibt es noch weitere Bedenken:

- Grenzen schränken die Kreativität oder das Ich meines Kindes ein.
  Es ist umgekehrt, die Grenzen helfen Ihrem Kind, sich selbst wahrzunehmen. »Ich will nicht!« oder »Ich will!« ist ein Zeichen, dass ein Kind mit sich und seinem Bedürfnis in Kontakt ist. Diese Wahrnehmung ändert sich nicht, auch wenn es sich an eine Gegebenheit anpassen muss. Wenn die Grenze den Fähigkeiten des Kindes angepasst ist, fordert sie das Kind heraus, eine Lösung für seinen Konflikt zu suchen, es wird kreativ.

  Daniel (5 Jahre) will draußen mit seinem neuen Rad fahren. Aber es regnet und in der Wohnung erlaubt es ihm seine Mutter nicht. Nachdem er getobt und geweint hat, wird er ruhig und schiebt sein Rad ins Zimmer. »Was machst du?«, fragt seine Mutter. »Das ist jetzt meine Radwerkstatt.« Er beschäftigt sich dann damit, sein Rad zu polieren und verschiedene Dinge darauf zu montieren.

  Grenzen hemmen dann die weitere Entwicklung und die Kreativität, wenn sie gar keinen Spielraum lassen und auf die Gefühle des Kindes nicht eingegangen wird; wenn nur noch Anpassung verlangt wird.

- Eines Tages lernt ein Kind wie von selbst Grenzen akzeptieren. Wenn ein Kind lernt, dass es keine Grenzen gibt, wird es sich als grenzenlos wahrnehmen, es wird eher beginnen, andere zu tyrannisieren.
- Grenzsetzung ist Manipulation und hemmt die Entfaltung der Persönlichkeit.
  Manipulation geschieht immer in der Erziehung, auch wenn man es nicht beabsichtigt. Aber nicht nur dort, sondern überall. Werbung zum Beispiel manipuliert Wünsche. Eine Grenze bringt Wünsche klar hervor und ermöglicht auch ihren Ausdruck. Das bedeutet nicht, dass sie auch immer erfüllt werden. Sich aber seiner Wünsche bewusst werden, führt zum Selbstgefühl.

Mit Einschränkungen umgehen ist ein Lebensthema. Dazu ist es gut, früh Erfahrungen zu sammeln. »Aber es ist doch jedes Mal das gleiche Theater!«, sagen fast alle Eltern.

Wenn ein Kind an einer Grenze wahrnimmt, dass sein Ich ruft »ich will nicht!«, folgt der Ausdruck unmittelbar. Wenn es trotzdem etwas Bestimmtes tun muss, wird es sich wehren und weinen. Es nimmt sich dabei sehr deutlich wahr und verarbeitet zugleich, dass etwas nicht nach seinem Willen läuft. Dieser starke Ausdruck ist wichtig, weil er dem Kind das Bewusstsein seines Ichs vermittelt. Es spürt die Grenze von Ich und Du. Das Ich sucht die Chance, sich innerhalb dieser Grenze schöpferisch anzupassen. Wenn ein Kind zum Beispiel etwas nicht haben darf und es glaubt, es unbedingt zu brauchen, so kann es erst eine Weile zetern, dann aber kann es sich diesen Gegenstand im Spiel selbst erschaffen.

Diese Reibung an der Grenze enthält also sehr viel Potential. Deshalb lohnt es sich, mit dem Kind durch diese Phase durchzugehen, Mitgefühl zu zeigen. Schimpfen Sie möglichst nicht, wenn Ihr Kind ein »Theater« macht, so kann es sich besser beruhigen. Es erlebt dann einerseits die positive Erfahrung, ein Problem gemeistert zu haben, und andererseits, dass die Welt nicht untergeht, wenn es an eine Grenze gestoßen ist. In diesem Augenblick, in dem es eine veränderte Situation akzeptiert, kann es kreativ werden.

Wird auf sein »ich will nicht!« mit einem »also dann nicht«

reagiert, verpasst es die Chance dieser Erfahrung. Es erlebt dann nur seinen Willen als stark, aber nicht sein Ich.

Deswegen zeigt sich ein starkes Ich nicht dadurch, dass es ständig bei den Eltern erreicht, was man will, sondern durch die Fähigkeit, sich auf veränderte Situationen einlassen zu können. Für ein schweigendes Kind ist das die Chance, sein Selbstempfinden zu entwickeln und sein Ich zu stärken. Es lernt, dass es von einem eigenen Plan abweichen kann, ohne sich im Anderen zu verlieren. Deswegen ist es auch wichtig, es nicht vor Grenzen zu verschonen, sondern es behutsam hinzuführen.

Die Schwierigkeit besteht darin, nicht über die Grenzen des Kindes zu gehen, sondern ihm Halt zu geben. Nehmen Sie sich einen Augenblick Zeit, um sich auf folgende Fragen einzulassen. Wenn Sie Lust dazu haben, schreiben Sie sich Ihre Antworten auf:

- Wann habe ich mit dem Kind die meisten Diskussionen oder Kämpfe? Auf welche seiner Grenzen treffe ich da?
- Wann nervt es besonders? Welche meiner Grenzen berührt es?
- Wann geschieht etwas Neues, wenn ich eine Grenze setze?
- Wo bietet sich ein Kompromiss an, wo kann ich mit meinem Kind bereits verhandeln?
- Was kann mein Kind schon bewältigen?

Die meisten Kämpfe finden dann statt, wenn ein Kind jedes Mal neu die Bestätigung will, dass diese Grenze besteht. Manchmal empfiehlt es sich, die Grenze früher zu definieren, damit die Situation nicht aus dem Ruder läuft. Kann es sein, dass es ganz gut läuft, dass Sie aber die Reibung an der Grenze ermüdet? Es ist manchmal Schwerarbeit, eine Grenze zu akzeptieren. Passen Sie Ihre Forderung an Ihre eigene Energie an. Oder entdecken Sie Situationen, in denen Sie mit Ihrem Kind schon ganz gut verhandeln können? Lassen Sie Ihr Kind in kleinen Dingen Grenzen wahrnehmen, die es bewältigen kann, so bleibt es in der Übung, sich auf Unvorhergesehenes einzustellen und sich andere Möglichkeiten auszudenken. Grenzen setzen beginnt mit dem Definieren einer Grenze. Das Wichtigste geschieht aber in der Auseinandersetzung direkt an der Grenze und endet dann, wenn sich der Prozess wieder beruhigt. Grenzen werden nicht mehr so bedrohlich, denn das Ich wird ja genau in diesen Vorgängen stark.

Nein – das Zauberwort

Kinder lieben es, nein zu sagen, und als Erwachsener hätte man es manchmal gern, sie würden es nicht so oft tun. Beim schweigenden Kind ist es umgekehrt, es sagt nicht einmal nein, und man wünscht sich so sehr, es könnte das sagen. Das Nein ist das wichtigste Wort, um eine persönliche Grenze anzuzeigen. Kinder wissen nicht immer, warum sie nein sagen, sie wissen nur, dass sie jetzt nicht wollen. Ein Nein kann dann klar kommen, wenn die Situation eindeutig negativ bewertet wird. »Ich mag keinen Spinat.« Ist eine Situation unklar, fällt es schwerer, nein zu sagen. Es entsteht eher ein schummriges Unwohlgefühl, aus dem heraus ein Kind nicht oder unnachvollziehbar heftig reagieren kann. Eindeutige Situationen helfen Ihrem Kind, ein klares Nein zu sagen.

Ein Nein braucht aber viel Mut, denn es bedeutet, eine Grenze zu zeigen, indem es auf den Anderen zugeht. Wenn dieser Mut fehlt, wird es zurückweichen, statt nein zu sagen. Das Nein ist der Ausdruck einer persönlichen Grenze. Schweigen ist Rückzug von dieser Grenze, Schweigen ist Ausweichen, wenn kein anderes Mittel zu Verfügung steht, selbst Grenzen zu signalisieren. Schweigen ist ein Nein.

Es ist wichtig, dass dieses Nein eine Stimme bekommt, dass es auf andere Weise kundgetan wird. Darum ist ein Nein ernst zu nehmen. Damit erfährt Ihr Kind, dass Sie seine Grenzen wahrnehmen und achten, das wiederum hilft Ihrem Kind, die Grenzen anderer zu achten. Für Ihr Kind ist das Nein eine große Entdeckung.

Nein ist eine Ichgrenze. Es gibt eine Phase, in der die Kinder glauben, mit Nein alles zaubern zu können: Sie sagen nein und sie müssen nicht tun, was man sagt, nicht die Zähne putzen, nicht den Tisch abräumen, nicht ins Bett gehen.

Ein Nein akzeptieren heißt nicht nachgeben. Ein Nein gibt Anregung, sich über konkrete Störungen und Wünsche auszutauschen. Auch wenn Ihr Kind ein Nein manchmal schwer begründen kann, ist es ernst zu nehmen. Wenn Sie auf das Nein Ihres Kindes hören, helfen Sie ihm, seine Grenze selbst zu achten und seine Gefühle feiner wahrzunehmen. Ein Nein bewirkt auf jeden Fall etwas: Die persönliche Grenze wird geachtet oder das Gefühl der Unlust zu etwas, was einfach sein muss, wird wahrgenommen, wie zum Beispiel Zähne putzen oder ins Bett gehen.

Achten Sie auf ganz persönliche Grenzen ihres Kindes, wie Berührungen, persönliche Dinge, die es sicher bewahren will. Ermuntern Sie es, nein zu sagen, wenn es etwas nicht mag. Bei manchen schweigenden Kindern ist das erste Wort das Nein. Hier schließt sich der Kreis zum Grenzensetzen. Das Nein ist wichtig, es bedeutet das Wahrnehmen und Signalisieren der persönlichen Grenze. Und wenn Ihr Kind diese lautstark zu erkennen gibt, hoffe ich, dass Ihr Stolz darüber Ihnen die Energie gibt, die vielen Reibereien am Nein Ihres Kindes durchzustehen.

STOP

5 Sprechen bedeutet mit Grenzen spielen

Mit uns selbst in Kontakt zu kommen, heißt,
Wege zu finden, uns zu vergegenwärtigen,
was wir tun, was wir sagen, wie wir uns bewegen
und was wir denken und fühlen.
(Virginia Satir)

Im letzten Kapitel haben Sie erfahren, wie wichtig es für Ihr Kind ist, Grenzen akzeptieren zu können, um ein starkes Ich zu entwickeln. Im nächsten Schritt lernt Ihr Kind, mit der Grenze spielerisch umzugehen, in dem es die Sprache für den Austausch, das Aufstellen von Regeln und das Verhandeln nutzt. Diese Erfahrungen sind für das Sprechen (lernen) von großer Bedeutung. Schweigende Kinder haben oft Schwierigkeiten, ein Gefühl für Grenzen zu entwickeln.

Conny (12 Jahre) sprach ausschließlich in ihrer Familie. Sie pflegten ein sehr offenes Verhältnis. Jeder hatte überall Zutritt. Es gab keinen persönlichen Ort. Für Conny wirkte sich diese Situation so aus, dass sie keinen eigenen Bereich für sich entwickelte, aber auch nicht zuließ, dass es ihre Mutter tat. So nahm sie nicht wahr, dass ihre Mutter auch Grenzen hatte, und übertrat sie. Auch ihrer Mutter war nicht bewusst, dass Conny über ihre Grenzen ging.

In Connys Familie war der offene Stil gut gemeint. Doch in der Mutter wie auch im Kind löste er aus, dass sie über bestimmte Dinge nicht in Kontakt kamen. Sie vermieden dadurch den Austausch über Befindlichkeit, Störung, Unbehagen. Wenn es um die Ich-Entwicklung geht, ist dieser Austausch wichtig, um zwischen Du und Ich zu unterscheiden. Was aber bedeutet die Erfahrung von Grenzen für das Sprechen im engeren Sinne? Diese Frage möchte ich etwas genauer beleuchten.

Wo zwei Menschen in Kontakt kommen, berühren sich zwei Grenzen. An diesem Punkt entsteht ein Austausch. Ein schweigendes Kind muss noch lernen, Kontakt auszuhalten und mit dieser Nähe und Distanz spielen zu können. Das bedeutet, die eigenen Grenzen und die des Anderen wahrzunehmen. Dazu braucht es stärkere Signale und mehr Unterstützung im Signalisieren eigener Grenzen als ein anderes Kind. An dieser Kontaktgrenze entscheidet sich, wie viel von meiner Innenwelt nach außen dringt, was ich austauschen möchte, was ich bei mir behalten, was ich vom anderen erfahren möchte und was mich gar nicht so interessiert. Das Spiel an der Grenze ist der Übergang von der Innenwelt zur Außenwelt. Worte können Nähe erzeugen, aber auch Distanz. Sie gestalten den Kontakt mit.

Unser Grenzwärter hat sehr viel zu tun beim Austausch, er kontrolliert, ob genug Vertrauen vorhanden ist, ob er die Grenzen lockern soll, er überlegt auch, welche Grenzen der Persönlichkeit er öffnet und welche er geschlossen hält. Er richtet sich nach der Situation. Ist es besser, die Schatzkammer geschlossen zu halten?
Das bedeutet, dass er vorher erkunden muss, ob die Situation vertrauenswürdig genug ist, ob sie entspannend ist, ob Vorsicht geboten ist.

Sie können sich das so vorstellen: Ganz in der Mitte eines Kreises ist die eigene Persönlichkeit, das Ich, der Kern des Ichs, um diesen kostbaren Schatz herum baut sich eine schützende Grenze auf. Dann gibt es aber Bereiche, die schon mehr Distanz zum Ich aufweisen, aber auch mit persönlichen Überzeugungen gefüllt sind. An diesen Grenzen ist der Austausch sehr vertraut. Je allgemeiner nun der Austausch wird, umso weiter fort vom Ich schiebt sich die Grenze.

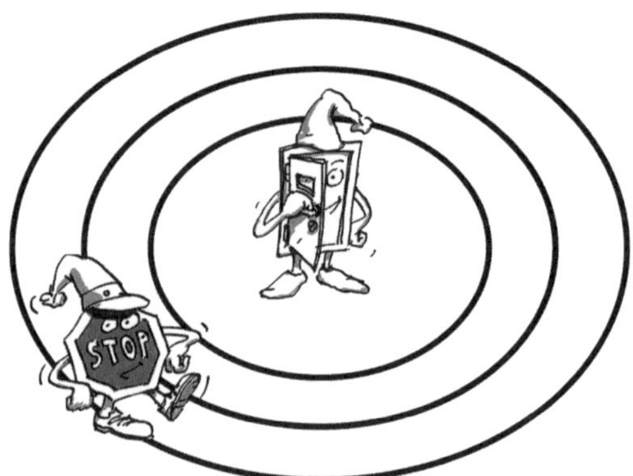

Schutzwände um das Ich

So bewegt sich das Grüßen als Anstandsformel an einer äußeren Schranke, ebenso die Dialoge beim Einkaufen. Hingegen sind die Verhandlungen, ob ein Kuscheltier mit in die Schule gehen darf, wesentlich persönlicher. Die Unterscheidung dieser verschiedenen Bereiche geschehen unbewusst, werden aber immer klarer, wenn ein Mensch Erfahrung mit anderen sammelt. So kann sich herauskristallisieren, mit wem man über was spricht und mit wem nicht.

Für ein Kind mit selektivem Mutismus sind diese unterschiedlichen Stufen der Abgrenzung noch wenig differenziert, deshalb reagiert es mit Schweigen. Im Spiel mit Grenzen geht es also darum herauszufinden, was man selbst, aber auch, was der andere aushält. Es ist ein Spiel mit Nähe und Distanz, mit Entscheidung und Auswahl. Das erste Wort, um eine Grenze zu zeigen, ist das Nein, eine weitere Grenzangabe ist »bis hier hin und nicht weiter«.

Wenn also ein Kind sicher ist, dass es die Schutzwände nach Bedarf schließen oder durchlässig machen kann, wird ihm der Gruß oder ein allgemeiner Satz leichter gelingen. Der erste wichtige Schritt ist also, den Kontakt zu spüren und über die eigene Offenheit in den verschiedenen Bereichen entscheiden zu können. Das ist die Basis für die Verhandlungen. Wenn ein Kind schon am Gartentor verhandeln kann, erlebt es weniger Bedrohung durch einen Kontakt, als wenn die Verhandlung unmittelbar vor der Schatzkammer geschieht. Sie können Ihrem Kind also helfen, die verschiedenen Bereiche immer besser voneinander zu unterscheiden, in dem Sie mit ihm an der Grenze spielen, so dass es sicherer wird im Kontakt und lernt, sich selbst besser wahrzunehmen.

Wo ist die Grenze Ihres Kindes und wo sind Ihre? Wo Grenzen gespürt werden, finden sich Worte, ob sie verbindend oder abgrenzend sind, richtet sich nach der Befindlichkeit und der Situation.

Da ist jemand – Kontakt erfahren

Wenn Sie einmal versuchen, Ihre Körpergrenze wahrzunehmen, was tun sie da als Erstes? Sie werden vermutlich Ihre Arme, Beine, den Körper berühren. Dabei fühlen Sie Ihre Grenze an den Berührungsstellen. Wenn Ihr Kind auf Ihrem Schoß sitzt, werden Sie ebenfalls Ihre Grenze und die Ihres Kindes wahrnehmen, das Gleiche geschieht auch bei Ihrem Kind. Es nimmt seinen Körper und den Ihren wahr. Gerade im körperlichen Kontakt gelingt es am einfachsten, sich gegenseitig zu spüren und mitzuteilen, was man erlebt. »Au, du fasst mich zu fest an«, »Das kitzelt« oder »Mir sind die Beine eingeschlafen«. Solche Botschaften können helfen, sich gegenseitig mitzuteilen und bewusst zu werden, wie die gleiche Situation auch unterschiedlich erlebt werden kann. Kinder suchen sehr oft die körperliche Nähe ihrer Eltern, um genau diese Erfahrung zu machen: sich wahrzunehmen durch das Gehaltensein und die Nähe des Anderen spüren.

Manchmal beobachte ich Kinder, die ihre Mütter gar nicht mehr loslassen wollen, sie beherrschen. Oft wundere ich mich, wie Mütter es aushalten und sich nicht äußern, dass ihr zum Beispiel 10 Jahre altes Kind zu schwer ist oder dass es für sie unbequem wird. Kinder erkennen dann nicht, dass ihre Bewegung auf ihre Mutter eine Wirkung hat, dass Zappeln am Schienbein schmerzen kann oder dass es wehtut, den Ellbogen in den Magen zu bekommen.

Dieser Austausch an der Grenze vermittelt Ihrem Kind Kontakt und die Erfahrung, dass man sich über dieses unvermittelte Erleben und seine Gefühle austauschen kann. »Wenn ich den Ellbogen anders lege, können wir es beide genießen«, aber vielleicht spürt dann Ihr Kind, dass Sie es zu fest drücken, und es windet sich.

Für diese Erlebnisse gibt es Worte und sie haben in der Regel unmittelbare Wirkung. Die eindeutige Erfahrung von angenehm oder unangenehm führt leichter zu einem eindeutigen Ausdruck: »Au!« oder »Mhm!«. Damit Ihr Kind sich mit seiner Wahrnehmung und Ihrer Grenze wohl fühlen kann, sind diese Mitteilungen notwendig. Es erlebt dann nicht nur den Kontakt, sondern auch, dass hier jemand ist. Dieses »da ist jemand« vermittelt die Botschaft »ich bin jemand«.

Sarah (5 Jahre) liegt auf ihrer Mutter, dreht und wendet sich und es ist deutlich zu sehen, dass es für ihre Mutter zu viel ist, doch sie lässt es einfach geschehen. Ich rate ihr nun, innezuhalten und wahrzunehmen, wie es sich anfühlt, wenn Sarah so rangelt.

Dann soll sie ihrer Tochter mitteilen, dass sie es bequemer haben möchte, und Sarah Vorschläge machen wie: »Du kannst neben mir sitzen« oder »Ich setze mich auf diesen Stuhl, dann kann ich dich anschauen« usw.

Allmählich lernte Sarah so, dass ihre Mutter zwar da ist, aber auch eigene Empfindungen hat. Sarahs Mutter war ermutigt, ihre eigene Befindlichkeit ernst zu nehmen und sich Sarah mitzuteilen, ohne die Sorge, deswegen eine schlechtere Mutter zu sein.

Körperliche Grenzen sind einfach wahrzunehmen. Es gibt eine Reihe Spiele, die Ihrem Kind helfen, sich gut wahrzunehmen, und ihm das Gefühl von Kontakt vermitteln. Sie sind in der folgenden Übersicht zusammengestellt.

Spiele zur Wahrnehmung der Körpergrenzen

- Wenn Ihr Kind auf Ihrem Schoß sitzt, können Sie es sich bequem machen und wahrnehmen, wo Ihr Kind Sie berührt. Dann sagen Sie: »Du bist da, das sagt mir mein Bein, du bist da, das sagt meine Schulter.« Während Sie das sprechen, bewegen Sie den entsprechenden Körperteil. »Und was fühlst du? Was sagt dein Bein?«
- Verändern Sie die Spannung, heben Sie ein Bein, einen Arm, beugen Sie sich vor und teilen Sie mit, was Sie anders wahrnehmen. Nun ist Ihr Kind dran. »Was spürst du?« Dann folgt ein Rollentausch: Ihr Kind verändert seine Haltung und erzählt, was es spürt, dann sagen Sie, wie es auf Sie wirkt.
- Spielen Sie einen kleinen Kampf, drücken Sie einen Arm gegen Ihr Kind und lassen Sie es mit seinem ganzen Körper gegen den Arm drücken. Spüren Sie gegenseitig die Kraft des Anderen? Diese Spiele sind auch noch bei älteren Kindern sehr beliebt. Achtung: Bei diesem Spiel sollte der Erwachsene immer auf faire Bedingungen achten, also nur die Kraft eines Körperteils, nie die des ganzen Körpers einsetzen.
- Vielleicht beginnt Ihr Kind nun zu kitzeln, spielen Sie mit und achten Sie immer auf Ihre Grenzen und auf die Ihres Kindes. Vereinbaren Sie vorher, dass jeder sofort aufhört, wenn der andere »Stopp« ruft. Sollte einer die Regeln nicht einhalten,

gibt es eine Warnung; nach zweimal Warnen ohne Reaktion wird das Spiel abgebrochen.

- Ihr Kind liegt auf dem Bauch, den Kopf auf die Arme gelegt. Rollen Sie einen kleinen Ball über seinen Rücken. Lassen Sie Ihr Kind sagen, wo es angenehm ist, wo es fester sein darf, lassen Sie Ihr Kind benennen, wo es den Ball wahrnimmt. Variante: Ihr Kind liegt auf dem Rücken. Erfinden Sie eine Geschichte von einem Ball, der auf Reisen geht, er rollt über den Bauch und sonnt sich im Bauchnabel, hüpft auf die Beine, rollt bis zu den Füßen und da wird er plötzlich von einem unsichtbaren Wesen (Füße des Kindes) weggeschleudert.

Ich betone in diesem Kapitel die Sprache an der Grenze, es ist mir aber wichtig, darauf hinzuweisen, dass auch Gestik und Mimik in diesen Spielen unterstützt werden können, indem alle Spiele auch ohne Sprache durchgeführt werden können. Der nonverbale Ausdruck fordert gegenseitig viel mehr Aufmerksamkeit und fördert die Achtsamkeit in der Familie.

Solche Spiele wecken das Körperempfinden und helfen vor allen Dingen auch, Unterschiede im Ich und Du zu erfahren. Sie vermitteln ein gutes Selbstgefühl im Kontakt.

Wichtig ist dabei, sich gegenseitig mitzuteilen, wann es zu viel ist, und es auch gegenseitig zu akzeptieren. Wenn Sie Ihrem Kind Ihre Körpergrenzen mitteilen und auch zeigen, wann Sie lieber Distanz haben und wann Sie Nähe mögen, lernt Ihr Kind, Sie als Menschen mit eigenen Empfindungen wahrzunehmen. Außerdem lernt es zum Beispiel, im Wechsel von auf dem Schoß sitzen und sich gegenüber sitzen eine neue Perspektive einzunehmen. Die Wahrnehmung der Körpergrenzen gibt Anlass zum Sprechen, die Selbstwahrnehmung hilft dem Kind, sich auf den Anderen einzulassen ohne Angst, sich selbst zu verlieren. Kontakt vermittelt ein gutes Gefühl für das Zusammensein mit anderen.

Es gibt nicht nur Körpergrenzen, es gibt auch Zeitgrenzen, Appetitgrenzen, Leistungsgrenzen. Sie vermitteln den Kontakt zur Realität.

Über solche Grenzen sich auszutauschen, gibt Anlass zu sprechen, gibt Impulse und vermittelt am besten die Grundlagen, sich mitzuteilen und Situationen zu klären. Ich fühle die Grenze meines Hungers; die Grenze meiner Konzentration vermittelt immer etwas über mich selbst und den Kontakt zum Anderen, der diese Grenze berührt.

Sarahs Mutter möchte regelmäßig mit einer Freundin nordic walken. Sarah (7 Jahre) möchte nicht, dass ihre Mutter mit ihrer Freundin unterwegs ist. Sie hängt sich an ihre Stöcke. Aus der ganzen Haltung spricht diesmal keine Angst, sondern ganz einfach der Wille, dass ihre Mutter nicht walken geht. Sarahs Mutter hat es geschafft, ihren Plan durchzusetzen. Ich frage sie, wie es ihr gelungen ist. »Ich habe in mir einen Protest wahrgenommen, ich habe gegen meine eigene Tochter rebelliert.«

Diese feinen Zeichen eines Mutter-Ichs finde ich äußerst belebend, denn sie erleichtern es Müttern, sich abzugrenzen.

Sarahs Mutter hat oft Sorge, ihre Kinder zu verletzen, wenn sie sich abgrenzt. Sie möchte ihren Kindern eine gute Mutter sein und ist in bewundernswerter Geduld für sie da. Zu ihrem Bild von einer guten Mutter passt es nicht, ihrem Kind konsequent zu zeigen, dass sie auch Bedürfnisse hat. Ratschläge von außen, sie solle strenger sein, irritieren sie.

Ihre Tochter ist ein Kind mit großen Ängsten und sie muss mit ihr anders umgehen als mit ihrem Sohn. Was sie für ihre Tochter leistet, geht oft an ihre Grenzen. Dass sie behutsam mit ihrem Kind umgeht, ist sehr wichtig. Nun aber gibt es Situationen, in denen es zu kippen beginnt und das Kind anfängt, seine Mutter zu manipulieren. Der kleine Protest im Bauch gab Sarahs Mutter den Hinweis, dass es diesmal darum geht, fest zu bleiben und Sarah ein Nein zuzumuten. Umgekehrt war es für Sarah auch wichtig zu erfahren, dass sie solche Neins verkraften kann.

Übung für das Mutter-Ich

Nehmen Sie sich eine halbe bis eine Stunde Zeit und schalten Sie mögliche Störfaktoren aus. Holen Sie Papier und Stift, wenn Sie mögen auch ein Getränk, und setzen Sie sich bequem hin.

Lassen Sie Ihren Atem fließen und bleiben Sie einen Moment in dem Zustand, nichts tun zu müssen, außer einfach nur zu sitzen und zu atmen. Auch auftauchende Gedanken lassen Sie am besten vorüberziehen; wenn sie wichtig sind, kommen sie wieder. Nach etwa 5 Minuten lesen Sie die folgenden Fragen und Satzanfänge durch und schreiben Ihre Antworten auf ein Blatt Papier.

Machen Sie sich bewusst, was es für Sie bedeutet, die Mutter Ihres Kindes zu sein.

- Welche Werte sind Ihnen dabei wichtig?
- Ergänzen Sie die Sätze:
  Ich möchte meinem Kind zeigen, dass …
  Das Wichtigste für mich und mein Kind ist …
  Ich glaube, mein Kind lernt diese Dinge am besten, wenn …

Die Mutter-Kind-Beziehung ist eine besondere. Als Mutter sehen Sie Ihr Kind auf eine einzigartige Weise. Sie reagieren auf Ihr Kind, weil Sie eine bestimmte Überzeugung haben.

- Welches ist Ihre Überzeugung?
- Wie möchten Sie Ihre Überzeugung durchzusetzen?
- Erfahren Sie Grenzen dabei? Wenn ja, welche?
- Versetzen Sie sich in Ihre eigene Kindheit. Wie haben Sie damals Grenzen erlebt? Was hat Sie weitergebracht? Was weniger?

Versuchen Sie sich nun klar zu machen, wie Sie ihrem Kind Ihre Grenzen vermitteln. Viele Menschen haben mit Grenzen sehr schlechte Erfahrungen und möchten genau das ihren Kindern nicht zu muten. Vielleicht denken sie an Erniedrigung und Abwertung, an böse Worte.

Suchen Sie sich ein Bild von einem idealen Grenzsetzer, der alle Eigenschaften hat, die Sie sich für Ihr Kind wünschen. Machen Sie sich bewusst, dass Sie Ihr Kind mit seinem Schweigen durch eine schwierige Zeit begleiten und dass Sie aus Ihrer bestimmten Überzeugung heraus handeln. Achten Sie dabei auf Ihre Gefühle: Wann erleben Sie eine Art Protest oder Empörung? Nehmen Sie diese Gefühle ernst.

Diese Übung hilft Ihnen, sich dort abzugrenzen, wo Sie es als notwendig erleben. Das gilt für Situationen mit Ihrem Kind, aber auch, wenn Sie von außen bedrängt werden, Ihr Kind strenger zu behandeln.

Wenn Sie selbst den Satz »Du musst Grenzen setzen« nicht mehr hören mögen, ist das, so kann ich nur vermuten, wohl eher eine Antwort auf Grenzsetzungen, die Sie selbst erfahren haben und Ihrem Kind ersparen möchten. Wenn Sie sich aber vorstellen, wie Ihr Kind sich entwickeln kann, wenn es Sie, seine Mutter, als eigenständige Person wahrnimmt, mit einem eigenen Willen und eigenen Gefühlen und einem weiten Herzen für seine Nöte, dann wird es Ihnen leichter fallen.

Und der Vater? Meistens fällt es Vätern leichter, Grenzen zu setzen. Kinder akzeptieren väterliche Grenzen oft eher als mütterliche. Das hat damit zu tun, dass die mütterliche Grenzsetzung naturgemäß ambivalenter als die väterliche ist. Vom Vater erfolgt die Grenze eindeutiger, sachbezogener, während sie bei Müttern eher situationsbezogen entsteht. Das weckt oft den Eindruck, dass väterliche Grenzen härter sind als mütterliche. Kinder merken das und wenden sich an die Mutter, wenn ein väterliches Nein oder Stopp erfolgt. Diese Situationen liefern Eltern häufig Konflikte und Unstimmigkeiten über die Erziehung. Jeder versucht den Anderen davon zu überzeugen, dass seine Art, mit dem Kind umzugehen, richtig ist. Kinder brauchen beides. Es ist wieder die Erfahrung dieses Unterschiedes, die das Sprechen und Kommunizieren anregt.

Für ein Kind sind unterschiedliche Formen von Grenzsetzung gut zu ertragen, wenn es merkt, dass der eine den Anderen akzeptiert. So kommt es nicht in die Situation, seine Eltern gegeneinander auszuspielen. Wenn es erlebt, dass sich seine Mutter nicht in einen Konflikt, den es mit seinem Vater austrägt, einmischt und umgekehrt, spürt es trotz unterschiedlicher Regeln eine Sicherheit, dass die Welt in Ordnung ist. Spürt es hingegen den Konflikt der Eltern, wird aus einer einfachen Forderung ein Drama und es beginnt, beide gegeneinander auszuspielen.

Tauschen Sie sich mit Ihrem Partner darüber aus. Machen Sie miteinander ab, dass Sie sich bei Grenzsituationen, die ein Partner mit dem Kind ausficht, nicht gegenseitig einmischen. Gehen Sie auf die Gefühle ein, indem Sie Ihrem Kind zunicken: »Ja, das ist nun eine schwere Aufgabe, aber das wirst du schaffen, auch wenn es dich wütend macht.« Damit geben Sie Ihrem Kind Sicherheit und Vertrauen, die väterliche oder mütterliche Grenzsetzung auszuhalten. »Ja, tu, was deine Mutter sagt« oder »Höre jetzt auf Papa« vermittelt Ihrem Kind, dass Sie den Anderen in seiner anderen Auffassung akzeptieren und unterstützen. Vermeiden Sie, Ihrem Partner den Wind aus den Segeln zu nehmen, indem Sie seine Art, die Situation zu managen, kritisieren, wenn er von Ihrem Kind etwas verlangt. Wenn für Ihr Kind die Grenze eindeutig bleibt, kann es Lösungsmöglichkeiten entwickeln. Es erfährt Sicherheit in beiden Formen der Grenzziehung und entwickelt zu beiden eine gute Beziehung. Das Zurechtkommen mit unterschiedlichen Regeln und Grenzen bereitet Ihr Kind auch auf den Umgang mit gesellschaftlichen Regeln vor, wenn es in den Kindergarten oder in die Schule geht. Es gewinnt wesentlich mehr an Sicherheit.

Wenn es Ihrem Kind gelingt, Sie als fühlendes Wesen wahrzunehmen, wird es ihm leichter fallen, Grenzen zu akzeptieren. Es lernt von Ihnen, dass Menschen verschieden sind und dass man ihnen deshalb Dinge erklären muss. Dieser Unterschied regt die Kommunikation und damit auch das Erzählen an.

Ihr Kind entdeckt, dass es eine eigene innere Welt und eine äußere Welt gibt, dass auch andere Menschen ihre innere Welt haben. Die Sprache ist die Brücke zwischen den Welten. Die Entdeckung der inneren Welt ermöglicht dem Kind auch, das Alleinsein auszuhalten und sich mit unumstößlichen Grenzen zu arrangieren, indem es neue Wege sucht. Es entwickelt seine Kreativität.

Wenn es so nicht geht, wie geht es dann? – Die Vielfalt der Möglichkeiten und die Regeln

Worüber sprechen Sie mit Ihren Bekannten? Worüber lachen Sie in Gesprächen am meisten, was fasziniert Sie? Welche Geschichten versuchen Sie selbst dramatisch und interessant auszuschmücken? Könnte das etwas mit Grenzen zu tun haben? Nach unserem letzten Besuch kam ich zu folgendem Schluss: Unser Alltag ist von Grenzsituationen gespickt und die Geschichten, die wir uns erzählen, haben meistens damit zu tun, wie wir sie bewältigen. Sie kennen das bestimmt, man kommt von einem zum anderen. An unseren Grenzen und in unserem Umgang damit sind unsere Erlebnisse intensiver und diese Erfahrungen teilen wir uns gern mit.

Schweigende Kinder haben zu solchen Grenzerlebnissen noch wenig Abstand und sind eher gekränkt, wenn etwas nicht so läuft, wie sie es gern hätten. Sie fixieren sich auf einen einzigen Lösungsweg. Ziel ist also etwas mehr Flexibilität, die Ihrem Kind wiederum zu mehr Distanz verhilft und das Erzählen anregt.

Der innere Jongleur ist gefragt. Mit mehreren Bällen zu spielen, weitet den Blick und vergrößert die Sicherheit. Auf der inneren Bühne könnte folgende Szene entstehen:

> Der Jongleur steht auf der Bühne und jongliert mit drei Bällen. Nun kommt der Grenzwärter und schiebt eine Wand durch den Raum. Der Jongleur murrt, sein Raum ist zu klein, er muss sich feiner bewegen und die Bälle purzeln ihm herunter. Da er aber weiter jonglieren will, nimmt er Tücher, dann wieder Bälle, er versucht es mit Kissen. Schließlich experimentiert er, was alles auf dieser kleinen Fläche geht. Zum Schluss nimmt er wieder die Bälle und kann damit besser und sogar auf weniger Raum jonglieren als vorher. Er wirft Bälle an die Wand und erfindet neue Kunststücke.
> »Hallo, wer klopft?«, ruft es von der anderen Seite der Wand. Der Jongleur hält inne und ruft: »Ich! Und wer bist du?« Er wirft einen Ball über die Mauer. »Ich bin die Pflicht!«, klingt eine Stimme und der Ball kehrt zurück.

Das ist das Kapitel des Jongleurs. Es ist seine besondere Fähigkeit, mit Grenzen spielerisch umzugehen und sie damit zu verwandeln. Der Jongleur arrangiert sich mit der Situation auf der Bühne. Er beginnt zu experimentieren und bleibt Jongleur. Er bezieht die Grenze in sein Spiel ein, er wirft einen Blick über den Zaun und es beginnt etwas Neues.

Schweigende Kinder kämpfen oft mit unumstößlichen Grenzen. Sie rütteln daran und haben es schwer, den Blick auf etwas anderes zu richten.

Für Sarah (7 Jahre) ist die Schule so eine unumstößliche Grenze. Sie will einfach nicht in die Schule gehen, aber sie muss. Sie will sich nicht von ihrer Mutter trennen, aber sie muss. Wie sie es ohne ihre Mutter aushalten soll, kann sich nicht vorstellen. Sie beginnt, ihre Ängste als Mittel einzusetzen, um die Mutter zu erpressen. Jeden Morgen fährt die Mutter Sarah in die Schule, begleitet sie zum Klassenzimmer und Sarah erlebt, dass alles Weinen nichts nützt, sie lässt sich von der Lehrerin trösten und nimmt am Unterricht teil. Oft kommt sie gelöster aus der Schule nach Hause.

In ihrem kindlichen Denken glaubt sie, ihren Willen mit noch mehr Kraft durchsetzen zu müssen, und gibt nicht nach. Ihre Mutter und auch die Lehrerin spüren, wie leicht dieses Weinen in Erpressung übergeht. Sarah hat gelernt, dass sie mit Sturheit ihren Willen durchsetzen kann. Sie hat Recht, denn für das persönliche Weiterkommen ist eine gewisse Portion Sturheit wichtig. Nun lernt Sarah die zweite Lektion: Sturheit kann auch schaden, dann nämlich, wenn man sich damit selbst im Weg steht.

Wie also kann ein Kind akzeptieren lernen, dass etwas unverrückbar ist? Indem es immer wieder daran rüttelt. Damit wird die Unverrückbarkeit festgestellt. Sobald es seine Aufmerksamkeit freier schweifen lässt, kann es die Möglichkeiten innerhalb der Grenzen erfassen lernen. Wenn es nicht durch dieses Tor kommt, gibt es einen anderen Weg? Wenn man auf den Türöffner warten muss, was kann man in dem Raum vor dem Tor anfangen? Blumen pflücken, Ball spielen usw. Welche Möglichkeiten werden in der Schule geboten? Lesen scheint interessant und Schreiben macht sogar Spaß. Rechnen hingegen nicht. Die Aufmerksamkeit beginnt zu wandern und zu forschen.

Darum ist es besonders wichtig, auf die innere Welt Ihres Kindes zu achten und sie zu stärken. Denn wenn das Rütteln an einer Grenze umsonst war, kann Ihr Kind sich auf sich besinnen. Es verfügt über einen eigenen Rhythmus und eigene Grenzen. Schenken Sie ihm Achtsamkeit, indem Sie seine Wege des Experiments, der Selbstwirksamkeit, seines Ausdrucks respektieren.

Indem Sie Ihre Grenzen deutlich machen, zeigen Sie Ihrem Kind, wie Sie eigene Grenzen schützen. Was tun Sie, wenn Sie Ihre

Ruhe haben wollen, wie schützen Sie Ihren Lippenstift oder andere Kostbarkeiten? Seien Sie Vorbild im Umgang mit Grenzen. »Heute wollte ich Fisch kochen, es gab keinen Fisch im Geschäft, ja was mache ich jetzt? Ich könnte Spielgeleier kochen oder ein Hühnchen, das schmeckt auch zum Gemüse.« Denken Sie laut, wenn Sie es mit Grenzen zu tun haben. Erzählen Sie eigene Grenzgeschichten.

Tragen Sie Sorge gegenüber den gebastelten Dingen und Zeichnungen Ihres Kindes. Schaffen Sie heilige Orte in Ihrer Wohnung, wo Dinge liegen oder stehen, die einem Familienmitglied wichtig sind.

Sollte Ihr Kind noch sehr unsicher sein, beginnen Sie kleinere Dinge als unumstößlich zu deklarieren. Zum Beispiel können Sie sich eine heilige Viertelstunde (später eine halbe Stunde) einrichten, in der Ihr Kind Sie in Ruhe lassen und sich selbst regulieren soll. Das gelingt dann leichter, wenn Ihr Kind Sie vorher gut zur Verfügung hatte. Sie ziehen sich zurück oder wenden sich einer anderen Sache zu und lassen nicht zu, dass Ihr Kind Sie dabei stört. Bleiben Sie ruhig, bestimmt und wertschätzend. Es wird nicht sofort klappen, aber jedes Mal machen Sie Ihrem Kind bewusst, dass man eigene Bereiche schützen kann. Sollte Ihr Kind Ihnen einmal verkünden: »Ich habe jetzt eine heilige Viertelstunde!«, dann freuen Sie sich über Ihren Erfolg.

Abgrenzung beginnt in Gemeinsamkeit. Zeit, die Sie bewusst gemeinsam entspannt verbringen. Denken Sie in dieser Zeit nicht an den Bügelkorb, den Abwasch oder eine zu erledigende Arbeit. Hier sind Sie und Ihr Kind. Es hat Ihre volle Aufmerksamkeit im gemeinsamen Spiel. Wichtig ist, dass Ihr Kind erfährt, dass seine Interessen im Spiel Vorrang haben.

Wenn Sie damit beginnen, diese heilige Viertelstunde einzusetzen, werden Sie länger brauchen, um Ihr Kind davon zu überzeugen. Jeden Tag wird Ihr Kind sich erneut erkundigen, ob diese neue Regel noch gilt, und jeden Tag braucht es von Ihnen erneut die bestimmte Bestätigung: »Ja, ich lese jetzt.« Nach dieser Viertelstunde sagen Sie: »Ich bin jetzt wieder da.«

Ihr Kind wird in dieser Viertelstunde erst resigniert ausharren, vielleicht zum vorherigen gemeinsamen Spiel zurückkehren oder auf neue Gedanken kommen und ein Zeitgefühl entwickeln. Aus einer anfänglichen Viertelstunde kann später eine halbe Stunde werden. Auch wenn das mühsam ist, halten Sie sich vor Augen, dass

Ihr Kind die Möglichkeit hat, in seiner eigenen Welt zu sein und sie nach und nach zu erobern und auszubauen. Zeigen Sie Ihrem Kind nach dieser Viertelstunde, dass Sie jetzt für es da sind, weil diese Zeit jetzt um ist.

Zu akzeptieren, dass etwas nicht nach dem eigenen Kopf geht, ist schmerzhaft. Doch ist genau dieser Punkt eine gute Möglichkeit, die kreativen Kräfte dafür zu entfalten, sich selbst zu regulieren. Ihr Kind ist an einer Grenze gezwungen zu überlegen, was es nun tun kann. Wenn es noch sehr um sein Ich kämpft, wird es an der Grenze stehen und trauern. Sein Blick ist eng, es sieht nur das, was nicht ist. Zeigen Sie ihm die zweitbesten Möglichkeiten. Auch wenn es sie im Augenblick nicht annehmen kann, erfährt es, dass es andere Lösungen gibt. Es kann an der Grenze Kontakt mit sich selbst erleben.

Meistens entsteht ein Spiel, in dem Ihr Kind aufgeht und sich neu reguliert. Diese Fähigkeit macht Ihr Kind immer selbständiger und mutiger. Mit einem kreativen Kinderblick können sich neue Möglichkeiten entwickeln. Ihr Kind wird sich Regeln ausdenken, die Sie dann einhalten sollen. Zum Beispiel kann ein Dialog über Regeln wie bei Chiara entstehen:

Chiara (5 Jahre) musste wegen einer Hörschädigung bestimmte Übungen mitmachen, die sie gar nicht freuten, doch sie waren notwendig. Anfangs wehrte sie sich vehement dagegen, doch allmählich konnte ich sie dazu gewinnen, erst einmal eine Übung mitzumachen, dann zweimal und so immer mehr. Eines Tages kam sie mit einem Ball in die Therapie und verkündete: »Ich mache eine Übung mit den Bildern und du machst eine Übung mit dem Ball. Einmal sage ich, was du tun musst, und einmal sagst du, was ich tun muss.« Mit dieser kreativen Lösung, die mich an meine motorischen Grenzen und Chiara an ihre Aufmerksamkeitsgrenzen brachte, nahm sie ihr Sprachtraining selbst in die Hand, denn Sprechen verändert die Situation.

Sprache dient dazu, die eigenen Grenzen zu regulieren. Sie können gestrafft oder gelockert werden. Wenn Ihr Kind mit Ihren Regeln konfrontiert ist, wird es bald seine eigenen aufstellen. Es entsteht ein Vertrag: »Ich gehe nordic walken, wenn ich zurück bin, spiele ich mit dir.« »Während du nordic walken gehst, werde ich mit dem Gameboy spielen« usw.

Ihr Kind lernt Regeln akzeptieren, wenn es seine eigene Entscheidungsfähigkeit spüren kann. Lassen Sie es deshalb zwischen drei verschiedenen Dingen wählen, die es in Ihrer Abwesenheit erleben kann. Es wird ihm die Entscheidungsgewalt genommen, ob seine Mutter walken geht, aber nicht, ob es mit Wasserfarben malt, mit der Babysitterin Rad fährt oder sich Geschichten anhört. Wichtig ist, dass der Zeitrahmen, den Sie für sich beanspruchen, für das Alter des Kindes stimmt.

Einem schweigenden Kind fällt es oft schwer, diesen Freiraum zu entdecken. Widmen Sie dann Ihre Aufmerksamkeit vor allem dem Spiel Ihres Kindes. Führen Sie es dazu, allein zu spielen und auch mit Ihnen seine Spielfähigkeit und Interessen zu entwickeln. Geben Sie ihm Anregungen, damit sich seine innere Welt mit Ideen füllen kann.

Wie Ihr Kind sonst noch spielerischen Umgang mit Regeln lernt

Geschichten können Ihrem Kind zeigen, dass der Held zwar ein Problem hat, bis zum Ende aber zu einer Lösung kommt. Wenn Ihr Kind eine Lieblingsfigur hat, überlegen Sie mit ihm zusammen, was sie wohl machen würde, wenn sie in der Lage Ihres Kindes wäre. Was würde Pippi Langstrumpf tun, wenn sie jetzt weder fernsehen noch Gameboy spielen dürfte?

Regelspiele ermöglichen einen spielerischen Umgang mit Grenzen und Regeln: Machen Sie sich einen gemeinsamen Sport daraus, die Spielregeln im Voraus zu ändern und dann während des Spiels durchzuhalten. Entwerfen Sie mit Ihrem Kind gemeinsam neue Spiele, in denen Sie mit ihm die Regeln erfinden. Ihr Kind entwickelt so ein Gefühl dafür, dass Regeln für ein Spiel notwendig sind, aber auch, dass es selbst Regeln bestimmen kann. Es wird flexibler. Achten Sie auf faire Regeln und eine Ausgewogenheit beim Regeln-Akzeptieren und Regeln-Bestimmen.

Vielen Kindern macht es Spaß, so viel wie möglich zu mogeln. Vor allem bei Schulkindern empfiehlt es sich, so zu spielen, dass die beste Mogelidee gewinnt. Wichtig ist dabei, dass Mogeln als Spiel deklariert wird.

Schaffen Sie Ihren Kindern die Gelegenheit, zwischen verschiedenen Möglichkeiten zu entscheiden, und klären Sie, welche Dinge man verändern kann und welche nicht. Zum Beispiel: Schlafen gehen ist unveränderbar, aber wie wir die Gute-Nacht-Stunde gestalten, ist veränderbar.

Eine Grenze gibt es allerdings auch: Wenn Sie gerade beruflich oder familiär sehr beansprucht sind und deshalb wenig Zeit für Ihr Kind haben, dann ist Achtsamkeit gegenüber den Bedürfnissen Ihres Kindes angebracht. Dann ist es wichtig, dass Ihr Kind bei Ihnen auftanken kann. Es hat sich bereits mit vielen Einschränkungen auseinandergesetzt und erträgt keine weiteren mehr. Oft wird übersehen, dass der Stress der Eltern auch Stress für ein Kind bedeuten kann, weil es in seinem Empfinden seine Eltern nicht sicher zu Verfügung hat. Diese Situationen sind Ausnahmesituationen. Wichtig ist, dass Ihr Kind vor der Zeit, in der es auf sich gestellt ist, und nachher ganz verlässlich Zeit mit Ihnen verbringen kann.

Nun noch einige Tipps zur Sprache für Kinder mit Spracherwerbsstörungen. Nennen Sie Ihre Forderung mit kurzen Sätzen. Lange Erklärungen sind nur sinnvoll, wenn Sie den Eindruck haben, dass Ihr Kind sie sprachlich fassen kann. Ein einfaches »Stell die Schuhe hierhin« schafft Ihrem Kind mehr Klarheit als »Stell die Schuhe auf das Abtropfbrett, damit das Wasser abfließen kann und wir nicht überall Wasserspuren haben, weißt du, Parkett ist sehr wasserempfindlich und deshalb müssen wir aufpassen.«

Kinder mit Spracherwerbsstörungen sind nicht in der Lage, alles zu verstehen. Es genügt dann ein einfaches »Nein, das geht nicht« oder »Nein, das will ich nicht«. Einfache Sätze sind da hilfreicher als eine Flut von Erklärungen.

Manchmal müssen Sie Ihrem Kind auch zeigen, was es machen soll: Führen Sie seine Hand, um etwas an einen Ort zurückzulegen, und nehmen Sie dabei Blickkontakt auf.

Im Familiengefüge kann sich ein Kind manchmal ohnmächtig fühlen, weil es auf Grenzen stößt. Im Spiel aber ist es grenzenlos, da ist es mächtig. Deswegen ist auch wichtig, dass Sie Ihrem Kind viel Spielraum zu Verfügung stellen, in dem es sich stark fühlen und die auferlegten Grenzen, die der Alltag mit sich bringt, verarbeiten kann. Ich beobachte immer wieder, dass Kinder, sobald sie ihre Macht im Spiel erleben können, weniger Machtkämpfe mit den Eltern hervorrufen und mit den Grenzen spielerischer umgehen können.

Ich will länger aufbleiben – Über Grenzen verhandeln

Man kann Grenzen mit Worten verschieben – was für eine Entdeckung! Wenn Ihr Kind erkannt hat, dass es mit seinen Worten etwas erreicht, werden sie zu seinen Lieblingsinstrumenten, um seine Ideen und Absichten zu vertreten. Es wird lernen, dass es Grenzen gibt, über die es sich verhandeln lässt, und solche, die unverrückbar sind. Einfacher wird es, wenn Sie bestimmen, wann verhandelt werden kann. Das wird sich mit dem Alter Ihres Kindes immer wieder ändern.

Thomas geht feinfühlig auf seine Tochter (5 Jahre) ein. Sie mag aber Grenzen gar nicht. Da er selbst seinen beruflichen Alltag mit Verhandlungen verbringt, sagt er zu Veronika, als es wieder ums Schlafen gehen ging: »Das ist nicht verhandelbar.« Seitdem ist das ein geflügeltes Wort, mit dem er zwischen der Möglichkeit, Grenzen auszudehnen, zu verschieben oder gar umzustoßen, und fixen Grenzen unterscheidet.

So lernt Veronika früh die Kunst des Verhandelns und erlebt aber auch gleichzeitig, dass ihr Vater über bestimmte Dinge nicht bereit ist zu verhandeln. Die verhandelbaren Grenzen tragen sozusagen die unverhandelbaren. Sie haben den Vorteil, dass Veronika gutes Verhandeln lernt und die Sprache anwendet, wo sie nur kann.

Für ein schweigendes Kind bedeutet das, dass es merkt, dass es mit Sprache etwas bewirken kann.

Remo (6 Jahre) ist ein Junge, der sprechen hasst. Er weigert sich, mit mir zu reden oder gar ein Bild zu benennen. Er will gar nicht sprechen lernen und schon gar nicht will er, dass ich merke, welche Laute er noch lernen muss.

Ich biete ihm Fußballspielen an. Erst verwundert, dann begeistert nimmt er das Angebot an.

Er schießt ein Tor nach dem anderen und ich habe keine Chance. Endlich gelingt es mir, ein Tor zu schießen, und ich bin begeistert. Darauf trifft er mit dem Ball an den Pfosten und ruft: »Tor!« Ich sage: »Das war Pfosten«, und kicke weiter. Ich treffe noch einmal und Remo ruft: »Das war kein Tor, das Tor geht von da bis da und dein Ball war da.« Ich muss das akzeptieren.

Aus diesem Ball- und Wortwechsel entstehen in den folgenden Stunden immer mehr Diskussionen.

Remo mag es zu argumentieren und über diese Vorliebe entdeckt er, dass Sprechen eigentlich eine ganz nützliche Sache ist. Er zeigt sich bereit, die Laute zu lernen, die er noch nicht so gut kann und die ihn zum Schweigen brachten. Wenn es ums Argumentieren geht, ist es für ein Kind sehr wichtig, dass es verstanden wird. Viele Kinder sprechen dann automatisch deutlicher. Wenn es um Regeln geht, ist es wichtig, klar zu sein und verstanden zu werden.

Nun ist auch Ihre Klarheit und Fairness gefordert. Verhandeln Sie nicht da, wo es nichts zu verhandeln gibt. Lassen Sie Ihr Kind eindeutig wissen, welche Regel einzuhalten ist und über welche man diskutieren kann. Es muss nicht jede Regel und Grenze diskutiert werden. Versuchen Sie in Verhandlungen zu verstehen, was Ihr Kind meint, fragen Sie nach. Bitten Sie Ihr Kind aber auch, aufmerksam zuzuhören, wenn Sie Ihr Argument anführen. Achten Sie dabei auf eine möglichst klare Sprache.

So lernt Ihr Kind verhandeln

1. Hören Sie sich das Anliegen Ihres Kindes an. Was ist Sache? Was ist sein Ziel?
   Ich will heute länger aufbleiben. Ich will diesen Zug fertig aufbauen.
2. Was ist Ihr Ziel, gibt es einen Spielraum?
   Ich will, dass mein Kind genügend Schlaf bekommt. Eine Viertelstunde kann ich zulassen.
3. Fragen Sie Ihr Kind, wie es sich die Lösung vorstellt.
   Ich will diese Schienen noch zusammensetzen und die Häuser aufbauen.

4. Was spricht für die Lösung?
   Sie ist absehbar, ein Spiel kann abgeschlossen werden, mein Kind ist konzentriert.
5. Was spricht dagegen?
   Ich finde nichts dagegen, dass mein Kind 15 Minuten länger aufbleibt. Mit der Gute-Nacht-Geschichte wird es aber dann doch spät.
6. Zeichnet sich eine Lösung ab, die für beide passt?
   Ich könnte heute anstelle der Gute-Nacht-Geschichte den Zug fertig bauen.
7. Fassen Sie dann zusammen: Wir machen es nun so.
   Gut, in einer Viertelstunde bringe ich dich zu Bett. Abgemacht!

Durchs Verhandeln lernt Ihr Kind gutes Zuhören. Es lernt Gründe zu suchen, es lernt Fragen zu stellen.

Bleiben Sie in dieser Verhandlung spielerisch und hören Sie den Argumenten Ihres Kindes gut zu. Fordern Sie Gehör für Ihre Argumente, bleiben Sie entspannt und offen für die sich anbahnende Lösung. Verhandeln heißt verschiedene Sichtweisen zusammenführen. Genießen Sie dabei den Erfindungsreichtum Ihres Kindes, wenn es Sie von etwas überzeugen will. Bald werden Sie sich auch über den erweiterten Sprachschatz und die Fähigkeit zuzuhören freuen.

Verhandeln können fördert die Sprechsicherheit und das Selbstbewusstsein Ihres Kindes. Wenn es mit Ihnen seine Argumente erprobt, wird es mutiger, mit anderen sprechen.

6 Warum Aggressionen für das Sprechen wichtig sind

Gefühle kommen und gehen. Gute Zeiten werden von schlechten abgelöst. Kleine Kinder versuchen nicht in so hohem Maße wie wir Erwachsenen, ihr Gesicht zu wahren. Sie leben ihre Gefühle meistens so aus, wie sie sie gerade empfinden. Die hellen wie auch die dunklen.
(Helena Harrysson)

Vielleicht wundern Sie sich, dass es in einem Buch über schweigende Kinder auch ein Kapitel über die Wut der Kinder gibt. Das wütende Schreien und Stampfen ist die Kehrseite des Schweigens. Während Lehrer und Kindergartenpädagogen die ruhige Seite Ihres Kindes erleben und alles tun, um Ihr Kind zu aktivieren, haben Sie alle Hände voll zu tun, Ihr Kind zu beruhigen. Die Energie ist ungleich verteilt. In der fremden Umgebung verschwindet sie und in der vertrauten taut diese Energie quasi auf.

»Los, geh schon, sei mutig, frag ihn!« So versucht ein Vater seinen Sohn (8 Jahre) zu ermuntern, den Kellner um einen Löffel zu bitten. Der Junge wagt es nicht.

Es ist nicht immer Angst, die hindert, auf jemanden zuzugehen, es kann auch eine Hemmung der Aggression sein. Das mag merkwürdig klingen. Ohne eine Portion Aggression ist ein Sich-Äußern nicht möglich. »Aggredere« (lateinisch) bedeutet auf etwas zugehen. Aggression ist eine Kraft in uns, die es ermöglicht, einen ersten Schritt zu tun, eine Arbeit anzupacken, auf jemanden zuzugehen, kurz: etwas zu wagen. Das heißt nicht, dass dieser Akt dann gewalttätig sein muss, sondern einfach kraftvoll und überzeugt.

Ohne diese Energie kann man sich schlecht in Gespräche einklinken, jemanden unterbrechen oder selbst die Initiative ergreifen. Warum also könnte ein Kind und auch mancher Erwachsener Aggressionshemmungen haben, die ihn blockieren, mit anderen in Kontakt zu kommen? Weil er nicht gelernt hat, mit seiner Wut umzugehen und sie zu sozialisieren.

Wut zu zeigen kann Liebesentzug bedeuten. Also wird dieses »schlechte« Gefühl verborgen. Mit diesem Verbergen geschieht allerdings auch eine Blockierung in anderen Bereichen.

Tritt auf der inneren Bühne die Wut auf, könnten solche Szenen entstehen:

> Der Jongleur zeigt auf der Bühne gerade sein Kunststück. Alle Tore sind offen. Der Grenzwärter schaut entspannt zu. Da schleicht sich die Wut heran und nimmt dem Jongleur die Bälle weg und schmeißt sie auf den Grenzwärter. Der Jongleur erstarrt. Der Grenzwärter, der Forscher, alle Beteiligten versuchen nun mit vereinten Kräften, die Wut von der Bühne zu treiben. Die Begeisterung und Freude am Spiel haben sich zurückgezogen und der Regisseur hat alle Mühe, sein Stück wieder in Gang zu bringen.
> Das Stück geht weiter, aber die verjagte Wut sucht sich ein neues Schlupfloch. Der Grenzwärter muss also wachsam sein. Dem Jongleur fallen die Bälle herunter, der Spielspaß bleibt hinter den Kulissen. Hingegen kommen die Scham und das schlechte Gewissen und kritisieren den Jongleur.

Mancher wagt es nicht, seinem Ärger Luft zu machen. Irgendwann entlädt sich der Ärger, meist für die betreffende Situation in unangemessener Form. Wut kann Angst machen und sie kann hemmen. Der Umgang mit den eigenen Aggressionen ist etwas Schwieriges. Mit einem Kind einen Weg zu finden, sie zu steuern, ist nicht leichter. Der Weg vom körperlichen Ausdruck über den sprachlichen Ausdruck zur kommunikativen Konfliktlösung ist lang und erfordert gerade bei schweigenden Kindern sehr viel Geduld und Nervenkraft. Die Sprache ist eine Möglichkeit, mit Aggression umzugehen und körperliche Gewalt zu verhindern.

Die Wut im Bauch – Wie Sie Ihr Kind unterstützen können, seine Gefühle auszudrücken

Alexandra (6 Jahre) hat Wutanfälle. Niemand, der das schweigende Kind kennt, kann sich vorstellen, was das Mädchen zu Hause abziehen kann.

Auch Claudia (12 Jahre) ist zu Hause aggressiv.

Die Eltern fühlen sich in beiden Fällen ohnmächtig und hilflos.

Kleine wütende Kinder sind ganz Wut. Sie können diese Wut nicht steuern, sie macht sich selbständig, lässt nicht zu Wort kommen, überdeckt alles. In diesem Zustand ist das Kind nicht ansprechbar. Oft ist auch der Erwachsene mit betroffen und weiß nicht, wie er das Ungetüm der Wut zügeln soll.

Bei schweigenden Kindern zeigt sich das Thema besonders. Selten werden die Wutanfälle eines Kindes mit seinem Schweigen in Verbindung gebracht. Ein selektiv mutistisches Kind wehrt sich nicht, es benutzt auch die Sprache nicht, um Stopp zu sagen, wenn jemand über seine Grenzen geht. Dadurch hält es oft mehr aus, als es eigentlich kann. Es sammelt die Wut, bis sie sich dann zu Hause entlädt. Manchmal ist es auch wütend auf sich selbst, weil es sich nichts zu sagen traut.

Kinder mit Sprechangst wenden sich in ihrer Wut gegen sich selbst.

Ein Kind mit Spracherwerbsstörungen oder Sprachstörungen hat die Sprache nicht zur Verfügung, es benutzt die Fäuste und ist deswegen auch oft in Schlägereien verwickelt. Bei allen Formen des Schweigens sammeln sich Frustrationen und gehemmter Ausdruck.

Wut und Ärger sind Gefühle, die ein Kind ganz besetzen können. Auch viele Erwachsene wissen nicht, wohin damit. Ganz innen weiß jeder, wie sehr viel Wut und Ärger etwas kaputt machen können, und deshalb nimmt man sich zusammen und schluckt diesen Ärger herunter. Wenn wir aber Ärger und Wut kanalisieren können und nicht diese Gefühle unser Handeln bestimmen, können sie uns Energie bringen.

Wenn ein Kind lernt, dass Wut etwas Schlimmes ist, wird es versuchen, sie zu unterdrücken, bis sich die Wut eines Tages entladen muss. Außerdem macht es Angst, so ein gewaltiges Gefühl in sich zu spüren, das einen zu Handlungen treibt, die man nicht unbedingt will. Auch beim Gegenüber eines wütenden Kindes wird die Macht dieses Gefühls wieder wach. Daher versuchen viele, ihre Wut nach Möglichkeit zu unterdrücken, von ihr abzulenken oder den Kontakt abzubrechen, bis das Kind sich beruhigt hat.

Die Heftigkeit eines kindlichen Wutanfalls gehört zur Entwicklung dazu. Ein Kind erlebt Wut ganz und kann sie noch nicht vom körperlichen Ausdruck trennen. Das lernt es von Ihnen. Es spürt in seiner Wut sein Ich, es spürt seine eigene Wirklichkeit. Wut zeigt uns immer die Grenzen des eigenen Ichs an. Diese Wahrnehmung und die Akzeptanz unserer eigenen Wirklichkeit brauchen wir aber, um sprechen zu können. Der Weg, die Wut zu regulieren, führt über den Körper zur Sprache.

Da Wut ein sehr starkes Gefühl ist, braucht Ihr Kind eine Anleitung, wie es diesen Zustand steuern kann. Dabei haben Sie als Eltern zwei Aufgaben: den Affekt zu organisieren und Ihrem Kind zu zeigen, wie es mit dieser Wut im Bauch umgehen kann, wie sie ausgedrückt werden kann, ohne dass jemand zu Schaden kommt.

Was heißt Affekte organisieren?

Nutzen Sie die ordnende Kraft der Sprache, indem Sie das Gefühl benennen: »Du bist wütend, deine Wut ist stark. Was macht dich denn so wütend?« Mit diesen Worten erhält das Gefühl einen Namen, das heißt, es bekommt einen Platz im Alltag eines Kindes. Dadurch, dass Sie dieses Gefühl benennen, führen Sie Ihr Kind ein Stück von der Macht des Gefühls weg, weil Sie das Denken anregen. Wenn Ihnen dabei eine akzeptierende Haltung gelingt, lernt Ihr Kind über sich selbst: So bin ich also, wenn ich wütend bin! Die Wut gehört zu mir. Ihr Kind ist durch Ihre Worte sicher, dass es so, wie es ist, in Ordnung ist und dass das Gefühl, das es quält, Wut heißt. Jetzt muss es nicht um sein Ich und das Wahrgenommen werden kämpfen, es kann dieses Gefühl ausdrücken.

Vermeiden Sie nach Möglichkeit, aufsteigende Wut zu »umschiffen«. Sie begegnen ihr an einem Punkt, an dem Ihr Kind sie leichter ausdrücken kann. Ziel der Affektorganisation ist, dass

Ihr Kind eines Tages sagt: »Es macht mich wütend, dass ich jetzt nicht …«

Wie lernt Ihr Kind Wut ausdrücken?

Wut ist Energie, die einen Abgang braucht. Sie steckt im Körper und der Körper kann sie durch Bewegung, durch Atmen, durch Schreien durch Weinen entladen. Dieser urtümliche Ausdruck gleicht einem Naturereignis.

Wird Ihr Kind ruhiger, wenn es richtig losgestampft hat? Es beruhigt sich, indem es körperliche Energie loswird. Lassen Sie es stampfen, geben Sie ihm ein Kissen, damit es hineinboxen kann. Aufgestaute Wut braucht eine körperliche Abfuhr, ohne dass jemand dabei verletzt wird.

Diese Abfuhr muss aber begrenzt sein. »Wie groß ist deine Wut? Siebenmal stampfen, siebenmal boxen?« Wir kanalisieren die Wut, wir steuern sie, nicht sie uns. Das ist die Botschaft, die das Kind braucht.

Wenn Ihr Kind sich aber durch körperliche Abfuhr nicht beruhigen kann, dann braucht es eher sein Zimmer oder einen Beruhigungsort, den Sie mit ihm gemeinsam aufsuchen und in dem Sie ruhig mit ihm verharren, es auch halten. Es gibt auch Kinder, die sich allein besser beruhigen. Wichtig ist dann der Augenblick, wenn das Kind wieder den Kontakt sucht.

Für ein Kind ist die Situation dann abgeschlossen, die Wut ist vorbei. Gehen Sie mit diesem Augenblick besonders achtsam um. Ihr Kind braucht jetzt einfach Ihre Nähe und die Sicherheit, dass Sie seine Wut überlebt haben. In diesem Augenblick ist es noch zu früh, über die Wut zu sprechen. Meistens gelingt das erst, wenn Ihr Kind gespürt hat, dass es so, wie es ist, angenommen ist. Nun erst ist es in der Lage, zu berichten, was es wütend machte.

Was in diesen Phasen geschieht, ist für die emotionale Entwicklung sehr wichtig. Ihr Kind lernt bei einem schwierigen Gefühl, dass Sie als Mutter oder Vater es wahrnehmen und ihm helfen, sich zu regulieren. Es erlebt sich wahrgenommen als fühlendes Wesen und lernt, über sich selbst und andere nachzudenken.

Beliebtere Gefühle wie Spaß und Freude lernt Ihr Kind mit

Ihnen zu teilen. Wut ist schwerer zu teilen. Sie kann Ihr Kind nur aushalten, angemessen ausdrücken und steuern lernen. Dazu ist es wichtig, dass es merkt, dass Sie seine Wut überleben.

Das Gespräch nach einem Wutanfall über die Situation vermittelt Ihrem Kind auch einen Eindruck, wie es für Sie ist, wenn es wütend ist. Manchmal erfährt es auch Ihre Wut. Es kann dabei beobachten, wie Sie Ihre Wut regulieren, und es fühlt, dass es ernst genommen wird. Ihr Kind lernt die Erleichterung durch die Aussprache. Dabei können Sie Ihrem Kind auch zeigen, dass es früher reagieren kann, wenn ihm etwas nicht passt.

Wie überleben Sie die Wutanfälle Ihres Kindes?

Wenn für Ihr Kind die Wut vorbei ist, dann raucht es vermutlich noch in Ihnen. Wie regulieren Sie sich? Kindliche Wut hat etwas Rasendes und sie kann auch im Erwachsenen dieses Gefühl wecken. Doch geschehen in der kindlichen Wut Ausdruck und Verarbeitung gleichzeitig. Als Erwachsener sind Sie Ihrem Kind dabei die beste Hilfe, wenn Sie ihm ein Gegenüber sind, präsent sind und sich von seiner Wut nicht mitreißen lassen. Legen Sie Ihre Hand auf den Bauch und atmen Sie in Ihre Hand. Fühlen Sie Ihre Mitte und Ihre Kraft. Bleiben Sie cool.

Das kann Ihnen auch gelingen, wenn Sie sich immer wieder Zeit nehmen, über Ihre Wut in diesen Situationen nachzudenken. Sehr oft kann man sich angegriffen fühlen, wenn ein Kind unverhältnismäßig reagiert. Doch es geht bei einer kindlichen Wut selten um Sie, sondern um das kleine Ich, das sich in einer bestimmten Situation nicht zu helfen weiß.

Am Besten gehen Sie mit sich selbst so vor, wie Sie es mit Ihrem Kind tun: Benennen Sie Ihr Gefühl, beschreiben Sie, was Sie wütend macht. Schreiben hilft, sich darüber klar zu werden. Wenn das nicht hilft, sprechen Sie mit Ihrem Partner darüber oder mit einer anderen Person Ihres Vertrauens.

Nutzen Sie die ordnende Funktion der Sprache. Sie ordnet die Gefühle Ihres Kindes, sie schafft Verbindung, bringt Struktur in alltägliche Abläufe und vermittelt immer feinere Unterschiede im Erleben. Ihr Kind lernt so auszuhalten, dass Sie und es bestimmte

Situationen unterschiedlich erleben, dass die Verbindung untereinander aber bestehen bleibt. Es ist die Erfahrung dieses Unterschiedes, die Ihr Kind ganz deutlich stärkt und ihm damit auch Sicherheit vermittelt, auf andere zuzugehen. Denn wenn die eigene Wut einen Namen hat und in das eigene System eingeordnet werden kann, lassen sich die Verhaltensweisen anderer leichter einschätzen und machen weniger Angst.

Ein Dampfkessel entlädt sich zu Hause – Wie Sie Ihrem Kind helfen können, seine Affekte zu steuern

Ich besitze noch ein älteres Modell eines Dampfkochtopfes. Kürzlich habe ich ihn wieder benutzt und vergessen die Herdplatte herunterzuschalten. Er fauchte und zischte wie ein wütendes Tier. Ich nahm ihn vom Herd, wandte mich aber dabei so weit wie möglich weg, um nicht ein weiteres Fauchen abzukriegen. Ich schaltete auf eine niedrige Hitze und nachdem er abgekühlt war, ließ ich ihn weiterdampfen.

Zuviel Druck und kein Ausgang ist das Prinzip, das auch wir spüren, wenn wir Wut sammeln, bis wir wegen einer Kleinigkeit platzen. Hierin sind die Menschen sehr verschieden. Einige sagen einfach, was ihnen nicht passt, haben vielleicht öfters mit jemandem Streit, aber sie explodieren nie. Andere lassen alles mit sich machen und ihre Wut entlädt sich irgendwann.

Schweigende Kinder sammeln und sammeln und sammeln, und zu Hause, wo sie sich sicher fühlen, ergießt sich der Ärger. Ihre Wut bekommen nur die zu Gesicht, die ihnen vertraut sind. So kann es sein, dass Ihr Kind vom Kindergarten oder von der Schule nach Hause kommt und wegen irgendeiner Kleinigkeit beginnt zu stampfen, zu schreien, Dinge um sich zu werfen und zu toben. Meistens kann man zu diesem Zeitpunkt nicht herausfinden, was los ist, denn ihr Kind ist ganz Wut. Es ist auch besser, einen Dampfkochtopf nicht zu öffnen, wenn er faucht. Also muss sich Ihr Kind erst einmal beruhigen. Wie schafft das Ihr Kind?

Annamaria hielt ihre Rita immer auf dem Schoß, damit sie sich in ihrer Wut nicht verloren fühlt.

Elisabeth begleitete Sandra in ihr Zimmer und gab ihr Zeit, sich zu beruhigen.

Barbara setzte sich zu Markus und hörte dem Toben zu.

Natürlich brachten sie gefährliche Gegenstände außer Reichweite und passten auf, dass nichts kaputt ging.

Bei Wutausbrüchen habe ich noch nie einen einzigen Weg zur Beruhigung gesehen, er ist sehr individuell. Deswegen ist es wichtig, dass Sie sich selbst im Klaren sind, wie Ihr Kind am besten aus dem Ausbruch herauskommt. Erst wenn Ihr Kind sich beruhigt hat, können Sie in Ruhe mit ihm sprechen.

»Wenn du wütend bist, sollst du nicht meine Vase umschmeißen. Du sollst mich auch nicht schlagen!« Dieser Satz wird bei Ihrem Kind, wenn es gerade einen Wutanfall hat, nicht ankommen. Es ist aber wichtig, ihn dann zu sagen, wenn es sich wieder beruhigt hat. Hingegen ist es wichtig, Ihr Kind zu halten, wenn es Sie schlagen will oder beginnt, Dinge zu zerstören.

Der Halt hilft dem rasenden Gegenüber, sich wieder zu spüren und sich der eigenen Wut nicht ausgeliefert zu fühlen. Wut kann sich endlos steigern, wenn sie kein Gegenüber hat. Erst der Kontakt bringt zu Besinnung.

Im Moment eines Tobsuchtanfalls empfiehlt es sich eher, ruhig zu bleiben und sich und seine Schätze in Sicherheit zu bringen. Vermeiden Sie alles, was die Wut schüren könnte, wie zum Beispiel: »Wenn du nicht aufhörst, dann hast du eine Woche Fernsehverbot«, oder Ihrem eigenen Ärger Luft zu machen. Wut kennt keine Vernunft. Sie ist dafür auch nicht zugänglich.

Es gibt Kinder, die sehr schwer zu beruhigen sind. Dann aber ist es, als sei nichts gewesen. Für das Kind hat sich die Situation geordnet und seine Mutter steht noch benommen da. Vermeiden Sie Vorwürfe, um die Wut nicht erneut anzufachen. Besser ist zu sagen: »Du hast dich beruhigt, ich brauche noch Zeit.«

Besonders wichtig ist, nicht lange geduldig auszuharren, bis Sie an die eigenen Grenzen kommen, sondern sofort die Situation zu beruhigen. Wenn Sie erkennen, dass Ihr Kind wütend wirkt und sich aufregt, könnten Sie ihm mitteilen, dass Sie seinen Ärger wahrnehmen, und sich erzählen lassen, was los ist.

Sie können Ihrem Kind helfen, seine Wut zu regulieren, indem Sie in einem ruhigen Moment mit ihm überlegen, was es eigentlich wütend macht. Es gibt verschiedene Situationen und Lösungswege. Ihr Kind braucht von Ihnen Tipps, wie sie im Folgenden zusammengestellt sind.

Was macht Ihr Kind wütend?

- Nichts sagen können

  Gerade bei Kindern mit selektivem Mutismus steigt der Druck, wenn es nichts sagt und deswegen eine Situation nicht mitgestalten kann, es braucht dann nicht viel, um das Maß voll zu machen. Suchen Sie mit Ihrem Kind nach Möglichkeiten, wie es in der Klasse seine Grenzen signalisieren kann. Auch wenn es nicht zu sprechen wagt, verhelfen Sie ihm zu einer anderen Form des Ausdrucks: Lassen Sie es Nein-ich-will-das-nicht-Tafeln anfertigen, die es in der entsprechenden Situation hochheben kann. Es ist ein einfaches Mittel zu kommunizieren und erleichtert den Einstieg ins Sprechen.

- Ungerechte Behandlung

  Nicht immer kann man in Situationen eruieren, ob etwas gerecht zugegangen ist oder nicht. Wenn Ihr Kind aber das Gefühl hat, schlecht behandelt worden zu sein, dann gehen Sie mit Ihrem Kind die Situation aus seiner Perspektive durch. Nehmen Sie seinen Ausdruck ernst. Überlegen Sie mit ihm Schritte, die es unternehmen kann, wenn es wieder passiert; zum Beispiel seine Wünsche nennen. Zeigen Sie Verständnis für seine Enttäuschung, dass es seinen Wunsch nicht erfüllt bekommt.

  Schweigende Kinder stecken sehr viel ein. Im Getümmel eine Schulklasse liest ihnen niemand einen Wunsch von den Augen ab und sich in einer Gruppe zu behaupten ist besonders schwierig. Damit es sicherer werden kann, wie es sich einbringen kann, könnten Sie mit ihm heikle Situationen durchspielen.

- Grenzen

  Grenzen gesetzt zu bekommen, löst am meisten Wut aus. Das hindert Eltern oft daran, Grenzen zu setzen. Statt Grenzen zu ver-

meiden, sollten sie meistens früher signalisiert werden, bevor sich die Situation aufschaukelt. Die Wut an der Grenze gehört zu einem wichtigen Lernprozess.

- Etwas funktioniert nicht, wie es soll
  Das ist für Kinder ein sehr schwieriges Problem. Sie basteln etwas und haben etwas perfekt im Kopf. Aber für die Ausführung sind sie noch nicht geschickt genug oder es fehlen ihnen Kenntnisse. Die Wut richtet sich oft gegen sich selbst. Trösten Sie Ihr Kind und sagen Sie ihm, dass seine Idee ausgezeichnet ist, dass es immer besser wird in der Ausführung. Machen Sie es auf Einzelheiten aufmerksam, die Sie gelungen finden. Zeigen Sie ihm, wie es bestimmte Probleme lösen kann, oder helfen Sie ihm, eine einfachere Lösung zu finden. Ermuntern Sie es, etwas anderes zu tun und es später nochmals zu versuchen.
- Etwas läuft nicht nach seinem Kopf
  Was wollte Ihr Kind genau? Warum ist es nicht möglich? Lassen Sie Ihr Kind ausdrücken, was es wollte, und verstehen Sie seine Enttäuschung darüber. Kinder sind mit ihren Vorstellungen sehr identifiziert und fühlen sich als Ganzes zurückgesetzt. Es kann auch sein, dass sich Ihr Kind an diesem Tag schon mehrmals übergangen fühlte und jetzt so massiv reagiert. Versuchen Sie sich die Bedeutung dessen, was es wollte, für Ihr Kind bewusst zu machen. Wenn Ihr Kind lernt, Ihnen zu erklären, was ihm etwas bedeutet, können Sie es später darauf hinweisen, dass es das auch in anderen Situationen tun kann. Manchmal braucht Ihr Kind einfach mehr Zeit, sich auf eine andere Situation einzustellen. Also lieber früher über eine Änderung sprechen als knapp vorher. Da kann auch helfen, mit dem Kind eine Aufstellung zu machen für Dinge, die plötzlich anders sind, die angenehm oder unangenehm ist. Zum Beispiel: Ist es angenehm, wenn man spielt, plötzlich aufbrechen zu müssen? Ist es angenehm, wenn man spielt, plötzlich ein Eis zu bekommen? Usw.
- Es wird ihm etwas weggenommen
  Dies provoziert wohl den häufigsten Streit unter Kindern. Manchmal braucht Ihr Kind von Ihnen Schutz in diesen Situationen. Zeigen Sie Ihr Verständnis für seine Wut darüber und suchen Sie mit ihm nach einer Lösung. Lehren Sie Ihr Kind, nein zu sagen, Kompromisse einzugehen und zu teilen.

Ganz besonders wichtig für schweigende Kinder sind aufmerksame Zuhörer. Da kommen Sie als Eltern an erster Stelle. Wichtig ist aber auch, dass Sie Ihrem Kind vermitteln, dass auch andere Menschen zuhören, wenn es etwas sagt, zum Beispiel die Lehrerin.

Vermeiden Sie es unbedingt, sich über die Wut Ihres Kindes lustig zu machen oder gar die Begebenheiten für bedeutungslos zu halten. Im Augenblick sind diese ernst und bedeutungsvoll, auch wenn man später vielleicht darüber lachen kann.

Vieles kann Ihr Kind wütend machen, je mehr es aber lernt, die Situationen zu unterscheiden und Lösungen zu finden, umso weniger total wird seine Wut.

Für Kinder ist es interessant zu erfahren, was ihre Eltern tun, wenn sie wütend sind. Erzählen Sie Ihrem Kind, wie Sie mit dem Gefühl umgehen: »Ich atme erst einmal ein, ich zähle auf zehn, ich rede mit jemandem, ich warte, bis ich mich beruhigt habe.« Die Erfahrung, dass man über Gefühle sprechen kann, hilft Ihrem Kind, seine Welt zu ordnen. Es lernt, dass Wut zu bewältigen ist.

Innerhalb der Familie müssen Wutausbrüche nicht in einer Katastrophe enden. Wichtig ist, dass Ihr Kind spürt, dass Sie seine Wut aushalten und Verletzung und Zerstörung nicht zulassen. Ihre Ruhe hilft Ihrem Kind, sich zu beruhigen, das Gespräch mit Ihnen hilft ihm, seine Gefühle zu ordnen. Machen Sie Ihrem Kind klar, dass schlagen und stoßen dem Anderen weh tut und dass der Andere nichts dafür kann, wenn man wütend ist.

Der Wutanfall zu Hause ist ein Steuerungsversuch. In der Schule hält Ihr Kind seine Wut im Zaum, zu Hause aber fühlt es sich sicher, es lässt los.

Ein kindlicher Wutanfall kann auch beim Erwachsenen Wut und Ärger auslösen. Meistens geschieht das gerade dann, wenn man selbst unter Druck steht. Da kann es leicht passieren, dass man sich gegenseitig aufschaukelt. Auch wenn Sie sich ärgern, versuchen Sie möglichst nicht noch Öl ins Feuer zu gießen. Halten Sie Ihre Gefühle zurück, damit sich Ihr Kind beruhigen kann. Vermeiden Sie, Ihr Kind in einem Wutanfall abzuwerten. Bleiben Sie aber eindeutig, wenn Sie Ihre Grenzen signalisieren. Mitleid hilft Ihrem Kind in dieser Situation nicht, aber Mitgefühl, wenn es ausdrückt, wie es die Situation erlebt.

Da diese Situationen emotional sehr aufgeladen sind, bleibt oft ein schales Gefühl zurück. Viele Eltern haben deshalb das Gefühl, versagt zu haben. Wenn ich mit ihnen aber die Schritte nochmals durchgehe, müssen sie oft selbst sagen, dass sie gut und einfühlsam gehandelt haben. Im Folgenden möchte ich Ihnen deshalb für den ruhigen Moment danach einen Leitfaden anbieten, in dem Sie sich bewusst machen können, wie Sie handeln und was Ihnen und Ihrem Kind in diesen schwierigen Situationen gelingt.

Schritte während eines Wutanfalls – aus der Distanz gesehen

Nehmen Sie sich einen ruhigen Augenblick, entspannen Sie sich. Vergegenwärtigen Sie sich die Wutanfälle Ihres Kindes oder eine vergangene schwierige Situation. Steigen Sie in einen imaginären Hubschrauber und filmen Sie die Situation aus der Distanz: Wie sehen Sie ihre persönlichen Lösungen, wenn Sie einen Wutanfall Ihres Kindes begleiten? Wie gestalten sich bei Ihrem Kind diese fünf Schritte?

- *Beruhigen statt anheizen:* Wie beruhigt sich Ihr Kind am besten, welches ist Ihr bestes Mittel?
- *Auf die Sicherheit achten:* Ist halten besser oder in der Nähe bleiben?
- *Kontakt halten:* Bleiben Sie präsent, sprechen Sie Ihr Kind an. Halten Sie es?
- *Ein klärendes Gespräch führen:* Wie gehen Sie vor, wie erreichen Sie Ihr Kind am besten?
- *Sich nach einem Streit wieder versöhnen:* Welche Rituale finden Sie und Ihr Kind zur Versöhnung?

Gibt es Schritte, die Sie noch verunsichern, oder ist es so, dass Sie eigentlich gut durchkommen? Da Sie und Ihr Kind sich ständig entwickeln, kann diese Liste in einem halben Jahr schon wieder ganz anders aussehen. Wiederholen Sie diese Übung, so oft Sie wollen.

Wenn es Ihnen gelingt, die Wut ihres Kindes zu kanalisieren, in dem Sie es lehren, sich auszudrücken, wird es diese Energie besser verteilen können. Es wird sich sicherer fühlen. Die erste Reaktion auf Wut ist immer körperlich, doch erst die Sprache hilft, dieses starke Gefühl zu ordnen.

Von der Faust zum Schimpfwort – Wie Sie Ihr Kind in die Kunst des Streitens einführen

Kinder ohne Sprache wehren sich mit dem Körper. Bei Kindern mit schweren Sprachentwicklungsstörungen erlebte ich diesen Prozess immer wieder: Solange die Kinder nicht über genügend Sprache verfügten, um sich verständlich zu machen, benutzten sie die Fäuste. Die Wut richtete sich auf die Situation, nicht verstanden zu werden und in Streitsituationen mit anderen Kindern oder Betreuern immer den Kürzeren zu ziehen. Mir wurde in dieser Arbeit bewusst, wie sehr wir unterschätzen, was es bedeutet, sich nicht deutlich machen zu können, sich zu bemühen und nicht gehört zu werden und umgekehrt Situationen nicht einschätzen zu können, weil man nicht verstanden hat, um was es geht.

Weil viele Kinder mit Sprachentwicklungsproblemen auch Schwierigkeiten mit dem Sprachverständnis haben, kann es zu schweren Missverständnissen kommen, die sie mit den Fäusten zu lösen versuchen. Oft versuchen sie, gar nichts zu sagen, weil sie die Erfahrung machen, nicht verstanden zu werden. Es ist ja nicht unbedingt wünschenswert, Schimpfworte zu benutzen. Doch bei einem Kind, das gerade lernt, seine Konflikte sprachlich zu lösen, ist ein Schimpfwort der erste Schritt. Es ist ein Faustschlag weniger. Aus dem Schimpfwort kann später ein »ich will nicht, weil« oder »das passt mir nicht« oder »hör auf!« usw. entstehen.

Sehr oft wird diese Phase, die ich für vorübergehend ansehe, unterbunden, weil man nicht möchte, dass sich ein Kind so schlecht benimmt. Auch hier geht es um einen Lernprozess. »Gut, dass du nicht geschlagen hast, aber besser ist, wenn du sagst, was dich ärgert, statt dieses Schimpfwort zu benutzen«, ist eine Alternative, die Sie Ihrem Kind anbieten könnten.

Streiten erfordert gute kommunikative Fähigkeiten. Diese können Sie auf spielerische Weise üben. Nicht nur für Kinder mit

Sprachentwicklungsstörungen, sondern auch für Kinder mit selektivem Mutismus ist die folgende Übung hilfreich.

Eine Möglichkeit ist, die Schimpfwörter durch zivilisierte Wörter zu ersetzen. Das bekannteste ist wohl »Scheibenkleister« anstelle von »Sch....«

Erfinden Sie mit Ihrem Kind Wutwörter (das sind sinnfreie Lautgebilde), die seine Wut am besten ausdrücken, zum Beispiel »katschum, tschimbara« und Ähnliches. Bei einem Schimpfwort geht es um nichts anderes, als Wut auszudrücken. Wenn Sie es für sich selber ausprobieren, merken Sie, wie entlastend es sein kann, Stimme und Sprechorgane als Ventile zu benutzen.

Wie beim körperlichen Ausdruck geht es auch hier darum, keinen Schaden anzurichten. Deshalb versuchen Sie auch Ihrem Kind zu erklären, dass Beschimpfungen, wie »du dumme Kuh« und schlimmere, zwar die eigene Wut kleiner, aber die des Anderen größer machen; und dass dann auch etwas kaputt gehen kann, zum Beispiel eine Freundschaft. Deshalb lassen Sie sich als Mutter oder als Vater auch nicht beschimpfen. »Ich will nicht, dass du so mit mir sprichst.« Natürlich lernt Ihr Kind das am besten, wenn Sie es auch nicht beschimpfen, wenn Ihr Kind etwas angestellt hat.

Das Prinzip ist einfach: Wut ausdrücken ja, aber niemanden verletzen, auch nicht mit Worten.

Was für Möglichkeiten gibt es, um Wut auszudrücken?

- Stellen Sie sich vor, Sie und Ihr Kind wären ein Tier. Wie würden Sie als Katze oder Hund oder Dinosaurier Ihre Wut ausdrücken? Fauchen Sie sich an, damit jeder erkennen kann, wie wütend der Andere ist. Wenn Sie dann beide lachen müssen, schadet es gar nichts. Jede Wut hatte ihren Ausdruck.
- Mit redegewandteren Kindern macht auch dieses Spiel Spaß und hilft Wut zu lockern: Hier ist gegenseitiges Beschimpfen erlaubt, aber mit Früchte- und Gemüsenamen. »Du geschnipselte Karotte, du, du angebratene Zwiebel, du! Du spritzende Zitrone, du!«

Diese Spiele nehmen die Wut und das Bedürfnis, sie dem Anderen gegenüber auszudrücken, ernst. Sie lassen aber gleichzeitig auch die sprachliche Fantasie spielen. Allerdings gilt es dann zu akzeptieren, dass Ihr Kind Sie in einem Wutanfall nach einem Gemüse benennt. Das ist ein Zeichen dafür, dass es sich in der Wut schon überlegt, was es sagt, und begriffen hat, dass Sie nicht beschimpft werden wollen. Das Zurückgreifen auf ein gemeinsames Spiel signalisiert, dass Ihr Kind auch in der Wut auf Ihre Verbundenheit zählt.

Streiten besteht aus mehreren Phasen: wütend sein, klären, sich gegenseitig sagen, was man denkt. Das bedeutet auch, sich gegenseitig zuzuhören. Beim Streiten ist Zuhören das Schwierigste, weil der Betroffene sehr erhitzt ist und auch bestimmte Dinge nicht hören will.

Ihr Kind kann aus diesen Situationen am besten lernen, wenn es von Ihnen erfährt, dass Sie ihm zuhören, wenn es ausdrückt, was es so ärgert – auch wenn man die Situation nicht ändern kann. Die Wut ist trotzdem da.

Wenn Sie der Frage nachgehen, wie Sie sich in diesen Situationen verhalten, kommen Sie möglicherweise darauf, dass Sie Dinge weitergeben, die Sie selbst erfahren haben. Wenn Sie selbst nie angehört oder gar geschlagen wurden, wenn Sie trotzig waren, dann stellt dieses Kapitel Ihre Welt auf den Kopf und Sie werden vielleicht glauben, es nicht zu schaffen, oder Ihr Kind würde Ihnen auf der Nase herumtanzen. Doch wenn Sie erleben, dass Ihnen jemand zuhört, wenn Sie Ärger haben, werden Sie merken, dass es gut tut, seinen Ärger nur einmal loszuwerden.

Am Besten können Sie sich selbst helfen, indem Sie sich Menschen suchen, mit denen Sie auch über Ihren Ärger sprechen können, oder hören Sie sich selber zu, indem Sie aufschreiben, was Sie ärgert. Wenn Sie selbst diese Erfahrung machen, können Sie nachvollziehen, wie wichtig es für Ihr Kind ist, seinen Ärger zwar auszudrücken, aber nichts dabei zu zerstören.

Zu jedem Streit gehört eine Versöhnung. Suchen Sie ein passendes Versöhnungsritual für Ihre Familie, damit ein Streit auch wirklich beigelegt werden kann. Das kann ein Handschlag zum Frieden sein, eine Umarmung, sich gegenseitig ein Friedenssymbol geben. Ganz wichtig ist, dass Ihr Kind versöhnt einschlafen kann.

Warum geht es so sehr ums Rechthaben? Weil Rechthaben bei Kindern noch stark mit Identität gekoppelt ist. Es geht oft nicht um die Sache selbst, sondern um das eigene Ich, die Kränkung des

Selbstgefühls. Gerade die bringt die Wut so richtig zum dampfen. Durch eine wertschätzende Haltung sind diese Wutausbrüche vermeidbar oder zu lockern.

Wie aber kann diese Energie sozial umgesetzt werden? Wie kann die Kraft der Aggression fürs Sprechen genutzt werden?

Jetzt rede ich! – Die treibende Kraft der Aggression entdecken

Beginnen wir diesen Abschnitt mit einem Selbsttest: Stellen Sie sich eine kleine Gesprächsrunde vor. Sie sind vielleicht fünf Mütter, die sich darüber austauschen, wie Kinder am besten selbständig werden könnten. Oh, da gibt es doch allerhand zu berichten und Sie sind alle sehr intensiv dabei. Eine der Mütter dominiert und möchte Sie anderen von ihrer Methode überzeugen. Je mehr sie spricht, umso mehr fühlen Sie, dass sie einen Aspekt auslässt, nämlich denjenigen, den Sie einbringen möchten. Nur gibt es einfach keine Lücke dafür.

Wie verhalten Sie sich?

a) Unterbrechen Sie die andere Mutter und bringen Ihren Gedanken ein?
b) Ärgern Sie sich und schweigen verstimmt?
c) Denken Sie, dass diese Frau alles besser weiß als sie und dass Ihre Gedanken nicht stimmen?
d) Überlegen Sie, ob es sich lohnt, die Frau zu unterbrechen?

Wenn Sie sich für a) entscheiden, hören Sie auf einen aggressiven Impuls und folgen ihm. Sie sprechen einfach, weil Sie Ihren Aspekt wichtig finden. Auch bei b) sind Sie mit Ihrer Aggression konfrontiert, aber Sie ziehen sich zurück und behalten Ihren Ärger für sich. In c) gehen Sie einen Schritt weiter und werten sich selbst und ihre Gedanken ab, das heißt, Sie wenden Ihre Aggression gegen sich selbst. Die d)-Lösung ist eine sachliche Überlegung. Sie gehen auf Distanz und wägen in einem inneren Gespräch das Für und Wider ab. Dabei überprüfen Sie bei sich selbst die Wichtigkeit Ihrer Botschaft und nehmen sich selbst ernst. Sie werten nicht.

Hat Ihnen der kleine Test ein Gefühl dafür vermittelt, wie die

Kraft der Aggression beim Sprechen beteiligt ist? Sehr oft wird gerade beim Sprechen dieser Impuls gegen sich selbst gerichtet.

Ihr Kind wird lernen, mit seiner Wut umzugehen, und gleichzeitig die Energie entdecken, die darin steckt. Das lernt es vor allen Dingen dadurch, dass Sie sein Gefühl annehmen, und gleichzeitig Ihrem Kind helfen, es zu regulieren. Es wird mutiger und selbstbewusster, weil es sich akzeptiert fühlt und seine Energie dazu braucht, seine Gefühle auszudrücken und sich mitzuteilen. Statt die Wut zu unterdrücken oder zu verbergen, findet es Möglichkeiten, sie zu regulieren. Es lernt seine eigenen Grenzen kennen und signalisieren.

Es lernt, die Gefühle bei sich und bei den anderen einzuschätzen. In diesem Bewusstsein gelingt es ihm leichter, auf andere zuzugehen und mit ihnen zu sprechen; zum Beispiel sie etwas zu fragen oder sie einzuladen. Es übersetzt die Aggression, das Auf-jemanden-Zugehen (lat. aggredere), wörtlich. In diesem guten Selbstgefühl entdeckt es auch, dass es etwas zu sagen hat. Das Sprechen wird lustvoller.

Sie werden entdecken, dass sich all die Mühe, die Sie auf sich nehmen, lohnt. Vor dieser Arbeit, die Sie als Eltern leisten, habe ich Hochachtung. Es ist das Schwierigste, mit der Wut eines Kindes umzugehen und seine eigene dabei im Zaum zu halten. In keinem Erziehungsthema berührt die kindliche Entwicklungsaufgabe so den persönlichen Kern der Eltern wie dann, wenn es um die Wut der Kinder geht. Es ist harte psychische Arbeit. Doch dann mitzuerleben, wie Ihr Kind selbstbewusst auf das zugeht, was es braucht und will, ist eine wundervolle Ernte.

Merken Sie, wie nahe Wut, Selbstbewusstsein und Mut beieinander liegen? Wie wichtig eine Balance dieser Gefühle ist, um zu sprechen? Ganz deutlich zeigt sich dieser Zusammenhang bei Bianca.

Bianca (18 Jahre) kommt als Studentin zu mir, weil sie Angst vor Referaten hat. Diese Angst begann in der Hauptschule mit 10 Jahren. Mit unglaublichem Fleiß hat sie die Referate vorbereitet, stand dann vor der Klasse und brachte kein Wort heraus. Beim nächsten Referat übte sie die »schlimmen« Wörter. Gleichzeitig begann sie ein inneres Selbstgespräch ungefähr so: »Du kannst es nicht, diese Wörter aussprechen ist viel zu schwer! Und was mache ich, wenn ich dann genau dann feststecke? Ich werde genau dann nicht weiterkommen, ich kann das nicht.«

Dieser innere Gesprächskreis verschärfte sich bis zur Matura und weitete sich auf andere Themen aus. Als Kind richtete Bianca beim ersten Misslingen die ganze Wut auf sich selbst und stellte sich dabei einen Angstkreis auf, aus dem sie selbst nicht mehr herausfand. Darüber hinaus beschimpfte sie sich noch, dass sie so dämlich ist und Angst hat.

Die Aggression und die Angst zusammen können das Sprechen verhindern, vor allem dann, wenn sich die Aggression gegen sich selbst richtet. Diese Sprechangst führte in Biancas Fall zu Selbstaggression und damit zum Schweigen und das wieder zur Selbstaggression.

Wenn ein Kind in einer solchen Not einen Ansprechpartner hat, der ihm zeigt, dass es besser ist, Fehler zu machen, als sich selbst anzuklagen, wenn es lernen kann, dass seine Aggression in Ordnung ist, aber nicht gegen sich selbst gerichtet werden soll, kann es seine Selbstsicherheit wiedergewinnen (oder aufbauen).

Kinder mit selektivem Mutismus verwandeln ihre Aggression in Mut zu sprechen.

Mit anderen sprechen braucht einen Antrieb. Der setzt sich zusammen aus einem guten Selbstwert und aus dem Bewusstsein, etwas zu sagen zu haben. Aber auch mit dem Wissen, dass der Andere ebenfalls ein fühlendes Wesen ist. Wenn die eigenen Gefühle keine Angst machen und Sicherheit besteht, dass es sich selbst nicht zerstört und auch keinen anderen, wenn es auf ihn zugeht und etwas erzählt, dann hat Ihr Kind den Schritt geschafft, aus seinem Schweigen zu treten.

Dann wird es vielleicht plötzlich sagen: »Und jetzt rede *ich*!« Durch die Fähigkeit, mit seinen Gefühlen umzugehen, und die Erfahrung, dass Sie Ihrem Kind helfen, sie zu regulieren, lernt Ihr Kind, sich und andere ernst zu nehmen. Es muss sich nicht verlieren, wenn es sich anpasst, und es muss sich nicht selbst fertig machen, wenn etwas nicht gelungen ist. Die Fähigkeit, mit seinen Gefühlen umzugehen, unterstützt auch die Fähigkeit, sich in den andere einfühlen zu können. Ihr Kind wird sprechen und zuhören.

Wenn es Ihrem Kind gelingt, seine Aggression zu kanalisieren, bedeutet das fürs Sprechen, dass es sich äußern kann, statt die Wut gegen sich zu richten, dass es seine Wünsche nennt, statt sich selbst anzuklagen. Es nimmt sich selbst bewusst wahr, statt sich selbst zu verlieren. Seine Kraft wird zu Mut und Entschlossenheit. Nun kann es sich der Sprechfreude hingeben.

7 Wie Sie zu den Pädagogen in Kindergarten und Schule einen guten Draht finden

»Man darf nie an die ganze Straße auf einmal denken, verstehst du? Man muss nur an den nächsten Schritt denken, an den nächsten Atemzug, an den nächsten Besenstrich. Und immer wieder nur an den nächsten. Dann macht es Freude, das ist wichtig. Dann macht man seine Sache gut. Und so soll es sein.«
(Michael Ende)

Sobald Ihr Kind den Kindergarten oder die Schule besucht, ist es mit der Welt außerhalb der Familie konfrontiert. Hier herrschen andere Regeln, hier muss es sich anders verständlich machen, hier ist nichts so selbstverständlich wie zu Hause. Hier muss man fragen, ob man etwas nehmen darf, hier muss man sagen, wenn man auf die Toilette muss, hier wird anders getröstet. Für die meisten Kinder löst das eine Krise aus. Für ein schweigendes Kind bedeutet diese Krise einen besonderen Stress, weil alle sensiblen Punkte angesprochen werden, mit denen Sie sich bis jetzt auseinandergesetzt haben: Es muss ohne Sie zurechtkommen, Kontakt herstellen, sich auf Regeln einlassen, sprechen und alle Eindrücke einordnen.

Auch für Sie als Eltern beginnt ein neuer Abschnitt. Sie werden ebenfalls mit neuen Sichtweisen auf Ihr Kind, anderen Gewohnheiten und Regeln konfrontiert. Sie und Ihr Kind stehen nun vor der Aufgabe, eine Brücke zwischen den Familientraditionen und der öffentlichen Welt zu bauen.

Als Eltern haben Sie nicht mehr alle Bereiche des Alltags Ihres Kindes im Blick. Dadurch sind Sie aufgefordert, sich mit Fragen auseinanderzusetzen, mit denen Sie das vielleicht gar nicht wollen. Haben Sie vielleicht bisher sorgfältig über den Fernsehkonsum Ihres Kindes gewacht, so hört Ihr Kind nun Dinge, die es noch nie gesehen hat. Es wünscht sich plötzlich Sachen, die es bei anderen sieht, und Sie erleben sich unter einen bestimmten gesellschaftlichen Druck.

Sie stehen vor der Schwierigkeit, die eigenen Werte zu vermitteln, ohne die Werte außerhalb des eigenen Familienkreises zu verdammen. Sie übergeben Ihr Kind anderen Betreuern. Ihr Kind knüpft neue Beziehungen und kommt auf neue Ideen.

Der Schritt Ihres Kindes nach außen berührt Ihr persönliches Wertsystem und Ihre Einschätzung der Außenwelt. Für Ihr schweigendes Kind beginnt eine der größten Herausforderungen.

Wie Ihr Kind mit den Pädagogen zurechtkommt, hängt auch davon ab, wie Sie ihm die Person vermitteln und die neuen Kontakte vorbereiten. Sie können durch die Zusammenarbeit mit dem Kindergarten und der Schule für Ihr Kind eine gute Basis bauen. Dass Eltern und Lehrer im Gespräch sind, gibt Ihrem Kind das Gefühl, über eine Brücke zu gehen, auf der es sicher auftreten kann.

Leichter gesagt, als getan? Nicht immer. Viele Eltern erzählen mir, wie schwierig es ist, mit den Pädagogen einen guten Kontakt zu pflegen. Sehr oft sind eigene schlechte Schulerfahrungen damit verbunden, aber auch die völlig andere Sichtweise auf ihr Kind verletzt sie und lässt sie die Gespräche nach Möglichkeit meiden. Und manchmal gibt es auch Lehrer, die für besondere Bedürfnisse eines Kindes wenig Gespür haben.

Ein Gespräch mit einem Pädagogen Ihres Kindes zeigt verschiedene Facetten:

- Er rührt an eigene Schulerfahrungen, also an das persönliche innere Bild von Schule.
- Es führt zur Auseinandersetzung mit anderen Sichtweisen auf Ihr Kind.
- Es beinhaltet sachliche Informationen, die Pädagogen für ihre Arbeit brauchen.
- Es vermittelt allein dadurch, dass es stattfindet, Ihrem Kind Sicherheit.

Sie sind zum Elterngespräch eingeladen – ein Termin wie jeder andere?

Als ich selbst noch in der Schule arbeitete, war es mir ein großes Anliegen, mit den Eltern über die Fortschritte ihrer Kinder zu sprechen. Also lud ich sie möglichst einmal im Quartal ein. Ich wunderte mich dabei oft, dass es so schwierig war, Termine zu finden; dass die

Eltern bei den Gesprächen eher bedrückt wirkten. Auch wollte das Gespräch nicht so recht in Gang kommen. Ich schob es damals auf meine Unerfahrenheit und bildete mich weiter. Trotzdem begegnete ich aber weiterhin Eltern, die sich offensichtlich unwohl fühlten. Einmal atmete ein Vater am Schluss eines Gesprächs auf und sagte: »Und ich dachte schon, es sei etwas Schlimmes geschehen, weil Sie uns herbeizitiert haben.« Ich glaube, das anschließende fünfminütige Gespräch war wohl der beste Elternkurs, den ich je besuchte.

Was ist da geschehen? Als Logopädin an der Sprachheilschule spielte ich für die Eltern eine Rolle, die mir selbst nicht bewusst war: Sie gaben mir Macht. Sie waren nicht darauf gefasst, dass ich mit ihnen ein Team bilden wollte. Als Vertreterin der Schule stand ich in ihren Augen für alle negativen Erfahrungen, die dieses Elternpaar, besonders der Vater, damit verband. Diesem Vater wurde in unserem Gespräch bewusst, dass er jetzt in der Schule eine andere Rolle spielt, nämlich nicht mehr die Schülerrolle, sondern die Vaterrolle, und dass das Gespräch mit der Schule dazu dient, seinem Kind mehr Sicherheit zu geben. Das wäre für ihn als Schüler damals auch gut gewesen, aber leider war da niemand.

Kennen Sie Ähnliches? An was denken Sie, wenn Sie eine Einladung zum Elterngespräch erhalten? Denken Sie so wie Roswitha: »Mein Gott, was hat Tobias angestellt, das muss ja schlimm sein, wenn ich in die Schule muss!«? Oder denken Sie: »Das trifft sich gut, ich will der Lehrerin auch ein paar Dinge mitteilen«?

Roswitha hat schlechte Erfahrungen mit der Schule, schon allein das Schulhaus zu betreten, weckt in ihr die schlimmsten Erinnerungen. Nun realisiert sie als Erstes, dass sie als Mutter das Thema Schule nicht abhaken kann. Im Gegenteil, die Lehrerin will sie sprechen, und sie fürchtet, dass es nun mit ihrem Kind wieder so beginnt, wie bei ihr damals.

Roswithas Gedankengang ist nicht unrealistisch. Manche Lehrer suchen das Gespräch mit den Eltern erst, wenn der Hut brennt. Allerdings bemühen sich heute viele Lehrer, grundsätzlich einen guten Kontakt mit Eltern zu halten, damit sie zusammen die Entwicklung der Kinder beobachten und unterstützen können. Viele

Schulen suchen die Zusammenarbeit mit den Eltern. Das ist eine gute Chance für Sie und Ihr Kind. Das bedeutet aber auch, dass Auffälligkeiten zur Sprache kommen, die der Pädagoge beobachtet. Der Lehrer äußert ein bestimmtes Anliegen an Sie. Als Eltern haben Sie einem Pädagogen gegenüber eine andere Rolle: Sie sind Vater oder Mutter Ihres Kindes. Ihr Kind ist sein Schüler.

Ist das Gespräch mit der Lehrperson Ihres Kindes ein besonderer Termin? Gerade wenn Ihr Kind Schulanfänger ist, verändert sich auch in der Familie sehr viel. Ihre Elternrolle wird öffentlicher. Ihr Kind wird in seinen Leistungen mit anderen verglichen. Besonders aber wird die Situation, wenn Sie im ersten Gespräch mit der Kindergartenpädagogin oder dem Lehrer erfahren, dass Ihr Kind kein Wort sagt.

Beate ist ganz verblüfft, als sie erfährt, dass Markus (6 Jahre) in der Schule kein Wort sagt, auch mit anderen Kindern nicht spricht. Im Kindergarten hatte er eine anfängliche Schweigephase gut überwunden und sie erwartete, dass Markus keine Probleme haben werde. Zudem ist er sehr gesprächig und sprudelt zu Hause voller Ideen. Sie ist irritiert, dass ihr Sohn sich so anders verhält und die Lehrerin ihr das Bild eines sehr ängstlichen und unsicheren Kindes vermittelt.

Für Beate beginnt nach diesem Termin ein Weg voller Selbstzweifel und Versagensgefühlen als Mutter, bis sie sich professionelle Hilfe sucht. Da erst erfährt sie, dass das Schweigen ihres Kindes in der Schule ein typisches Symptom des selektiven Mutismus ist. Es wird ihr bewusst, dass sie selbst sehr besorgt ist, was ihrem Kind in der Schule alles zustoßen könnte. Mit anderen Worten, die Erinnerungen an ihre eigene Schulerfahrungen sind aktiv und vieles davon möchte sie ihrem Kind ersparen. Als ihr aber klar wird, wie anders es in der Schule zugeht, die ihr Sohn besucht, wird sie für ihr Kind zuversichtlicher.

Bei Alexandras Eltern ist es anders. Weil Alexandra schon im Kindergarten als selektiv mutistisch diagnostiziert wurde, rechneten sie damit, dass sie auch in der Schule schweigen wird. Sie wollten ihrem Kind ersparen, dass es unter Druck gesetzt oder bloßgestellt wird, und informierten die Lehrerin deshalb vorher. Es entwickelte sich ein regelmäßiger Kontakt mit der Lehrerin, der für alle Beteiligten hilfreich war.

Die Sorge, wie es in der Schule gehen wird, ließ die Eltern von Alexandra selbst die Initiative ergreifen. Sie verlangten einen Termin, auch wenn sie selbst dabei eigene Unsicherheiten überwinden mussten. Durch ihre eigenen Erfahrungen konnten sie sich vorstellen, wie es ihrer Tochter in der Schule gehen könnte, und sie überwanden ihr zuliebe einige Schwellen. Sie haben intuitiv erkannt, welche Bedeutung dieser Schritt für ihr Kind hat.

Aus Sicht Ihres Kindes hat ein Termin seiner Eltern mit seinem Lehrer ebenfalls eine besondere Bedeutung: Es kann sich sicher fühlen, wenn es merkt, dass die Eltern zu der Schule einen guten Draht haben. Es fühlt sich nicht einer völlig fremden Welt ausgeliefert. Egal, welche Form des Schweigens Sie bei Ihrem Kind festgestellt haben, Ihr Kontakt zur Lehrperson pflastert sozusagen den Weg von der Familie zur Schule. Es ist ein Engagement von Lehrern und Eltern, das sich lohnt.

Deswegen ist es unbedingt notwendig, dass Sie noch vor Schulbeginn Kontakt mit der Lehrperson aufnehmen und ihr die Situation Ihres Kindes schildern. Die Lehrerin hat dann die Möglichkeit, sich mit den Problemen schweigender Kinder vertraut zu machen und sich einige Dinge zu überlegen. Sie als Eltern können Ihr Kind auf die Lehrerin vorbereiten, wie Sie es bei neuen Personen tun, mit denen Sie Kontakt haben. So signalisieren Sie auch dem Lehrer, dass Sie zur Zusammenarbeit bereit und an den Vorgängen in der Schule interessiert sind.

Für Ihr schweigendes Kind bedeutet das eine Brücke von der Familie zur Außenwelt. Die Erfahrung, dass Sie als Eltern Kontakt zum Lehrer haben und sie sich kennen, kann bei ihrem Kind schon bewirken, dass es sich in der Schule bei genau diesem Lehrer wohl fühlt. Sie bereiten sozusagen den Boden für Ihr Kind, wenn sie mit dem Lehrer oder der Kindergartenpädagogin zusammenarbeiten. Gerade wenn Sie das Gefühl haben, Ihr Kind habe Probleme mit Fremden und der Welt außerhalb der Familie, versuchen Sie, seine

Unsicherheit durch einen Kontakt mit der Lehrperson zu überbrücken. Wie beim Gesprächsdreieck erfährt Ihr Kind hier auch, dass es wahrgenommen wird. Es entwickelt eine positive Einstellung zum Lehrer.

Selten ist einem bewusst, wie viel an so einem Termin hängen kann. Wenn Ihr Kontakt mit dem Lehrer im Bewusstsein ist, kann sich Ihr Kind besser auf den Unterricht einlassen. Wenn Ihr Kind spürt, dass Sie der Lehrerin gegenüber Vorbehalte haben, wird es sie teilen und von ihr nichts annehmen.

Der Vater, von dem ich am Anfang dieses Abschnitts berichtet habe, sah das alles ein, aber es nahm ihm nicht seine schlechten Gefühle, die er gegenüber diesem Gesprächstermin hatte. Wie also können Sie sich emotional fit machen für ein Gespräch mit der Schule?

Emotional fit für den Termin in der Schule

Nehmen Sie sich eine halbe bis eine Stunde Zeit.

Notieren Sie alle Bedenken, die Sie angesichts eines Termins mit der Schule haben, auf einen Zettel. Fragen Sie sich bei jedem einzelnen Eintrag auf der Liste, ob er mit früheren Erfahrungen verbunden ist, mit Gerüchten um die Person des Lehrers oder mit der Sorge um Ihr Kind.

1. Beispiel: Bedenken, die mit früheren Erfahrungen verbunden sind: *Ich kann doch nicht einfach hingehen und sagen, er soll mein Kind besonders beachten!*
   Das ist ein Gefühl aus einer früheren Situation. Einen Lehrer um etwas zu bitten, wurde als vorwitzig gewertet. Besondere Behandlung hat einen unangenehmen Beigeschmack.
   In der damaligen Situation war Zurückhaltung ein guter Schutz, in der aktuellen Situation ist er nicht mehr notwendig.
   Versuchen Sie eine Antwort auf folgende Fragen zu finden, indem Sie sich Ihr Bedenken und eine damit verbundene Situation vor Augen führen. Welche Erfahrungen sind damit verbunden? Und stimmt das aus der Distanz betrachtet noch? Vergleichen Sie die frühere Situation mit der aktuellen: Welche Fähigkeiten haben Sie heute mehr als damals?
   Hilfe: Versuchen Sie sich vorzustellen, wie Sie und der Lehrer auf

gleicher Ebene stehen. Sie als Mutter/Vater, er als Lehrer. Sie haben ein Anliegen, er den Auftrag, Ihr Kind zu lehren. Ihr Anliegen könnte ihm verständlich machen, was seinen Auftrag erschwert.

2. **Beispiel: Bedenken, die auf einem Gerücht beruhen: *Es ist ein sehr strenger Lehrer, das hält mein Kind sicher nicht aus.***
Jeder Lehrer hat einen bestimmten Ruf. Der Ruf ist geprägt von unterschiedlichen Wahrnehmungen. Diese sind einem persönlichen Filter unterlegen. Machen Sie sich erst bewusst, was Sie selbst unter einem strengen Lehrer verstehen. Ist »streng« negativ belastet, dann ist es besonders wichtig, dass Sie hingehen und den Lehrer bewusst wahrnehmen, damit Sie sich ein eigenes Bild machen können. Entspricht seine Strenge Ihrer Vorstellung oder entdecken Sie eine andere Facette? Wie erleben Sie sich im Kontakt mit ihm? Überlegen Sie dabei, was Ihr Kind von diesem Lehrer Interessantes mitbekommen könnte.
Überprüfen Sie: **Was für ein Lehrerbild habe ich?** *Wenn Sie merken, dass Sie einen Lehrer als ungut sehen, versuchen Sie, bewusst den Lehrer Ihres Kindes mit den eigenen Lehrern zu vergleichen. Suchen Sie Unterschiede. Wissen Sie, ob dieser Lehrer wirklich so schrecklich ist, wie Sie denken? Überprüfen Sie Ihre Zweifel, indem Sie mit ihm sprechen.*
3. **Beispiel: Bedenken aufgrund der Sorge um Ihr Kind: *Sie kann doch gar nichts lernen, wenn sie nicht spricht.***
Machen Sie sich bewusst, welche Schritte Ihr Kind auch schweigend bereits vollzogen hat. Wann erleben Sie Interesse bei Ihrem Kind? Kann es sich konzentrieren? Kann es zuhören? Probiert es Dinge aus? Somit hat es Voraussetzungen, sich mit dem Lehrstoff auseinanderzusetzen, zuerst schweigend, später sprechend.
Droht Ihr Selbstwertgefühl zu sinken, wenn Sie an diese Situation denken? Machen Sie sich bewusst, was Sie in Ihrem Leben schon alles geleistet haben. Sie selbst sind schon lange kein Schüler mehr. Streifen Sie schlechte Schulerfahrungen bewusst auf der Fußmatte des Schulhauses ab. Treten Sie dem Lehrer gegenüber als das, was Sie sind: Mutter oder Vater Ihres Kindes.

Nun haben Sie sich mit den inneren Hürden für ein Gespräch mit dem Lehrer Ihres Kindes auseinandergesetzt. Sie sind sich nun bewusst, welche persönliche Schwelle Sie überschreiten, um für Ihr Kind eine gute Brücke zur Schule zu bauen.

Etwas anderes kann auch Sorgen bereiten, nämlich dass der Lehrer Ihr Kind anders wahrnimmt als Sie selbst. Er vermittelt Ihnen eine andere Sichtweise auf Ihr Kind.

Die Brille der Pädagogen und Ihr Elternherz – Wie Sie einer anderen Sichtweise auf Ihr Kind begegnen können

Martina hatte in ihrer eigenen Schulzeit gute Erfahrungen gemacht und hatte sich auf das erste Gespräch mit der Lehrerin ihrer Tochter gefreut. Nach dem Gespräch war sie jedoch irritiert. Es schmerzte sie, dass jemand ihr Kind mit den anderen verglich und so anders einschätzte als sie selbst. »Wenn ich ehrlich bin: Ich bin gekränkt!«, sagt Martina. »Es wundert mich nicht, dass mein Kind nicht mit ihr spricht.« Im Weiteren kommen wir zusammen darauf, dass die Lehrerin sehr freundlich war und ruhig von ihrem Kind gesprochen hat. Sie war bemüht, Martina zu erklären, dass ihr Kind in der Schule ein Problem hat. Doch für Martina war es, als würde ihr Kind in einzelne Fähigkeiten zerlegt. »Es ist, als sei an meinem Kind nichts mehr in Ordnung!«

Wie kommt diese unterschiedliche Einschätzung zustande? Einfach gesagt: durch den Blick, mit dem auf Ihr Kind geschaut wird. Als Eltern haben Sie auf Ihr Kind einen besonders liebevollen Blick. Auch wenn es manchmal Schwierigkeiten macht, ist es eben Ihr Kind, mit dem Sie seit seiner Zeugung eine einzigartige Geschichte leben. Ein Lehrer sieht diese Geschichte nicht, er sieht, was Ihr Kind im Hier und Jetzt leistet und wie es sich im Klassenverband verhält. Er hat noch 20 andere Kinder, mit denen er Ihres vergleicht. Er kann Ihr Kind in Lernsituationen und in Gruppensituationen beobachten. Da Ihr Kind am Anfang mit diesen Situationen unvertraut ist, verhält es sich auch anders oder es weiß nicht, wie es sich verhalten soll. Neue Situationen, vor allen Dingen Gruppensituationen, locken in Ihrem Kind andere Fähigkeiten zu Tage, die es im Familienkreis nicht benötigt. Da muss es sich möglicherweise weniger anstrengen, um sich Gehör zu verschaffen, als in einer Klasse. Ein schweigendes Kind löst diese Situation erst einmal mit Schweigen und Rückzug, manchmal gar mit einer totalen Verweigerung mitzumachen.

Die Lehrperson gewinnt so ein ganz anders Bild als Sie von Ihrem Kind. Tatsächlich kann der Eindruck entstehen, dass sie von einem anderen Kind spricht. Als Eltern werden Sie mit dem Herzen hören und Ihr Kind verteidigen wollen. Ja, es kann sogar so stark erlebt werden, dass Sie Ihr Kind beschützen möchten vor dem bösen Lehrer.

Oft entsteht dadurch ein Irrtum: Wenn das Kind in der Schule sich nicht zu sprechen traut, muss das am Lehrer liegen, denn zu Hause spricht es ja. Da Sie nun aber wissen, dass schweigende Kinder ein Problem damit haben, in der Außenwelt Kontakt zu knüpfen und zu sprechen, bekommt die Schilderung der Lehrperson eine andere Bedeutung: Ihr Kind braucht Hilfe von Ihnen beiden, um eine Verbindung von der Familienwelt zur Schule zu schaffen.

Viele Eltern haben wie Martina das Gefühl, der Lehrer sehe das Kind sehr negativ, und wollen deshalb nie mehr mit ihm sprechen. Hier möchte ich nun den Fuß in die zuschlagende Tür halten und »Stopp!« rufen. Ihr Kind braucht es, damit es in der Schule sprechen kann, dass Sie mit der Lehrperson eine Brücke bauen.

Wie soll das geschehen, wenn die schlechte Nachricht Sie kränkt? Indem Sie sich mit Ihren Gefühlen ernst nehmen. Gestehen Sie sich selbst ein, dass es schmerzt, wenn jemand in Ihrem Kind etwas anderes sieht als Sie selbst und wenn es mit den anderen Kindern verglichen wird. Ihr Gefühl bestätigt Ihnen aber auch, dass Sie zu Ihrem Kind eine besondere Beziehung haben. Atmen Sie ruhig und betrachten Sie die Situation aus dieser Gewissheit.

Sie werden den Unterschied wahrnehmen, der sich zwischen Ihrer Wahrnehmung und derjenigen der Lehrerin herausbildet. Versuchen Sie sich auf diese Weise klar zu machen, dass das Verhalten in der Schulsituation zu Ihrem Kind genauso gehört wie sein Verhalten, wenn es abends schlafen geht. Sie lernen einen neuen Teil Ihres Kindes kennen, der bisher noch verborgen war. Es ist Ihr Kind, das versucht, mit einem Problem klarzukommen, indem es schweigt oder sich verweigert.

Sein Lösungsversuch, mit der neuen Situation zurechtzukommen, ist für seine Entwicklung wenig hilfreich, deshalb braucht es Ihre und des Lehrers Unterstützung. Sie beide ermöglichen Ihrem Kind, seine Fähigkeiten von zu Hause mit in die Schule zu nehmen und auch dort zu zeigen. Aus Ihren Erfahrungen mit Ihrem Kind haben Sie die Möglichkeit, dem Lehrer oder der Kindergartenpädagogin zu zeigen, welche Situationen Ihrem Kind Sicherheit vermitteln.

Machen Sie sich deshalb auch mit der neuen Umgebung Ihres Kindes vertraut, in dem Sie der Lehrperson aufmerksam zuhören. Lassen Sie sich einzelne Situationen beschreiben, um selbst ein Bild zu davon zu erhalten, womit sich Ihr Kind auseinandersetzen muss. Fragen Sie nach, wenn Sie sich etwas nicht vorstellen können.

Die Probleme, die Ihr Kind in der Schule zeigt und die Ihnen die Lehrerin darlegt, bilden einen Zustand, der sich durch gemeinsame Bemühungen ändern lässt.

Als erste Frage drängt sich auf, was Ihr Kind benötigt, um seine Kompetenz auch in einer Kindergruppe zeigen zu können und sich wohl zu fühlen. Können Sie durch Ihre Erfahrung als Eltern der Lehrerin einen Tipp geben? Das könnte zum Beispiel sein: »Wenn die Aufmerksamkeit der ganzen Klasse auf meinem Kind liegt, ist es blockiert, wenn Sie sich zu ihm setzen und es nur mit Ihnen sprechen muss, schafft es das besser.« Oder gerade umgekehrt: »Mein Kind hat weniger Probleme zu sprechen, wenn ein anderes Kind dabei ist.« Auf diese Weise nutzen Sie Ihre nahe Verbindung zu Ihrem Kind, um dem Lehrer seine Perspektive zu zeigen.

So verbinden Sie diese beiden Welten für Ihr Kind. Wenn Sie mit ihm von der Schule sprechen und es spürt, dass Sie einiges davon kennen, wird die Schule für Ihr Kind vertrauter. Spricht die Lehrerin es auf ein Ereignis zu Hause an (zum Beispiel den Hamster oder die Katze), spürt Ihr Kind eine Verbindung und die Sicherheit wächst.

Das Kontaktheft

Sehr gute Erfahrungen haben wir mit dem Kontaktheft gemacht. In einem Heft tragen sowohl Eltern wie auch Lehrer wichtige Ereignisse ein. Das Kind bringt das Heft von einem zum anderen und spürt so den Faden, der von den Eltern in die Schule und zurück geht, deutlicher. So kann zum Beispiel im Heft stehen, dass Sie am Sonntag im Zoo waren, und die Lehrerin kann durch Fragen Ihrem Kind helfen, seine Erzählung zu strukturieren oder zumindest mit ja und nein sich am Unterricht zu beteiligen. Für Kinder, die noch unverständlich sprechen, orientiert das Kontaktheft über den Hintergrund und hilft der Lehrerin, besser zu verstehen, worauf Ihr Kind sich bezieht.

Umgekehrt kann die Lehrerin in das Heft schreiben, dass Ihr Kind im Turnen sehr aktiv war, nun einen Buchstaben mehr kennt und ihn flüstern kann oder dass es an diesem Tag besonders ängstlich war. Das ermöglicht Ihnen wiederum, im Gespräch mit Ihrem Kind herauszufinden, was denn so schwierig war oder was ihm besonders Spaß gemacht hat.

Noch ein Tipp: Lassen Sie sich von Ihrem Kind diktieren, was Sie hineinschreiben wollen.

Seien Sie mit sich selbst geduldig. Wenn Ihr Kind in der Schule oder Kindergarten beharrlich schweigt, braucht es Zeit. Auch die Wirksamkeit Ihrer Zusammenarbeit mit der Schule braucht Zeit, um sich zu entfalten. Wichtig ist, dass Sie sich mit dem Lehrer gemeinsam kleine Schritte überlegen, in denen Sie Ihr Kind unterstützen können. Auch diese Schritte sind sehr individuell: Der erste Schritt ist meistens, dass Ihr Kind allein in die Schule geht, der zweite kann sein, dass es die gestellten Aufgaben mitmacht, usw.

Meistens schlagen Lehrer oder Kindergartenpädagogen eine Therapie vor. Doch die Therapie allein ersetzt nicht die Brücke, die Sie mit der Schule bauen. Sie unterstützt ihr Kind dabei, Ängste zu überwinden, das Ich zu stärken, in der Sprache sicherer zu werden und vieles mehr.

Die verschiedenen Perspektiven, mit denen Ihr Kind wahrgenommen wird, helfen Ihrem Kind, ein größeres Spektrum in seiner Identität zu entwickeln. Es wird Schüler, Kindergartenkind, Turner usw. Es beginnt immer mehr Rollen zu spielen und gewinnt in seinem Verhalten ein immer größeres Repertoire. Zeigen Sie ihm, dass Sie sich über seine Vielfalt freuen.

Zwischen den verschiedenen Perspektiven zu wechseln, braucht etwas Übung. Damit wird es Ihnen möglich, Ihrem Kind Sicherheit und Schutz für die schwierigen Aufgaben zu vermitteln. Achten Sie besonders darauf, dass Sie Ihrem Kind gegenüber nicht die Perspektive des Lehrers einnehmen. Wenn Ihr Kind vor der Aufgabe steht, sich an einen Schulablauf, an eine Klasse und die Anforderung des Lehrers anzupassen, braucht es für diese Anstrengung Ihre elterliche Unterstützung. Der Stress in der Schule sollte zu Hause nicht fortgesetzt werden. Ihr Kind wird irritiert sein, wenn Sie plötzlich fordernd werden wie der Lehrer. Sie können aber Ihrem Kind das Anliegen des Lehrers erklären und mit ihm besprechen, wie es das am besten erfüllen kann.

Wie Sie die Pädagogen Ihres Kindes informieren und was Sie von Ihnen verlangen können

Für Ihr schweigendes Kind ist es wichtig, egal wie alt es ist, dass Sie den Weg in die Schule oder Klasse vorbahnen, indem Sie die Pädagogen informieren. Bei jeder Form des Schweigens ist es wichtig, dass die Lehrperson informiert ist, warum Ihr Kind so und nicht anders reagiert. Das Wissen rund um die Schwierigkeiten mit der Sprache ermöglicht der Lehrperson, bestimmte Verhaltensweisen Ihres Kindes zu verstehen und entsprechend darauf zu reagieren.

Lehrer wollen sich bewusst selbst ein Bild von einem Kind machen, bevor sie sich Berichte über das Kind anhören. Das hat den Vorteil, dass sie Ihrem Kind unvoreingenommen begegnen können. Viele Eltern hoffen auch, dass ihr Kind am Unbeschwertesten sprechen kann, wenn der Lehrer unvoreingenommen ist. Diese Sichtweise bietet einem Kind die Chance, aus einer neuen Perspektive wahrgenommen zu werden.

Wenn es aber um selektiven Mutismus und Sprachstörungen geht, muss der Pädagoge im Voraus informiert werden, um zu vermeiden, dass er ein schweigendes Kind aus Unwissenheit unter Druck setzt und damit alle bisherigen Erfolge zumauert. Ihr Kind wäre einer neuen Situation so ausgeliefert, dass es alles, was es bisher entwickeln konnte, wieder einsperrt.

Ob eine unvoreingenommene Haltung für Ihr Kind gut oder schlecht ist, entscheiden letztlich der Entwicklungsstand Ihres Kindes und seine Fähigkeit, mit neuen Situationen umzugehen. Wenn

Sie mit Ihrem Kind in einer Therapie sind, dann können Sie das Thema mit der Therapeutin erörtern und mit ihr einen auf Ihr Kind zugeschnittenen Weg gehen. Ist Ihr Kind aber im Kindergarten etwas offener geworden und Sie machen sich Sorgen, wie es in der Schule gehen wird, ist es unbedingt notwendig, mit dem Lehrer zu sprechen. Bedenken Sie, dass das Schweigen nicht nur für Ihr Kind ein Problem ist, sondern auch für den Lehrer. Für die Schule gibt es bereits einige Hilfen für schweigende Kinder, so dass eine Vorinformation dem Lehrer ermöglicht, sich weiter kundig zu machen und Ihrem Kind entsprechend zu begegnen.

Bei Sarah (6 Jahre) war es so: Ihre Mutter machte sich schon vor der Einschulung Sorgen und versuchte deshalb mit der Lehrerin Kontakt zu bekommen. Am ersten Schultag nun hatte die Lehrerin für alle Kinder eine Mutkugel vorbereitet. Sie sagte zu ihnen: »Am Anfang braucht man in der Schule manchmal sehr viel Mut. Die einen fürs Turnen, die anderen zum Zeichnen und wieder andere zum Sprechen.« Jedes Kind hatte eine Mutkugel bei sich und alle Kinder wussten, dass jedes ein bisschen Mut braucht am Anfang. So konnten es die Kinder gut akzeptieren, dass Sarah nicht sprach.

Auch für die Schwierigkeiten, die Sarah hatte, sich von ihrer Mutter am Morgen zu trennen, hatte die Lehrerin eine Idee. Sie holte Sarah ab und führte sie ins Schulzimmer. Diese Prozedur war für alle drei sehr anstrengend und doch haben Mutter und Lehrerin Sarah mit viel Liebe und Geduld vermittelt, dass die Schule wichtig ist und dass sie zusammenarbeiten.

Die Angst vor der lebhaften Klasse konnte noch nicht ganz verschwinden, aber es ist Sarah, wenn sie in der Schule ist, so möglich zu lernen, Interessen zu entwickeln und Freundschaften zu schließen.

Nicht alle Lehrer können den gleichen Einsatz erbringen wie Sarahs Lehrerin. Ein anderer Lehrer versucht, mehr die anderen Kinder dazu zu aktivieren, einem schweigenden Kind zu helfen. Jeder sucht seine Möglichkeiten, die er auch mit seinen anderen Aufgaben verbinden kann.

Sie können einem Lehrer nicht vorschreiben, wie er das Problem löst, doch ihn um Unterstützung bitten, das können Sie tun.

Ein sehr wichtiges Thema sind oft die Rücksichtnahme und die Ungerechtigkeit anderen Kindern gegenüber. Rücksichtnahme heißt nicht, dass von Ihrem Kind nichts verlangt werden kann oder dass sich der ganze Unterricht um Ihr Kind herum aufbauen soll. Es geht darum, einzelne Schritte zu erleichtern.

In Sarahs Klasse ging es auf die beschriebene Weise eine Weile gut. Sarah erhielt für jeden reibungslosen Übergang ins Klassenzimmer ein Sternchen und nach fünf Sternchen eine Belohnung. Eines Tages fragte ein anderes Kind, warum sie alle, die selbstverständlich in die Schule kommen, nie eine Belohnung bekommen. Die Lehrerin fand auch dafür eine Lösung.

Während des ganzen ersten Schuljahres gab es mehrere Auf und Abs, aber Sarah konnte immer ein bisschen mehr Erfolg erleben. Sie begann erst mit der Lehrerin zu sprechen, dann mit den anderen Kindern.

Nur die Trennung von ihrer Mutter am Morgen fiel ihr sehr schwer. Der Druck erhöhte sich, als die Eltern der anderen Kinder sich bei der Lehrerin beschwerten. Die Lehrerin sprach mit Sarah und dann auch mit ihrer Mutter darüber; auch wir tauschten uns aus.

Mit Sarah wurde nun ein Stufenplan erarbeitet: »Mama begleitet dich bis zur Tür, in der nächsten Woche bis zur Treppe, dann bis in den ersten Stock.« Sarah bestimmte dann von sich aus, wann ihre Mutter sie entlassen könne, und schaffte es dann allein vom Parkplatz aus ins Schulzimmer.

In der Therapie erkannte Sarah, wie viel ihr eigentlich die anderen Kinder geholfen haben, und sie überlegte sich mit ihrer Mutter, wie sie der Klasse danken könne.

Wäre das mit dem Stufenplan nicht früher gegangen? Nein. Sarah war zu diesem Zeitpunkt erst in der Lage, auf diesen Plan einzugehen, weil sie Vertrauen in die Lehrerin und in die Klasse entwickelt hatte und sich selbst mehr zutrauen konnte.

Dieser Einsatz von Mutter und Lehrerin, verbunden mit der Geduld der anderen Eltern, ermöglichte Sarah, den Schulbeginn, vor dem sie sich so sehr fürchtete, positiv zu erleben. Das ist nicht in jeder Schule möglich. Im Gespräch mit dem Lehrer ist es deshalb notwendig, eine Zielsetzung zu vereinbaren.

Bei Sarah war das primäre Ziel, dass sie in der Schule bald spricht, und das wurde auch erreicht, allerdings mit der genannten Einschränkung.

Bei Matthias ging es um das Ziel, dass er in der Klasse mitmacht, später, dass er in einem kleinen Grüppchen liest.

Alexandras Mutter besprach mit dem Lehrer, dass Alexandra, wenn sie mit der Lehrerin allein ist, flüsternd lesen kann. Für Alexandra ist das ein großer Fortschritt, dass sie das überhaupt schafft, und der Lehrer kann sich ein Bild davon machen, ob und wie Alexandra lesen kann. Zu Hause wurden nach dem Lernen Gedichte auf Band aufgenommen.

Von Simon wurde erst erwartet, dass er seine Antworten flüstert.

Lassen Sie sich nicht von der allgemeinen Meinung irritieren, Ihr Kind spreche nicht in der Schule, weil der Lehrer unsympathisch sei. Sie wissen nun, dass mit dem Sprechen viele Dinge verbunden sind und Ihr Kind schweigt, weil die Schulsituation es mehrfach fordert. Ihr Kind braucht Hilfestellungen, damit es seine Ängste überbrücken kann. Auch wenn Ihr Kind in der Sprachentwicklung verzögert und sich seiner Schwächen bewusst ist, dann ist es wichtig, dass der Lehrer einfühlsam mit ihm umgeht, ihm Unterstützung gibt, mit dem Lehrstoff weiterzukommen und sich in die Klasse zu integrieren.

Sarah und ihre Mutter kommen heute beide sehr gelöst und strahlend in die Therapie. Sarah schaut mich ganz direkt an und lächelt, Ihre Mutter sieht stolz auf ihre Tochter, sie haben etwas zu erzählen. »Wir machten eine Dankesparty in der Schule«, beginnt Sarah. Und führt weiter aus: »Mama und ich haben Kuchen gebacken für die ganze Klasse und uns bedankt, dass sie mir so lange Zeit geholfen haben. Du weißt schon.« (Ich weiß, dass die Klasse oft warten musste, bis der Unterricht beginnen konnte, weil Sarah sich nicht so rasch beruhigen konnte.) »Ich gehe jetzt vom Parkplatz aus in die Schule!« Strahlen von einem Ohr zum andern. »Und es hat allen gefallen!«

Dieser Bericht zeigt deutlich, wie es ist, wenn ein Kind sich nun ganz zur Klasse gehörig fühlt. Die ganze Klasse feiert mit, dass Sarah nun schafft, was ihr so lange Zeit Mühe machte. Hut ab vor allen Beteiligten.

Ich höre immer mehr solche positiven Entwicklungen in der Zusammenarbeit von Eltern und Lehrern. Das ist sehr erfreulich. Immer öfters erkundigen sich Lehrer, wenn sie wissen, dass im nächsten Schuljahr ein schweigendes Kind in ihrer Klasse sein wird, wie sie sich verhalten, auf was sie besonders achten sollen. Ihr Engagement ist bewundernswert.

Die Möglichkeiten, auf Ihr Kind einzugehen, bleiben innerhalb des Schulbetriebs begrenzt. Sie können von einem Lehrer verlangen, dass er achtsam mit dem Problem umgeht und für bestimmte Situationen Lösungen sucht. Sie können aber nicht erwarten, dass er Ihr Kind therapiert.

Manchmal muss man leider feststellen, dass ein Pädagoge nicht bereit ist, auf Ihr Anliegen und Ihr Kind einzugehen.

Was tun, wenn Sie sich mit den Lehrern gar nicht verstehen?

Es gibt viele gute, engagierte Lehrer. Nicht alle können gleich gut mit Eltern zusammenarbeiten. Das bedeutet aber nicht, dass sie Ihr Kind nicht unterrichten oder die Situation eines schweigenden Kindes nicht richtig einschätzen können. Nach allem, was Sie nun über das Brückenbauen für Ihr Kind gelesen haben, ist es hart, zu erkennen, dass von Seiten der Pädagogen auch Grenzen gesetzt werden.

Nach dem ersten Ärger wird es nun wichtig, sich über Fakten Gedanken zu machen. Das Mindeste, was ein Lehrer braucht, um mit einem schweigenden Kind in seiner Klasse zu arbeiten, ist eine ausreichende Information über das Schweigen Ihres Kindes. Sie bauen die Brücke mit dem Stein der Sachlichkeit und überlassen dem Lehrer, die Fugen zwischen den Steinen auszufüllen.

Das sind Fragen und Probleme, vor die ein Lehrer angesichts eines schweigenden Kindes gestellt ist und für die er oder Sie gemeinsam Lösungen suchen müssen:

- Wie kann Ihr Kind in die Klasse integriert werden?
- Wie kann ein Lehrer den Lernerfolg überprüfen?
- Wie kann er erkennen, dass Ihr Kind das Lesen doch gelernt hat?
- Wie kann in der Schule mit Leistungsverweigerung umgegangen werden?
- Wie kann ein Kind den Schulweg allein meistern?

Nicht akzeptabel für ein schweigendes Kind sind folgende Verhaltensweisen eines Lehrers:

- Das Kind nachsitzen lassen, bis es ein Wort sagt.
- Ein schweigendes Kind vor den anderen bloßstellen.
- Ein schweigendes Kind nicht beachten.
- Behaupten, ein schweigendes Kind könne vom Unterricht nicht profitieren.

Ihre sachliche Haltung kann sich über die Schuljahre, die Ihr Kind bei diesem Pädagogen verbringt, zu einer gegenseitig wertschätzenden Begegnung weiterentwickeln. Dieses Kunststück kann Ihnen gelingen, wenn Sie sich selbst ernst nehmen und achtsam die Entwicklung Ihres Kindes begleiten.

Wenn Sie merken, dass Ihr Kind gern in die Schule geht und zum Pädagogen einen guten Draht findet, dürfen Sie entspannt einen Schritt zurücktreten. Ihr Kind und sein Lehrer finden einen Weg. Das können Sie unterstützen, indem Sie sich dafür interessieren, was Ihr Kind in der Schule erlebt. Freuen Sie sich mit über die positiven Erfahrungen und lassen Sie Ihre Enttäuschung ruhen. Damit holen Sie das Bestmögliche heraus. Auch das Verhältnis zwischen Ihnen und dem Lehrer kann sich entspannen, wenn Sie ihm mitteilen, dass Sie beobachten, wie gern Ihr Kind in die Schule kommt.

Schweigende Kinder wecken den pädagogischen Ehrgeiz. Es gibt leider noch immer Pädagogen, die für die Situation eines Kindes mit selektivem Mutismus kein Verständnis haben und glauben, mit Druck arbeiten zu müssen.

Claudias (12 Jahre) Lehrer hielt das Mädchen am Nachmittag in der Schule zurück. »Du verlässt das Schulzimmer erst, wenn du ein Wort gesagt hast.«

Drei Lehrer vor ihm hatten das Kind mit seinem selektiven Mutismus durchgetragen, der vierte Lehrer konnte das nicht verstehen. Sein Verhalten löste bei dem Mädchen zu Hause einen Schreikrampf aus. Es schloss sich in seinem Zimmer ein und wollte mit niemandem reden.

Nachdem ihn Claudias Mutter informiert hatte, worum es bei selektivem Mutismus geht, und ich als Therapeutin des Kindes auch mit ihm gesprochen hatte, verstand er die Situation und entwickelte Ideen, das Mädchen allgemein mehr zu aktivieren, zum Beispiel im Theaterspiel.

In diesem Fall ging die Situation insofern gut aus, als das Mädchen in der Klasse bleiben konnte, in der es sich wohl fühlte, und mit diesem Lehrer Neues entdeckte. Der Lehrer konnte aufgrund der sachlichen Informationen Wege suchen, das Mädchen in seiner Klasse zu fördern.

Es lohnt sich, in diesen Situationen das Gespräch erneut zu suchen und den Pädagogen Ihres Kindes über selektiven Mutismus oder Sprechangst zu informieren, auch darüber, wie Sie Ihrem Kind helfen. Auch wenn sich viel Ärger ansammelt, hilft am ehesten, sachlich zu bleiben. Bitten Sie den Lehrer, von Druck auf das Sprechen abzusehen. Oft ist es auch sinnvoll, den Therapeuten Ihres Kindes zu bitten, mit dem Lehrer zu sprechen oder gar ein solches Gespräch zu dritt zu führen.

Nicht jedem Lehrer liegt es, sich mit Eltern auseinanderzusetzen. So kommt es doch ab und zu vor, dass Eltern und Lehrer nicht zusammenarbeiten können. Das ist weniger Ihr Problem als das des Lehrers. Deshalb brauchen Sie es nicht persönlich zu nehmen und können in Ihrem Anliegen sachlich bleiben. Damit lässt sich ein Machtkampf vermeiden und Sie müssen auch nicht die Rolle des Schulkindes übernehmen. Akzeptieren Sie, dass der Lehrer nicht bereit ist, mehr zu tun, als Ihr Kind zu unterrichten. Bleiben Sie sachlich bei den Informationen, die er braucht, und bei Ihren Fragen für bestimmte Probleme.

Meistens stehen falsche Vorstellungen zwischen Eltern und Lehrer. Die Vorstellungen des Pädagogen können Sie nicht ändern, hingegen können Sie Ihre eigenen überprüfen: Was genau erwarten Sie von einem Lehrer, wäre weniger auch möglich?

Wenn es Ihnen wichtig ist, eine Brücke für Ihr Kind zu bauen, und der Lehrer nicht auf Ihre Vorschläge eingehen will, hat er vielleicht Ideen, die dem Gedanken einer Brücke für Ihr Kind ebenfalls dienen.

Kann sein Ziel sein, Ihr Kind in die Schulwelt einzuführen, ohne die Eltern einzubeziehen? Damit wird der Pädagoge zum direkten Kommunikationspartner Ihres Kindes, und wenn er das geschickt macht, ist dem nichts entgegenzusetzen. Sie haben es dann mit einem Lehrer zu tun, der sehr gut auf Kinder eingehen kann, aber den Kontakt mit den Eltern auf ein Minimum beschränken möchte.

Für Ihr Kind ist es wichtig, ob es sich in der Schule einleben und zum Lehrer eine gute Beziehung aufbauen kann. Ein solcher Pädagoge arbeitet am besten, wenn er in Ruhe gelassen wird.

Wenn es Ihnen gelingt, dieser Situation gelassen gegenüberzustehen, können Sie Ihr Kind unterstützen, indem Sie Interesse zeigen an den Dingen, die es in der Schule erlebt.

Überprüfen Sie Ihre eigene Haltung:

- Haben Sie sich mit dem Lehrer in einen Machtkampf begeben?
- Könnte Ihr Anliegen auch anderes gelöst werden, als Sie es sich vorstellen?
- Wie reagieren Sie auf den Gedanken, dass der Lehrer das Beste versucht und selbst eine geeignete Lösung finden möchte?
- Finden Sie Anhaltspunkte, die zeigen, dass der Pädagoge auf Ihr Kind eingeht, aber weniger auf Sie?
- Was können Sie an dem Lehrer Ihres Kindes wertschätzen?
- Haben Sie verstanden, nach welchem Konzept der Lehrer Ihres Kindes arbeitet?

Auch wenn Sie einen Lehrerwechsel oder gar Schulwechsel erwägen, versuchen Sie erst, mit dem Lehrer auf eine Basis kommen, die es Ihrem Kind ermöglicht, bei ihm den Unterricht zu besuchen. Prüfen Sie deshalb sorgfältig und ehrlich ihre eigenen Erwartungen und diejenigen des Lehrers. Oft liegen mehrere gegenseitige Missverständnisse vor. Auch für den Lehrer bedeutet es meist eine Erleichterung, wenn diese geklärt sind. Deshalb lohnt es sich, seine Ansichten aufmerksam anzuhören und mit ihm den kleinsten gemeinsamen Nenner zu suchen.

Im schlimmsten Fall, wenn die Lehrperson weder gesprächsbereit noch einsichtig für das Problem Ihres Kindes ist und Druck ausübt, wenn Sie von sich sagen können, dass Sie alles versucht haben, nehmen Sie den Weg eines Lehrerwechsels auf sich. Um sich schulisch entwickeln zu können, braucht Ihr Kind einen verständnisvollen Lehrer.

In einem Kurs über schweigende Kinder meldete sich einmal eine sehr aufgebrachte Lehrerin. Sie könne sich nicht nur um dieses eine Kind kümmern, denn sie habe noch 24 andere Kinder in der Klasse. Nachdem ich ihr eine Weile zugehört hatte, stellte sich heraus, dass sie glaubte, das Kind extra schulen und auch noch eine Therapie, für die sie nicht ausgebildet ist, durchführen zu müssen. Nachdem wir mögliche und unmögliche Unterstützungsmaßnahmen diskutiert hatten, erkannte sie, dass es einige wenige Punkte gab, die sie mit den Eltern besprechen musste, um ihr Kind in die Schule zu integrieren. Die Erkenntnis, dass sie sich in ein Missverständnis verstrickt hatte, löste ihr Problem mit den Eltern und sie konnten dann gut Informationen austauschen. Das schweigende Kind wurde in einer kleinen Gruppe mit einer zusätzlichen Lehrerin im Vorlesen gefördert und konnte so seine Ängste vor der Klasse abbauen.

Sehr viele Missverständnisse entstehen daraus, dass die Seite des Lehrers schwer zu erfassen ist. Ich erlebe in meiner Arbeit Lehrer engagiert und an Lösungen interessiert. Das Bewusstsein über schweigende Kinder und ihre Probleme wächst. Viele informieren sich darüber und bilden sogar Arbeitsgruppen zu den Themen, die schweigende Kinder im Unterricht aufwerfen, und entwickeln Möglichkeiten, schweigenden Kindern in der Klasse zu helfen.

Der Brückenbau zwischen Eltern und Schule ist ein großes Kunstwerk und ein langes Projekt. Das Baumaterial ist die Kommunikation. Einige wichtige Bausteine für die Kommunikation mit dem Lehrer sind im Folgenden zusammengefasst:

Bausteine für die Kommunikation mit dem Pädagogen

- Bitten Sie auf jeden Fall um einen Termin für ein Gespräch. Das ist die Grundlage, sich gegenseitig gut zuhören zu können. Themen wie schweigende Kinder können nicht zwischen Tür und Angel gelöst werden. Oft versucht man dann, ein Problem schnell und irgendwie zu lösen, und es geschehen gegenseitige Verletzungen, die vermieden werden können, wenn sich beide für das Thema Zeit nehmen.
- Bereiten Sie sich auf das Gespräch vor, indem Sie sich überlegen, was Ihr Anliegen ist und welche Fragen Sie an den Lehrer haben.
- Beschreiben Sie Ihr Anliegen in kurzen Worten.
- Hören Sie auch dem Lehrer zu, was er zu sagen hat, fragen Sie nach, wenn Sie nicht verstanden haben, was er meint. Hier geht es darum, eine gemeinsame Ebene zu finden, die es ermöglicht, Ihrem Kind die Schule zu erleichtern.
- Machen Sie Lösungsvorschläge oder informieren Sie den Lehrer über Eigenarten Ihres Kindes, damit Sie gemeinsam Lösungen finden können.
- Achten Sie die Grenzen des Lehrers, aber achten Sie auch auf die Ihren.
- Machen Sie sich bewusst, dass Sie im Gespräch mit einem Lehrer kein Schulkind sind, sondern Mutter oder Vater des Kindes, das zu diesem Lehrer in die Schule geht.
- Stellen Sie Ihre Fragen.
- Manchmal muss man auch einen Lehrer unterbrechen, wenn er zu ausführlich ist.
- Bleiben Sie selbst beim Thema.

8 Braucht Ihr Kind Therapie? Und wenn ja, welche?

Ja, ein schweigendes Kind braucht Therapie. Kinder in Therapie? Ist das nicht zu früh? Wächst sich das nicht aus? Das sind die häufigsten Fragen, die mir Eltern stellen, wenn ich ihnen eine Therapie vorschlage. Vor allem bei kleinen schweigenden Kindern fällt die Entscheidung schwer.

Eine Möglichkeit ist, die Gesamtentwicklung Ihres Kindes innerhalb einer festgelegten Zeit, in der Regel 3 bis 6 Monate, im Auge zu behalten. Meistens zeigen sich in anderen Bereichen als der Sprache stetige Fortschritte, die Kontaktfreudigkeit und das Interesse am Anderen nehmen zu. Wenn sich aber Ihr Kind, statt sich zu öffnen, mit laufender Entwicklung immer mehr zurückzieht oder sich die Lösung von Ihnen äußerst schwierig gestaltet, sind diese Anzeichen ernst zunehmen. Denn wartet man zu lange, bedeutet das für ein Kind eine lange Zeit von Unsicherheit und manchmal zusätzlicher Traumatisierung. Es sucht als Lösungsmöglichkeit den Rückzug. Das wirkt sich erschwerend auf die Entwicklung aus.

Markus' (6 Jahre) Eltern fürchten, dass ihr Kind durch eine Therapie das Gefühl bekommt, dass etwas mit ihm nicht stimme.

Max' (4,5 Jahre) Eltern glauben, es liege am Kindergarten, dass er nicht spricht.

Rafaels (5 Jahre) Eltern kommen nur, weil die Pädagogen sie unter Druck gesetzt haben. Sie selbst glauben, dass sich die Situation wieder gibt.

Claudias (damals 14 Jahre) Eltern haben eine Therapie nicht in Betracht gezogen, weil ihnen nicht klar war, wie sehr ihre Tochter unter ihrer Sprechangst leidet.

Alle hatten das Gefühl, dass sie es allein schaffen müssten.

Mögliche Einwände gegen eine Therapie

Bekommt ein Kind durch die Therapie das Gefühl, dass etwas mit ihm nicht stimmt?

Dieser Eindruck entsteht kaum in einer Therapie, weil das Vorgehen ja darauf ausgerichtet ist, sich selbst besser wahrzunehmen und sicherer zu werden. Hingegen entsteht das Gefühl, anders zu sein, eher im Vergleich mit anderen Kindern und der Erfahrung, etwas nicht zu können, was anderen leicht fällt.

Liegt es nur am Kindergarten?

Das stimmt insofern, als der Eintritt in den Kindergarten das Schweigen erst zu Tage bringt. Erst da wird deutlich, dass Ihr Kind Probleme hat, sich in der Umgebung außerhalb der Familie zurechtzufinden. Viele Kinder haben am Anfang Schwierigkeiten mit diesem Übergang. Ein schweigendes Kind hat jedoch mehr Probleme, sich zu regulieren, und schweigt noch nach 6 Monaten trotz Bemühungen der Pädagogen.

Therapie unter Druck?

Viele Eltern, die unter Druck eine Therapie aufsuchen, haben Zweifel, ob eine Therapie helfen kann. Meistens haben sie Vorbehalte und denken, sie müssten es doch allein schaffen. Sprechen Sie mit dem Therapeuten Ihres Kindes über Ihre Zweifel. Ausgesprochen sind Zweifel in einer Therapie hilfreich. Eine Therapie gibt immer Anstöße und neue Impulse. Dass es gelingt, schaffen Sie als Eltern. Ohne Eltern kann keine Therapie gelingen.

Alle genannten Einwände gegen eine Therapie entspringen der elterlichen Hoffnung. Es liegt mir fern, Ihnen die Hoffnung auf eine Besserung zu nehmen. Ich denke auch, dass Sie Ihr Kind besser kennen als jeder andere. Dennoch muss ich diesen Meinungen entgegenhalten, dass bei Kindern Therapien allgemein sehr spät in Anspruch genommen werden, meistens erst, wenn der Druck schon sehr stark ist und sich die Situation schon sehr verfahren hat.

Alle Figuren der inneren Bühne sind erstarrt und die Angst nimmt den ganzen Raum ein. Durch eine frühzeitige Therapie bei allen Formen des Schweigens kann das vermieden werden.

Wann ist es sinnvoll, fachliche Hilfe in Anspruch zu nehmen?

Fachliche Hilfe unterscheidet zwischen Diagnostik, Beratung und Therapie. Wichtig ist erst zu wissen, was mit Ihrem Kind los ist. Wenn Sie sich bei Ihren eigenen Beobachtungen nicht sicher sind, um welche Form des Schweigens es sich handelt, kann Ihnen eine logopädische Untersuchung oder ein psychotherapeutisches Erstgespräch zu mehr Klarheit und Verstehen verhelfen.

Wenn Sie vor der Entscheidung stehen, fachliche Hilfe in Anspruch zu nehmen, sind folgende vier Kriterien genauer zu beachten:

- die Form des Schweigens,
- der Zeitpunkt,
- Ihre persönliche Besorgnis,
- Nebenphänomene.

Form des Schweigens

Um überhaupt eine gute Begleitung für Ihr Kind zu finden, ist es wichtig, sich über die Form des Schweigens im Klaren zu sein. Sie können fachliche Hilfe nutzen, um die Situation Ihres Kindes besser zu verstehen. Die Form des Schweigens ist letztlich wegweisend für die Wahl der Therapie. Durch fachliche Hilfe können Sie auch die richtige Therapie für Ihr Kind finden und sich über den Zeitpunkt beraten lassen.

Wenn Ihr Kind in der Sprachentwicklung verlangsamt ist, wenig Sprache zeigt oder stottert, sollte die Notwendigkeit einer Therapie fachlich beurteilt werden. Es ist richtig, sich eine Frist zu setzen, in der Sie das Phänomen beobachten. Verändert sich aber in der Zeit von 3 oder 6 Monaten nichts, sollten Sie nicht zögern.

Wenn Sie bereits beim Kindergarteneintritt feststellen, dass Ihr Kind mit niemandem spricht und das Schweigen über die Eingewöhnungsphase hinausgeht, ist eine Therapie wichtig. Selektiver Mutismus kann früh behandelt werden, das erleichtert auch den Schuleintritt.

Bei Spracherwerbsstörungen ist eine Therapie dringend notwendig, weil das Kind ohne Therapie Wesentliches in der Sprachentwicklung verpasst.

Der Zeitpunkt

Schweigende Kinder fallen oft lange Zeit nicht auf. Vielen Eltern wird das Problem erst deutlich, wenn ihr Kind den Kindergarten oder die Schule besucht. Im Gegensatz zu wilden, aggressiven Kindern wird bei einem schweigenden Kind oft kein Handlungsbedarf gesehen oder es wird erst spät erkannt, dass das schweigende Kind ein Problem hat. In der Zeit, bis sich Pädagogen des Problems gewahr werden, verpasst Ihr Kind unter Umständen Möglichkeiten zur Kontaktaufnahme und sein Selbstwertgefühl leidet. Seine Angst vor den anderen Kindern wächst. Das führt zu Blockierungen. Wird es Pädagogen aber bewusst, versuchen sie, das schweigende Kind mit allen Mitteln zum Sprechen zu bringen, außer, sie haben sich bereits mit dem Problem auseinandergesetzt. Wenn also im Kindergarten die Situation erkannt und auch entsprechend reagiert und weiter beobachtet wird und sich dann keine Änderung einstellt innerhalb von 3 Monaten, dann ist es Zeit, sich fachliche Hilfe zu suchen.

> *Alexandra (5 Jahre) hatte das Glück, dass in ihrem Kindergarten eine Sonderpädagogin arbeitete, die eine Weiterbildung zu selektiven Mutismus besucht hatte. Ihr fiel das stille Kind sofort auf und sie bemühte sich, Alexandra in der Gruppe zu integrieren, und nahm auch früh Kontakt mit den Eltern auf. Alexandra konnte ihre sozialen Fähigkeiten im Kindergarten gut weiterentwickeln und erhielt Unterstützung von den anderen Kindern. Ebenso reagierten die Pädagoginnen verständnisvoll. Nachdem sie jedoch*

auch ein halbes Jahr später erst mit einem einzigen Kind sprach, wurde eine Therapie eingeleitet.

Ihre persönliche Besorgnis

Ich empfehle Ihnen auch dann, wenn Sie sich unsicher fühlen, ob sich Ihr Kind sprachlich gut entwickelt, einen Therapeuten aufzusuchen. Oft kann ein Gespräch oder eine Bestätigung Ihnen die nötige Sicherheit zurückgeben, um mit Ihrem Kind den eingeschlagenen Weg weitergehen zu können. Wichtig ist, die eigene Sicherheit als Eltern wiederzugewinnen, gerade dann, wenn Ihr Kind durch seine Sprache oder das Schweigen auffällt und Ihre Umwelt darauf reagiert. Ein Gespräch mit einer Fachperson kann Ihr elterliches Rückgrat stärken.

Ein Kind kann in seiner Entwicklung gut unterwegs sein, die Unsicherheit der Eltern kann aber zu Reaktionen führen, die zwar gut gemeint sind, das Kind aber blockieren. Wenn Sie sich also schon lange Sorgen machen, suchen Sie fachliche Hilfe. Aus diesem Kontakt muss nicht immer gleich eine Therapie entstehen, es kann auch eine Beratung sein.

Nebenphänomene

Sehr oft bleibt die Aufmerksamkeit am Schweigen eines Kindes haften. Dabei werden andere Phänomene nicht damit in Verbindung gebracht: Wutanfälle zu Hause, Angstzustände, Klammern an die Mutter, Rückzug, Ablehnen von Kontakten, Leistungsverweigerung, häufige Unlust. Oft sind diese Phänomene am Schweigen mitbeteiligt und verstärken es. Das Schwiegen kann sich auch legen, wenn sich eines der genannten Probleme lockert. Deshalb empfiehlt es sich dringend, sich bald beraten zu lassen.

Stefans (damals 5 Jahre alt) Eltern erzählen, sie hätten selbst als Kinder lange nicht gesprochen und plötzlich sei es gegangen. Auch Stefans ältere Geschwister hätten diesen Weg gemacht und seien ohne Therapie ausgekommen. Sie sind überzeugt, dass es sich bei Stefan ebenso verhalte.

Die Erkenntnisse über schweigende Kinder sind auch noch nicht so alt. Oft können das jüngste Kind oder überhaupt die eigenen Kinder von Entwicklungen und Angeboten profitieren, die es früher gar nicht gab. Heute sind therapeutische Methoden, wie auch das Wissen über Sprachentwicklungsstörungen und selektiven Mutismus, weiter, so dass Ihrem Kind geholfen werden kann, ohne dass es eine längere Zeit in Isolation am Rande einer Gruppe stehen muss.

Gespräche mit jungen Erwachsenen machen mir oft deutlich, was für Ängste und Selbstwertprobleme die berufliche und persönliche Entwicklung hemmen. So wie bei Bianca, die unter Sprechangst litt:

> *Im Alter von 14 Jahren merkte sie, dass sie in einem Referat in der Schule, das sie gut vorbereitet hatte, plötzlich stecken blieb. Ihre Stimme blieb einfach weg. Sie stolperte über Fachausdrücke und andere Wörter, die sie als »Feindwörter« bezeichnete. In jedem folgenden Referat unterstrich sie die »Feindwörter« und suchte Ersatzwörter dafür. Ein Referat wurde nun zu einer immer größeren Angstprobe bei dem sonst redegewandten Mädchen und die Anzahl der »Feindwörter« häufte sich. Weder Lehrer noch die Eltern erkannten ihre Not. Nach der Matura vermied sie es, ein Studium zu beginnen, aus Angst, sie müsse dort vor anderen sprechen. Erst im Alter von 22 Jahren entschied sie sich, in ihrem Leben etwas zu ändern, und suchte sich selbst eine Therapeutin. Nach und nach entknotete sie das Netz aus schlechten Meinungen über sich selbst und der Angst vor Versagen.*

Was hätte sie schaffen können, wenn ihr geholfen worden wäre? Das Netz von Angst und Vermeidung von Sprechsituationen sowie die darauf folgende stetige Selbstabwertung hätten vermieden werden können.

Welche Therapien gibt es für schweigende Kinder?

Jede Form des Schweigens zeigt eine Besonderheit des Problems mit der Kommunikation. Im Folgenden beschreibe ich drei Therapien, die sich speziell mit Kommunikation befassen, ausführlicher: die logopädische Therapie, die Kinderpsychotherapie und die Familientherapie. Wenn Sie sich an die innere Bühne erinnern, so benötigt jede Form des Schweigens die Stärkung einer anderen inneren Figur. Die Überlegung, welche innere Figur bei Ihrem Kind Stärkung benötigt, kann Ihnen helfen, die geeignete Therapie für Ihr Kind zu finden.

Logopädie

Die logopädische Therapie befasst sich mit allen Kommunikationsproblemen, die aus Sprachentwicklungsstörungen, Stottern, Sprechunsicherheiten usw. entstehen. Sie unterstützt sprachliche Fertigkeiten, also den inneren Jongleur und den Boten.

Eine logopädische Therapie ist oft spielerisch und übungsorientiert. Es werden kommunikative Situationen geschaffen, in denen ein Kind die Sprache entdecken kann, einzelne Laute übt und lernt, seiner Stimme Ausdruck zu verleihen. Kinder mit Spracherwerbsstörungen werden schon früh, ab dem 2. Lebensjahr, behandelt. Hier erfährt Ihr Kind auf spielerische Weise die kommunikative Bedeutung der Sprache. Es lernt, seine Aufmerksamkeit auf die Wahrnehmung zu richten, sich mitzuteilen und Sprache zu verstehen.

Ab 4 bis 5 Jahren lernen Kinder in der Logopädie bestimmte Laute bilden, die sie noch nicht können. Sie lernen zu erzählen und zuzuhören. Gerade in diesem sehr frühen Bereich arbeiten Logopäden ganzheitlich und beziehen auch die Bewegung, Wahrnehmung und das Denken mit ein.

Bei Kindern mit selektivem Mutismus wird die Kommunikationsfähigkeit insgesamt unterstützt. Auch hier wird spielerisch der Wechsel im Dialog angeregt und in einer geschützten Situation auf unterschiedliche Weise kommuniziert. Ihr Kind lernt, wie es sich ausdrücken kann, und wird stufenweise zum Sprechen geführt. Viele Logopäden und Sprachtherapeuten haben sich mit diesem Problem besonders auseinandergesetzt.

Bei der Suche nach einem Therapeuten für ein Kind mit selektivem Mutismus lohnt es sich, darauf zu achten, dass die Therapeuten generell mit Kindern arbeiten, dass sie die Eltern begleiten und sich im Bereich des selektiven Mutismus auskennen.

Bei Sprechangst ist eine logopädische Therapie sehr hilfreich, weil die Übungen Ihrem Kind Sicherheit vermitteln und es lernt, seine Stimme und Sprache wahrzunehmen und bewusst einzusetzen.

In der Regel werden Sie als Eltern in die logopädische Arbeit einbezogen. Damit können Sie den Fortschritt der Therapie unterstützen.

Die logopädische Therapie schult besonders den Jongleur und den inneren Boten. Sehr oft werden durch diese Fertigkeiten der innere Öffner und der Regisseur stärker. Auch der Forscher wird aktiver. Ihr Kind entwickelt sich in verschiedenen Bereichen.

Manchmal aber verhindern der innere Öffner und der Regisseur einen Fortschritt in der logopädischen Therapie, weil sie sich durch Übungen nicht stärken können. Dann ist eine Kinderpsychotherapie sinnvoller.

Kinder mit Spracherwerbsstörungen, Sprechunfertigkeiten und Sprechangst sowie Kinder mit selektivem Mutismus können logopädisch behandelt werden. Bei Kindern mit selektivem Mutismus ist jedoch besonders darauf zu achten, ob noch andere Begleitphänomene vorhanden sind. Dann ist eine Psychotherapie vorzuziehen.

Kinderpsychotherapie

Der Kinderpsychotherapeut unterstützt Ihr Kind darin, sich emotional und sozial weiterzuentwickeln. Das bedeutet, Gefühle erleben und ausdrücken können. Es werden also der innere Öffner, der Grenzwärter, der Forscher und der Regisseur gestärkt.

Warum muss sich ein Kind schon ausdrücken können? Starke Emotionen und Erlebnisse hinterlassen Spuren. Wenn sie keinen Ausdruck finden, verschließen Kinder Schmerz und Not in sich. Durch die Möglichkeit, an einem neutralen Ort auszudrücken, was ein Kind beschäftigt, wird Energie frei, lösen sich Blockaden und Ihr Kind lernt, selbst seine Gefühle und Empfindungen zu ordnen.

Kinderpsychotherapie hilft Ihrem Kind, seine Ängste zu bewältigen und Mut zum Experimentieren zu entwickeln. Ihr Kind wird in seiner Persönlichkeit sicherer und dadurch auch kommunikationsfreudiger.

Zu einer Psychotherapie für Kinder gehört auch ein regelmäßiges Gespräch mit Ihnen als Eltern. Hier geht es darum, Sie im Alltag zu begleiten und die Schwierigkeiten Ihres Kindes besser zu verstehen. Besonders hilfreich ist Psychotherapie auch da, wo Kinder große Trennungsängste zeigen.

In der Kinderpsychotherapie sind das Spiel und die Arbeit mit kreativen Medien (Malen, Arbeit mit Ton und Ähnliches) die häufigste Arbeitsform. Im Spiel drückt Ihr Kind seine Themen aus und im Spiel antwortet der Therapeut darauf. Es entsteht eine besondere Kommunikation. Das Kind sagt nach einer Stunde: »Ich habe gespielt«, der Therapeut sagt: »Wir haben die Angst vor dem Unbekannten bearbeitet.«

Durch diese Klärung der Gefühle lernt Ihr Kind immer mehr, die Sprache als Ausdrucksmittel und als Kommunikationsmittel zu schätzen und zu nutzen. Der wachsende Selbstwert stärkt auch das Bewusstsein, etwas zu sagen zu haben.

Kinder mit selektivem Mutismus, besonderen Formen der Sprechangst und Kinder mit Blockaden aufgrund von Traumatisierungen werden kindertherapeutisch betreut.

Familientherapie

Bei dieser Therapieform geht die ganze Familie zusammen zum Therapeuten. Hier lernt die Familie miteinander zu kommunizieren. Das kann insbesondere dann sinnvoll sein, wenn das Schweigen des Kindes die ganze Familie belastet, wenn sie sich neue Wege wünschen, aber es nicht allein bewerkstelligen können.

Das kann zum Beispiel sein, wenn das Kind mit selektivem Mutismus sich nicht allein irgendwohin getraut und immer die Mutter, der Vater oder ein Geschwister es begleiten muss. Besonders die Geschwister werden oft Belastungen ausgesetzt, die das Gleichgewicht in der Familie stören.

In der Familiensitzung geht es darum, Belastendes auszusprechen und sich gegenseitig neu wahrnehmen zu lernen. In der Familientherapie lernen Kinder und Eltern, sich neu zuzuhören und sich auszudrücken. Sie vertieft das Gefühl der Sicherheit in der Familie und den Umgang mit schwierigen Situationen. Empfehlen

kann ich diese Form bei Kindern mit selektivem Mutismus, wenn sich das Familienleben zu sehr oder ausschließlich um das Kind mit selektivem Mutismus organisiert und die Geschwister zu kurz kommen. Das Thema von Selbständigkeit und Trennungsängsten kann mit der ganzen Familie bearbeitet werden.

Familientherapie wird oft von einem, manchmal auch von zwei Therapeuten durchgeführt. Die Perspektive von außen auf die Familie kann das Zusammengehörigkeitsgefühl und die Sicherheit in der Familie stärken und neue Sichtweisen vermitteln. Das wichtigste Mittel der Familientherapie ist das Gespräch. Es werden oft auch andere Möglichkeiten ins Spiel gebracht wie Malen oder Situationen mit Figuren aufstellen.

Aus einer Familiensitzung kann sich auch entwickeln, dass die Eltern allein Gespräche in Anspruch nehmen und sich als Eltern stärken lassen. Das kann zum Beispiel dann wirksam sein, wenn zu viele Außenstehende in den Erziehungsalltag einwirken wollen.

Wie Sie die passende Therapie für Ihr Kind finden

Sie sehen, dass es bei den Therapieformen für schweigende Kinder Überschneidungen gibt. Eine Hilfe für die Therapiewahl bieten Ihnen die eigene Beobachtung sowie die Zuordnung zur Form des Schweigens aus dem ersten Kapitel.

Auch die Themen und Bereiche, in denen Sie sich eher unsicher fühlen, können ein Kriterium für die Therapiewahl sein. Dann kommt auch dazu, welche Therapiearten an Ihrem Wohnort zu Verfügung stehen.

Die Arbeitsweise und damit oft auch die Entscheidung, welche Therapie für Ihr Kind besser ist, hängen vom Therapeuten und seinem Ausbildungshintergrund ab. Auch die Chemie muss untereinander stimmen.

Im Internet können Sie unter dem Stichwort »Mutismus« oder »Sprachentwicklung« Homepages von Therapeuten finden, die auf diesem Gebiet arbeiten. Auch auf den Webseiten der Berufsverbände von Logopäden und Psychotherapeuten finden Sie Therapeuten, die in ihrer Region mit Kindern arbeiten. Mittlerweile sollten in jeder Gemeinde oder größeren Stadt in der Nähe Logopäden und Psychotherapeuten tätig sein.

Die Form des Schweigens und die inneren Figuren, die eine Stärkung benötigen, können Ihnen für die Wahl der Therapierichtung Leitfaden sein:

Therapieform	**Innere Figur, die gestärkt wird**	**Form des Schweigens**
Logopädie	*Jongleur*: Kommunikationsfähigkeit, Dialoge, sprachliche Fertigkeiten, Ausdrucksfähigkeit *Bote*: Sprachgestaltung, formulieren, Dialog	– Sprechangst – Spracherwerbsstörung – Selektiver Mutismus
Psychotherapie	*Regisseur*: Ich-Stärke, Autonomie, Selbstwert, Kommunikation *Innerer Öffner*: Kontaktfähigkeit, Selbstwert *Grenzwärter*: Balance von Nähe und Distanz, Kommunikation, Regulierung von Angst und Stress	– Selektiver Mutismus – Schweigen bei emotionalen Problemen – bei Auftreten von Nebenphänomenen
Familientherapie	*Regisseur*: Gleichgewicht innerhalb der Familie, Kommunikationsstil, der den Selbstwert des Einzelnen stärkt, Autonomie und Selbständigkeit Gleichgewicht im familiären Dreieck	– Selektiver Mutismus – Schweigen bei emotionalen Problemen – bei Auftreten von Nebenphänomenen – besondere Belastung des Familienlebens durch das Schweigen

Schlusswort: Cool bleiben oder Freudentanz? – Über die Reaktion auf das erste Wort

Sarah und ihr kleiner Bruder, ihre Mutter und ich stehen im Kreis und werfen uns einen kleinen Stoffhund zu, den Sarah mitgebracht hat. Der Hund »hüpft« von einem zum anderen. Jetzt bleibt er bei mir, schaut von einem zum anderen und weiß nicht, wohin er hüpfen soll. Ich führe mit ihm einen kleinen Dialog und er sagt, dass er besser wüsste, wohin er hüpfen könne, wenn jemand »hier!« ruft. Sarah ruft sofort »hier!«, dann ihr Bruder, dann ihre Mutter, dann Sarah.

Sarahs Mutter blickt zu mir, sie kann sich kaum halten vor Freude: Sarah hat das erste Wort in der Therapie gesprochen.

Ich freue mich auch, doch verhalte ich mich so, als sei es das Normalste der Welt, dass Sarah spricht. Nachdem das Spiel sich erschöpft hat, schlage ich ein Pantomimen-Spiel vor: Jeder stellt sich einen Gegenstand vor und macht etwas damit, die anderen müssen raten. Ich beginne aus einer imaginären Tasse zu trinken, gebe Zucker dazu und rühre um. »Du trinkst Kaffee!«, ruft Sarah noch bevor es ihr Bruder hervorbringt. Dann macht sie etwas vor.

Solche Stunden vergisst man nicht so leicht und es fehlte wirklich nicht viel, dass Sarahs Mutter und ich einen Freudentanz aufgeführt hätten. Über jeden kleinen Schritt freute sich Sarahs Mutter, aber dieses erste Wort und das anschließende Plaudern in den weiteren Spielen ließ sie wirklich beinahe hüpfen.

Sarah hingegen sprach, als würde sie das immer tun (was ja auch stimmt, nur in der Schule und bei mir noch nicht).

Auslöser für das erste Wort war wohl die Konkurrenz zu ihrem Bruder. War der Bann einmal gebrochen, flossen auch die anderen Wörter. Nicht immer geht es so locker, wie es sich dann bei Sarah entwickelte. Sie war an diesem Tag besonders leichter Stimmung. Wenn etwas ihre Stimmung dämpfte, brauchte sie etwas länger, um sich zu äußern.

Das erste Wort war bei Sarah nicht geplant, es geschah einfach. So ist es auch beim Sprechen, beim Gehen und anderen Entwicklungsschritten: Sie geschehen spontan. Jede außergewöhnliche Reaktion darauf würde diese Spontaneität blockieren. Das Kind würde darüber nachdenken, warum es gesprochen hat, und dann erneut schweigen.

Das erste Wort geschieht sehr oft spontan und folgt einem bestimmten entspannten Zustand, der durch Bewusstmachung sofort wieder in einen kontrollierten Zustand übergeht.

Sehr oft verschließen sich Kinder deshalb wieder, wenn auf das Sprechen bewusst geachtet wird. Besonders bei Kindern mit selektivem Mutismus ist das so. Die Frage, wie man auf das erste Wort reagieren soll, stellt sich auch meist nur bei diesen Kindern. Bei Kindern mit Spracherwerbsstörungen zum Beispiel ist das kein Thema, das neue Wort wird aufgenommen und weiter verwendet. Bei einem Kind mit selektivem Mutismus warten aber alle sehnsüchtig darauf, dass es etwas sagt. Wenn nun beim ersten Wort, das es wagt, gleich ein Freudengeheul entsteht, ist das irritierend.

Die 12-jährige Claudia schreibt auf die Frage, wie das wohl sein werde, wenn sie etwas sagen würde: »Ich kann nichts sagen, die sind es schon von mir gewohnt, ich habe Angst, wie sie reagieren, wenn ich jetzt plötzlich spreche.«

Das Schweigen wird zu einem Teil der Persönlichkeit, vor allem dann, wenn es so lange anhält wie bei Claudia. Eigentlich könnte sie ja jetzt etwas sagen, aber wenn dann die ganze Klasse vor Freude aufspringt, was dann? Sie entscheidet sich deshalb, erst in der neuen Schule zu sprechen, und das tut sie dann auch. Viel schwieriger ist es für sie, mit den Menschen zu sprechen, die sie nur schweigend kannten.

Wenn Ihr Kind nach langem Schweigen etwas sagt, dann müssen Sie cool bleiben und inhaltlich auf das Gesagte reagieren. So halten Sie das Gespräch am Laufen. Sie gehen auf das Gesagte ein oder Sie geben einen Kommentar dazu. Dass Kritik nicht platziert ist, brauche ich nicht extra zu erwähnen.

Oft erkennt man, wenn ein Kind nach langem Schweigen spricht, dass es mit bestimmten Lauten Schwierigkeiten hat. Erst kommt aber das Kommunizieren, dann erst die Form.

Sollte man das Kind nicht für eine Leistung loben? Das ist ein naheliegender Gedanke. Loben kann man nur dann, wenn ein Kind bei der Leistung auch ein Bewusstsein darüber hat; wenn es sich selbst anstrengt.

Wenn ein Kind am Vormittag sagt: »Heute Nachmittag werde ich sprechen«, und es dann auch tut, dann ist ein Freudentanz angesagt, weil Ihr Kind erreicht hat, was es sich vorgenommen hatte.

Eine spontane erste Leistung sollte aber nicht gelobt werden, weil sie meist unbewusst geschieht und das Lob sofort alle Kontrollinstanzen auf den Plan ruft.

Wenn Sie zum Beispiel mit Ihrem Kind besprechen, dass es flüsternd »guten Tag« sagt, wenn Besuch kommt, dann dürfen Sie mit ihm die erbrachte Leistung feiern. Grüßt es aber spontan, ist es besser, nicht darauf einzugehen. Entwicklung geschieht einfach und niemand, am allerwenigsten das Kind selbst, kümmert sich darum. Es handelt so und nicht anders, weil es in einem Fluss der Geschehnisse ist.

Hingegen soll jede im Voraus besprochene Leistung, die nachher erbracht wird, wertgeschätzt werden.

Wichtig ist, das neue Instrument der Sprache weiter zu gebrauchen, in dem es selbstverständlich wieder und wieder eingesetzt wird. Halten Sie deshalb das Gespräch warm. Statt zu fragen: »Hast du ›Pferd‹ gesagt?« oder »Was hast du gesagt?«, sagen Sie: »Ja, das Pferd dort, finde ich auch besonders schön, schau mal, wie es den Hals hoch hält!« So hat Ihr Kind die Möglichkeit, spontan weiter zu sprechen: »Mir gefällt der lange Schweif besonders …«

Was Kinder als selbstverständlich nehmen, darf Sie als Eltern freuen. Sie haben sich für vieles eingesetzt, viel Geduld bewiesen, lange gewartet und Ihr Kind durch viele kleine Schritte geführt. Nun ist es ein Mensch geworden, der weiß, dass er etwas zu sagen hat, und es auch tut. Kaum jemand, der Ihr Kind sprechen hört, weiß, was Sie geleistet haben. Ihnen möchte ich ein Lob aussprechen und mit Ihnen heimlich einen Freudentanz aufführen, denn diese Kleinarbeit, die Sie durch Ihren Alltag begleitete, ist einfach lobenswert.

In diesem Sinne tanzen Sie in die neue Kommunikation mit Ihrem Kind.

Dank

Ich freue mich, dass das Schreiben dieses Buches für mich zu einem wundervollen Erlebnis wurde. Dazu haben einige Menschen beigetragen, indem sie mir zugehört, den Text gelesen und mich beraten haben.

So danke ich Frau Ulrike Kamp ganz herzlich für ihre feinfühlige Art des Lektorats und der Beratung in vielen verlagstechnischen Fragen. Herrn Günter Presting danke ich für die Offenheit in den Gesprächen, die mich da weiterbrachten, wo ich steckenblieb.

Viel Inspiration schenkten mir die Gespräche mit Martin Koppenwallner, der mit seinen Figuren und Bühnenbildern den Jongleur in mir ermutigte.

Das Buch würde es nicht geben, wenn nicht Oliver Gorus mich dazu angeregt und dann die Vermittlung zum Verlag übernommen hätte. Auch hier fand ich Tipps und Anregungen zur Gestaltung.

Wer mich in allen Phasen dieser Arbeit ausgehalten, bekocht und mir immer wieder zugehört hat, ist mein Mann, Peter Ballnik, ihm danke ich in besonderer Weise.

Weiterführende Literatur

Therapie

Bahr, Reiner (2002). Wenn Kinder schweigen: Redehemmungen verstehen und behandeln. Ein Praxisbuch. Düsseldorf, Zürich: Walter.
In diesem Buch wird erklärt, was selektiver Mutismus ist und was Kinder mit diesem Problem zu bewältigen haben. Tipps, Übungen und Spiele, um mit schweigenden Kindern umzugehen.

Katz-Bernstein, Nitza (2007). Mut zum Sprechen finden. Therapeutische Wege mit selektiv mutistischen Kindern. München: Ernst Reinhardt.
Wenn Sie sich eine Vorstellung davon machen möchten, was in einer Therapie geschieht und wie vielfältig Therapie sein kann, gibt Ihnen diese Sammlung von Fallgeschichten einen guten Einblick.

Zollinger, Barbara (2008). Wenn Kinder die Sprache nicht entdecken. Bern: Haupt.
In dieser Schrift lesen Sie Wissenswertes über den Spracherwerb und wie Kindern therapeutisch geholfen werden kann. Anschauliche und nachvollziehbare Ausschnitte aus der logopädischen Arbeit mit Kindern mit Spracherwerbsstörungen.

Kommunikation

Satir, Virginia (2001). Mein Weg zu dir. Kontakt finden und Vertrauen gewinnen. München: Kösel.
Einfühlsam und anschaulich geschrieben. Hilfreich für alle, die besser kommunizieren möchten.

Schulz von Thun, Friedemann (2011). Miteinander reden, 3: Das »innere Team« und situationsgerechte Kommunikation. Reinbek: Rowohlt.
Ein Ratgeber, der sehr anschaulich beschreibt, wie Kommunikation gelingen kann, wie ein guter Draht zu sich selbst die Kommunikation mit anderen erleichtert. Hier begegnen Sie Ihrem inneren Team.

Zander, Ute (2003). Selbstbewusst auf Augenhöhe. Souverän in heiklen Situationen. Heidelberg: mvg-Verlag.
Dieser Ratgeber ist hilfreich für heikle Gespräche.

Achtsamkeit

Hinze, Friedrich D. (2011). Acht Schritte zur Achtsamkeit. Ein Buch zum Tun und Lassen. Göttingen: Vandenhoeck & Ruprecht.
Ein ganz anderes Buch, das den Leser zur Achtsamkeit in allen Lebensbereichen führt. Es hilft, sich und den anderen wahrzunehmen und das Familienleben und Beziehungen behutsam zu gestalten.

Elternschaft und Familie

Ballnik, Peter (2010). Das Papa-Handbuch. Für Kinder ab 3 Jahren. Alles, was Väter und Kinder verbindet. München: Gräfe und Unzer.
Für verschiedene Probleme bei schweigenden Kindern ist der Vater mehr gefragt. Welcher Vatertyp sind Sie? In diesem Buch finden Sie Tipps und Anregungen, Ihre Beziehung zu Ihrem Kind zu gestalten.

Ballnik, Peter (2011). Papa-Zeit. 52 Tipps für berufstätige Väter. Zürich: Orell Füssli.
Keine Zeit und ein schlechtes Gewissen? Trotzdem können Sie ohne viel Aufwand die knapp bemessene Zeit mit Ihrem Kind mit Spiel und Spaß genießen.

Harrysson, Helena (2010). Traut euch, Eltern zu sein. Vom Abenteuer, Familie zu leben. Weinheim: Beltz.
Ein sehr empfehlenswerter Ratgeber, direkt aus dem Leben geschrieben.

Juul, Jesper (2009). Das kompetente Kind. 7. Auflage. Reinbek: Rowohlt.
Dieses Buch vermittelt eine ganz andere Sicht auf Kinder und ihre Bedürfnisse und wie das Familienleben gelingen kann.

Omer, Haim; von Schlippe, Arist (2002). Autorität ohne Gewalt. Göttingen: Vandenhoeck & Ruprecht.
Es gibt auch gewaltfreie Wege im Umgang mit aggressiven Kindern. Haim Omers Prinzip ist die Stärkung der elterlichen Präsenz.

Gefühle

Prünte, Thomas (2010). Vom Sinn schlechter Laune. Warum es gut tut, sich schlecht zu fühlen. Zürich: Orell Füssli.
Erfrischend für Menschen, die an sich selbst zweifeln, weil sie nicht immer und überall gut drauf sein können. Der Autor führt klar durch die Wirren unserer Gefühle, er demaskiert die Erwartungen unserer Umwelt an unsere Befindlichkeit und ermuntert, negative Gefühle ernst zu nehmen.

Satir, Virginia (2001). Meine vielen Gesichter. 5. Auflage. München: Kösel.
Die Autorin lässt Szenen auf der inneren Bühne entstehen und macht deutlich, wie jeder Mensch mit seinen täglichen inneren Auftritten zurechtkommen und seine eigene Bühne beleben kann.

Fachbücher

Garbani Ballnik, Ornella (2009). Schweigende Kinder. Formen des Mutismus in der pädagogischen und therapeutischen Praxis. Göttingen: Vandenhoeck & Ruprecht.

Katz-Bernstein, Nitza (2005). Selektiver Mutismus bei Kindern. Ernst Reinhardt.

Sachregister